해외 서평

『스마트 러브』는 구체적인 사례들과 심리학적 통찰력, 현명한 육아 철학이 담긴 훌륭한 책이다. 이 책을 읽은 부모들은 당혹스러운 아이들의 행동에 평화로운 방식으로 대처할 수 있을 것이다.

조앤 간즈 쿠니_ 쎄서미 스트리트(Sesame Street) 창안자,
Children's Television Workshop 공동 창업주

『스마트 러브』는 부모로서 해야 하는 끔찍하고 흥분되는 임무를 앞두고 있을 때 엄청난 가치를 발휘하게 될 것이다.

엘리자베스 빙_ 라마즈 인터내셔널(Lamaze International) 공동 창시자,
「웃음과 눈물 : 새내기 엄마의 감동적인 삶(Laughter and Tears)」의 저자

아이를 돌보고 기르는 일은 세상에서 가장 많은 노력을 필요로 하지만 그만큼 즐겁고 보람이 있다. 저자는 아이들은 저마다 다른 성격과 욕구가 있어서 요구도 다르다는 사실을 인지하고 중요한 책 한 권을 집필했다. 이 책은 십수 년간의 연구 결과와 평범한 진리를 잘 조화시켰으며, 부모들이 아이들에게 어떻게 대응하고 반응해야 하는지를 새로운 관점에서 자세히 알려 주고 있다.

샤론 케이건_ 교육학 박사, 예일대학교 부시센터 수석연구원

좀 더 성실하고 현명하게 아이들을 키우고 싶은 부모들의 필독서다.

수잔 에스트리치_ 남가주대학(USC) 정치학과 교수 겸 로버트 킹슬리 법과대학 교수

이 책은 따뜻하다. 아이들을 기르는 것이 얼마나 즐거운 일인가를 깨닫게 하는 적극적인 육아법이 담겨 있다.

린다 브라운_ 가족우선육아프로그램(Families First Parenting Programs) 이사장

저자의 새로운 제안은 부모들이 갖고 있는 보편적인 상식을 극대화하며 자신감을 가지고 아이를 기를 수 있게 한다. 이 책은 그 역할을 충분히 하고도 남는다.

쉴라 키칭어_ 「난감한 질문들(Tough Questions)」의 저자

드디어 엄마와 아빠의 건강한 본능에 따라 아이를 돌보는 것이 좋다고 말해 주는 육아책이 나왔다. 이것은 분명 엄격한 사랑법도 아니고, 방임적 육아법도 아니다. 십수 년간의 경험을 통해 모든 아이들에게 성공적으로 접근할 수 있는 긍정적인 육아법을 개발하고 실제로 적용시켰다. 부모나 아동 전문가들은 이 책에서 반가운 소식을 접하게 될 것이다.

데이비드 리더먼_ 미국아동복지연맹(Child Welfare League of America) 사무총장

이 보육 방식을 따른다면 육아 과정이 훨씬 수월하고, 부모와 아이 모두에게 유쾌한 경험이 될 것이다. 이 책은 문제 해결의 열쇠이자 훌륭한 육아 개론서다.

바바라 보우맨_ 에릭슨 어린이 조기교육연구소
(Erickson Insititute for Early Childhood Education) 소장

책임있게 아이를 잘 돌보고 싶은 부모의 손에 바로 이 씨앗과도 같은 책이 들려 있어야 한다.
마셜 크라우스 박사 & 필리스 크라우스_ 『본딩(Bonding)』,
『당신의 놀라운 변신(Your Amazing Newborn)』의 저자

40여 년의 경험과 연구 결과를 바탕으로 우리에게 좀 더 구체적이고 균형 있는 가이드라인을 제시하고 있다. 안타까운 것은 이 책이 내 아이들이 꼬마였을 때 발간되지 않았다는 것이지만, 지금이라도 이 책을 접하게 되어 대단히 기쁘다. 왜냐하면 손주들이 있기 때문이다.
호라스 디츠_ 미국은퇴자협회(AARP) 사무총장

이 책은 아이들 교육에 관한 건강한 규칙을 찾고 있는 모든 부모들을 매료시키고 있다. 저자는 아이들에게 우선해서 지켜야 할 원칙들은 꼭 우선해서 지켜야 한다고 강조한다. 예를 들어 아이들 성장에는 부모들의 질적인 투자만큼이나 아이들과 얼마나 오랜 시간을 같이 보냈느냐도 중요하다고 말한다.
윌리엄 스윙_ 캘리포니아주 성공회 교구장

드디어 보육 현실을 꿰뚫은 새로운 시각이 제시되었다. 『스마트 러브』는 아이들과 친밀하고 긍정적인 커뮤니케이션을 하려는 부모들에게 대단히 유익한 책이다. 책임감 있고 따뜻한 마음을 가진 아이로 키우고 싶은 부모라면 꼭 읽어야 한다.
킴버리 크레이턴 브레인_ 아동심리전문가, 국제어린이연구소
(Children's Institute International) 국장 및 UCLA 아동학과 겸임교수

Smart Love
Copyright © 1999 by Martha Heineman Pieper and William J. Pieper
All rights reserved

Korean translation copyright © 2002
by Namuwasup Publishing Co. Ltd.
Korean translation edition is published by arrangement with
Multimedia Product Development, Inc.,
Chicago, Illinois through Best Agency, Seoul

이 책의 한국어판 저작권은 에릭양 에이전시를 통한 HarperCollins 사와의
독점 계약으로 한국어 판권을 도서출판 나무와숲이 소유합니다.
저작권법에 의해 한국 내에서 보호를 받는 저작물이므로 무단 전재와 무단 복제를 금합니다.

아이와 엄마가 함께 행복해지는
현·명·한 육아 철학

스마트 러브

마사 하이네만 피퍼 · 윌리엄 J. 피퍼 지음
최원식 · 이덕남 옮김

■ 책을 내면서

아이를 행복하게 키우려는 부모에게

부모라면 누구나 기쁨과 성취감으로 충만한 육아 과정을 꿈꾼다. 하지만 실제로 많은 이들이 아이를 키우면서 끊임없는 회의와 죄의식, 불확실성에 휩싸이곤 한다. 부모들은 늘 '바람직한 육아법이란 어떤 것이며, 어떻게 해야 훌륭한 부모가 될 수 있는가?' 하는 문제로 고심한다. 그러나 불행하게도 이제까지 어느 누구도 이 질문에 대해 누구나 동의하고 만족할 만한 대답을 제시하지는 못했다.

우리는 『스마트 러브』가 모든 부모들에게 도움이 되길 바라면서 육아에 대한 우리의 생각을 함께 나누고자 한다. 우리는 30년이 넘는 세월 동안 스마트 러브를 발전시키고 현실에 적용해 왔다. 다섯 아이를 낳아 기르면서, 그리고 어린아이·청소년·부모들의 심리 치료 과정에서 획득한 임상 연구를 통해 이론을 발전시켜 왔던 것이다.

우리 둘 중 마사는 사회복지학 박사학위를 취득한 후, 부모들을 위한 상담실을 운영하면서 심리 치료를 하는 한편, 정신과 상담 전문가들을 양성하고 있다. 또한 보육 기관과 입양 기관에서 상담을 맡기도 했으며, 연구 내용을 기초로 집필 활동과 강의를 하고 있다. 정신과 전문의이자 정신분석학자인 윌리엄은 아동 문제를 다루는 기관과 병원 상담소에서 상담을 맡아 왔으며, 다양한 전문 교육 기관에서 강의를 하고 있다. 또한 개인 상담실도 운영하면서 부모들과 상담을 진행하고 정신과 상담 전문가 양성에도 힘쓰고 있다.

수십 년 동안 우리 두 사람은 가정에서는 부모로서, 일터에서는 전문가로서 함께 일하고 배울 수 있는 기회를 누려 왔다. 처음 시작할 때부터 우리는 기존의 아동 발달 관련 이론들이 효과적이지도, 만족스럽지도 않다는 데 의견을 같이했다. 우리가 접해 왔던 이론 중 그 어떤 것도 부모나 정신 건강 전문가들이 해결해야 할 중요한 문제에 대해 적절한 답을 제시해 주지 못했다. 기존의 이론들은 일관성이 없고 효과적이지도 않았으며, 아이들에 대한 부모의 자연스러운 감정과는 모순되는 것처럼 보이기도 했다. 우리는 '아기가 갖고 태어나는 본성은 무엇인가? 인간이 기대할 수 있는 행복은 어느 정도인가? 부모의 역할 중 가장 중요한 것은 무엇인가?'와 같은 문제들에 대해 자세하게 연구하고 싶었다.

우리는 더 나은 부모, 더 유능한 전문가가 되기 위해 그 답을 찾아 나섰다. 상담을 통해 많은 부모들을 만나면서, 그리고 정신 건강 전문가들이 맡은 상담 과정을 지도하면서 그들의 식견을 배우고 육아 과정에서 겪게 되는 고충들이 무엇인지 알게 되었다. 아울러 다양한 상담 결과들을 면밀히 평가했으며, 돌이킬 수 없는 상태까지 가버렸다고 다들 손들고 말았던 청소년들을 위해 성공적인 치료 프로그램을 개발·운영하기도 했다.

이를 통해 어린아이들이나 청소년들의 감성적 문제를 단편적인 방법으로 치유하려 들거나, 개인적인 행동을 고쳐 놓기만 하면 된다는 식으로 접근할 경우 아무런 소득도 얻을 수 없다는 사실을 알게 되었다.

문제를 일으키는 아이들은 성장 과정에서 불행해지고 싶다는 욕구를 키워 온 아이들이기 때문에 좀처럼 도움을 받아들이려 하지 않는다. 그러므로 그 아이들이 불행해지고 싶다는 욕구를 버릴 수 있도록 도와주는 일이 무엇보다 우선되어야 한다. 사람은 누구나 태어날 때부터 긍정적인 관계를 맺고 싶은 욕망을 가지고 태어난다는 사실을 깨달을 수 있도록 아이들을 도와주어야 한다.
　다양한 아이들을 만나면서 아이들이 자기 자신을 사랑하고 사랑받을 수 있는 존재로 바라보는 것이 얼마나 소중한지 알 수 있었고, 유년기에 이루어야 할 목표가 무엇인지, 그리고 그 목표를 성취하기 위한 최선의 방법이 무엇인지 새롭게 인식하게 되었다.
　이처럼 다양하고 깊이 있는 경험을 토대로 우리는 스마트 러브의 내용을 발전시켜 왔다. 처음에는 전문가들과 학자들을 위해 『정신 내면의 휴머니즘(*Intrapsychic Humanism*)』이라는 책을 썼다. 그런데 그 책이 전문가들과 학자들에게 널리 읽히면서 부모들을 위한 전문 육아서를 써볼 의향이 없는지 물어 오는 사람들이 많았다. 그것이 바로 이 책을 쓰게 된 동기다.

『스마트 러브』에는 아이들을 행복한 사람으로 키우기 위해 부모가 어떤 사랑으로 아이들에게 다가가야 하는지 그 실천적인 지침들이 담겨 있다. 우리는 다양한 생활환경·인종·민족·경제·문화적 배경을 지닌 어린 아이·청소년·부모들에게 스마트 러브를 적용한 결과 그 유용성을 확인할 수 있었다. 자신의 아이를 행복한 감성을 지닌 아이로 기르고 싶어하는 모든 부모들이 『스마트 러브』에서 그 방법을 찾길 바란다.

마사 하이네만 피퍼
윌리엄 J. 피퍼

차례

책을 내면서 · 7
서문_ 지혜롭고 효과적인 사랑의 육아 지침 · 21

스마트 러브의 기초

내적 행복을 가진 아이가 잠재력도 크다 · 30
행복을 만드는 두 가지 원천, '전능한 자아'와 '유능한 자아' · 33
관심받지 못하면 불행해지고 싶다 · 35
강압도 허용도 아닌 사랑의 규제 · 39
아이의 독립심은 안정된 내적 행복에서 비롯된다 · 46
• • 상담사례 • • 자기 자신을 비난하는 아이 | 벌을 선 뒤 괴물로 변하는 아이

스마트 러브의 실천

엄마와 여자, 아빠와 남자 사이의 교묘한 균형 잡기 · 52
내적 불행은 어디에서 오는가 · 55
아이의 무절제한 행동은 내적 불행 때문이다 · 63
보호 상실에 대처하기 · 64
육아가 어렵게만 여겨지는 부모들 · 69
부모의 다정함이 아이의 감성 발달에 늘 도움이 되는 것은 아니다 · 77
사회적 환경도 아이의 성장에 영향 미친다 · 82
내적 불행이 모두 부모 탓은 아니다 · 85
• • 상담사례 • • 엄마를 잃은 두 살짜리 아이 | "엄마가 때리는 건 내가 나쁜 행동을 했기 때문이야" | 농구 경기에 푹 빠진 아빠 | 혼자 아이를 키우는 아빠의 하루 | 휴가 떠난 메이지 이야기 | 화를 내며 차에서 내리지 않는 딸 | 지루한 설명을 늘어놓는 아빠 | "곰 인형이 창 밖으로 날아갔어요" | 아이의 기를 꺾지 않으려는 부모 | 보호시설이 성장에 도움이 되는 아이들도 있다

3장 내적 불행의 인식과 극복

조그마한 실패에도 쉽게 상처받는 아이들 • 92
내적 불행을 나타내는 다양한 징후들 • 95
불행해지고 싶은 욕구 • 99
모든 아이는 내적 행복의 잠재력을 지녔다 • 107
아이에겐 닮고 싶은 이상적인 인간형이 있다 • 109
내적 불행에서 벗어나려면 • 112
내적 불행을 가진 아이를 위한 스마트 러브 • 118
인류의 행복은 부모에게 달려 있다 • 127

∴ 상담사례 ∴ 게임에서 진 아이 | 원하던 역할을 맡지 못한 소년 | 어린 체조 선수의 거식증과 죽음 | 학교 대표를 포기한 아이 | 조랑말 타기를 좋아하는 아이 | 힘겹게 성취한 일을 망치고 싶어하는 10대 | 새로운 경험을 하게 된 책벌레 | 도둑을 변화시킨 자애로움 | 감독님은 뭔가 달랐다 | 저녁식사 소동 | "형은 악당이야" | 남의 물건에 손대는 아이 | 친구 장난감을 몰래 가져오는 아이 | 기쁠 때 적대적인 행동을 하는 아이 | 학교 가기 싫어하는 아이 | 수학을 싫어하는 아이

4장 첫돌까지의 아이와 스마트 러브

아이에게 울음은 어떤 의미인가 • 132
아이는 수유를 통해 기쁨을 주고받는다 • 138
아이 행복하게 잠재우기 • 141
성장의 지표 : 아이가 엄마를 보고 웃어요 • 143
성장의 지표 : 낯가림 • 144

성장의 지표 : 분리 불안 • 145
일하는 엄마도 세 살까지는 아이 곁에 있어야 • 149
성장의 지표 : 아이가 말을 해요 • 157
아이는 실패를 통해 배운다 • 159
성장의 지표 : 아이가 몸을 움직여요 • 160
내적 불행을 가진 영아를 위한 스마트 러브 • 163

•• 상담사례 •• 도무지 달랠 길 없는 아이 | 한 순간도 떨어지지 않으려는 아이 | 스마트 러브로 만드는 행복한 귀가 시간 | 스마트 러브로 만드는 행복한 출근 시간 | 심각한 질병 때문에 내적 불행을 가진 아이

5장 한 살에서 세 살까지의 아이와 스마트 러브

성장의 지표 : 흔들림 없는 일차적 행복 • 172
첫돌 무렵 아이는 더 강하게 매달린다 • 173
성장의 지표 : 이차적 행복의 출현 • 179
전능한 자아가 아이의 자신감을 키운다 • 186
이 시기 아이에 대한 사랑의 규제 • 187
아이식으로 생각하라 • 194
'끔찍한 두 살' 과 '멋진 두 살' • 198
악몽 꾸는 아이 보살피기 • 201
잠자기 싫어하는 아이 보살피기 • 203
성장의 지표 : 변기 사용하기 • 207

아이에게 친구는 몇 명이나 필요할까 • 212
다른 아이 장난감을 가로챌 때 어떻게 해야 하나 • 216
스마트 러브로 가르치고 배우기 • 219
내적 불행을 가진 이 시기 아이를 위한 스마트 러브 • 221

• 상담사례 • "엄마, 나랑 얘기해요" | 안전띠를 매지 않으려는 아이 | "집에 안 갈래" | "아직 감기가 심하니 썰매는 다음에 타자꾸나" | 변기에서 곰돌이 인형 목욕시키는 아이 | 골동품 가게에 간 아이 | 밥 안 먹고 그림 그리겠다고 떼쓰는 아이 | 스마트 러브로 우는 아이 보살피기 | "침대에 개미가 있어요" | "곰돌이가 넘어졌어요" | "변기 쓰기 싫어요" | "아직도 기저귀를 차다니" | 공중 화장실은 무서워 | 욕심부리는 아이 | "아이가 강아지를 발로 차버렸어요" | "손가락 빤다고 사람들이 놀려요" | "침대 밑에 괴물이 있어요"

6장 세 살에서 여섯 살까지의 아이와 스마트 러브

유치원에 가게 되었어요 • 233
아이가 거짓말을 해요 • 244
나이에 맞는 책, 영화, 텔레비전 프로그램 선택하기 • 246
원하는 것을 얻지 못하면 불같이 화를 낸다 • 248
엄마, 나도 도울래요 • 250
'로맨틱 단계'에 접어드는 아이 • 251
성장의 지표 : 동일시 • 262
내적 불행을 가진 이 시기 아이를 위한 스마트 러브 • 263

• 상담사례 • "나무 꼭대기까지 날아갔어요" | "유치원을 날려 버렸어요" | "두 개밖에 안 먹었어요" | "라이언 킹 아빠는 죽어도 상관없잖아요" | "차례를 기다려

야죠" | 곰 가족 | "엄마한테 책 읽어 달라고 할 거야" | "스마트 러브로 아들을 안심시켰어요" | 고양이가 된 엄마 | "내 아이스크림이 제일 작아" | 네 살 먹은 말썽꾸러기와 함께 외출하기 | 요에 오줌을 싸는 아이 | "승강기에 탄 사람들과 얘기하기 싫어요" | 음식 투정하는 아이 | "엄마가 내 인형을 훔쳐갔어요"

7장 여섯 살에서 열두 살까지의 아이와 스마트 러브

학교 생활을 시작했어요 • 278
이 시기 아이에게 알맞은 규칙과 규제 • 282
친구 사귀기와 부모의 역할 • 291
사춘기인가 봐요 • 294
내적 불행을 가진 이 시기 아이를 위한 스마트 러브 • 297
학교 생활에서 겪게 되는 문제 • 299

• • 상담사례 • • 양보가 가능한 규칙과 규제들 | "목욕하기 싫어요" | 파티에 초대되지 못한 아이 격려하기 | 함부로 대하는 친구 | 보호자가 없는 파티 | 자유투 연습을 게을리한 아이 | "담요가 필요해요" | 원하던 것을 가지게 되어도 실망감을 느끼는 아이 | 일부러 엉뚱한 대답만 하는 아이 | 불만만 늘어놓는 아이 | 초대한 친구와 즐거운 시간 보내기 | 정정당당하게 겨루기

8장 청소년기 아이와 스마트 러브

청소년기의 목표 : 안정된 이차적 행복 • 310
"우리는 진정한 독립을 원해요" • 314
모든 걸 다 안다고 생각하는 10대들 • 317

아이가 궁지에 빠지도록 내버려두지 말자 • 319
청소년기 아이에 맞는 규칙과 규제 • 321
아이는 내 인생의 특별한 친구 • 328
내적 불행을 가진 청소년기 아이를 위한 스마트 러브 • 329
　• • 상담사례 • "안타깝긴 하지만 괜찮아요" | "역사왕을 놓쳤어요" | "키가 너무 커버려 체조를 못해요" | 아이들의 요청에 주저없이 응하자 | "자전거에 대해서는 누구보다 잘 알아요" | 친구 관계와 학교 생활을 균형 있게 | "피아노 연습하면 자동차 쓰게 해줄게" | 성관계를 갖고 싶어하는 10대들 | 스마트 러브로 집안일 돕게 하기 | 부주의한 아이 안전하게 돌보기 | 스마트 러브로 즐거운 여름 방학 보내기 | "캐빈이 자살을 선택하더라도 어쩔 수 없어요"

특수한 환경에서 자라나는 아이들

입양된 아이를 위한 스마트 러브 • 341
편부모 가정이나 동성 부부를 위한 아이 교육 • 346
학습장애 아이 돌보기 • 349
학습·집중력 장애는 인간관계로 치료하는 게 최선 • 351
　• • 상담사례 • "친엄마가 아니잖아요" | "아빠 코고는 소리 때문에 엄마가 떠나가 버렸잖아요"

후기_ 아이의 성장을 돕는 길라잡이 • 359
용어 해설 • 362
옮긴이의 말 • 368

스마트 러브

지혜롭고 효과적인 사랑의 육아 지침

　　　　부모라면 누구나 자신의 아이를 행복하고 성공적인 아이로 키우고 싶어한다. 하지만 어떻게 하는 것이 최선의 방법인지에 대해서는 아직도 의견이 엇갈린다.

　　오랫동안 사람들은 매우 다양한 방법들을 시도해 왔다. 정해진 시간에 맞춰서 아기를 돌보는 부모가 있는가 하면, 아기가 원할 때마다 젖을 물리는 부모도 있다. 아기가 울다가 제풀에 지쳐 잠이 들도록 내버려두는 부모도 있고, 울음을 터뜨리기만 하면 당장 달려가 안아주는 부모도 있다. 늘 집에서 아이를 돌보는 부모가 있는가 하면, 놀이방에 아이를 맡겨놓고 직장에 다니는 부모도 있다. 아이에게 미리 글자와 숫자를 가르치는 이들이 있는가 하면, 나중에 학교 선생님에게 배우도록 내버려두는 이들도 있다.

무엇이든 아이가 원하는 대로 해주는 부모가 있는가 하면, 제 힘으로 원하는 것을 하도록 유도하는 부모도 있다. 아이들을 마냥 놀게 내버려두는 부모도 있고, 아이들에게 집안일을 거들게 하는 부모도 있다. 좋은 성적을 받아오라고 다그치는 부모가 있는가 하면, 아이 스스로 학교에서 제 위치를 찾아가도록 지켜보기만 하는 부모도 있다.

이처럼 아이들의 본성이 무엇인지, 그리고 부모의 역할이 무엇이라고 생각하느냐에 따라 매우 대조적인 육아 방법이 나올 수 있다. 아이들이란 태어날 때부터 사회적인 존재이므로 자유롭게 커나갈 수 있도록 내버려두어야 한다고 생각하는 부모들이 있는 반면, 아이들이 다루기 힘든 본성을 타고났다고 생각하는 부모들도 있다. 아이들이 도덕적으로 순수하다고 생각하는 부모도 있지만, 아이들이 교묘하게 부모를 조정한다고 생각하는 이들도 있다. 또 아이는 의존적이긴 하지만 언젠가 가정이라는 둥지를 떠나 독립적으로 설 수 있도록 도와주어야 한다고 생각하는 이들이 있는 반면, 언제나 부모의 주의와 지도 아래 묶어두려는 이들도 있다.

아이가 울거나, 고집을 피우거나, 겁에 질리거나, 계속 안아 달라고 보채거나, 바람직하지 않은 행동(채소를 먹지 않으려 하거나, 제때 잠자리에 들지 않거나, 숙제를 하지 않거나, 집에 돌아오기로 약속한 시간을 어기는 등)을 할 때, 아이가 몇 살이든 관계없이 부모라면 누구나 감당하기 어려울 것이다.

우리는 다섯 아이를 둔 부모로서, 그리고 정신 건강 전문가로서, 이러한 기본적인 문제들을 해결하기 위해 고심해 왔다. 우리는 수십 년에 걸친 연구를 통해 아이들의 진정한 본성이 무엇인지, 아이들의 건전한 감성 발달을 위해서는 무엇이 필요한지 밝혀냈으며, 그 과정에서 아이들을 새롭게 이해하게 되었다. 그리고 마침내 지혜롭고 효과적인 사랑의 육아 지침들을 만들게 되었다. 우리는 이것을 '스마트 러브' 라 정의했다.

  1·2·3장에서는 스마트 러브의 기본 지침을 설명했는데, 여기서 간단하게 살펴보면 다음과 같다. 아이의 눈을 통해 세상을 보는 것이 중요하며, 아이가 감성적으로 미숙해서 놀이에서 속임수를 쓰거나 혼자만 장난감을 가지고 놀겠다고 떼를 쓰더라도 그 모습을 있는 그대로 받아들이는 것이 때로는 가장 좋은 방법이 될 수도 있다는 것이다. 부모들은 아이들의 요구를 마냥 들어주거나 아니면 엄한 벌을 주어야 한다는 양극단에서 벗어나 스마트 러브가 제시하는 사랑의 규제에 따라 중간적인 자세를 취할 수 있다. 엄한 환경에서 자라난 아이들은 불행해지고 싶다는 욕구에 휩싸일 뿐만 아니라 스스로 불행에 길들여진다. 긍정적인 관심을 보인다고 해서 흔히 우려하는 것처럼 아이들이 제멋대로 행동하는 것은 아니다. 오히려 애정 어린 관심을 많이 보여주면 보여줄수록 아이의 독립심이 강해진다. 양적 시간은 질적 시간만큼이나 중요하다. 벌컥 성을 내거나 악몽을 꾸거나 습관적으로 형제들과 싸우는 행동은 모두 아이가 불행을 느낄 때마다 나타나는 특징적인 행동들이다. 가장 훌륭한 육아법은 머리로 생각하는 동시에 마음에 의지하는 것이다.

  그 다음 장들에서는 유아기부터 청소년기까지 각 단계마다 성장의 지표를 세울 것이다. 우리는 성장의 지표를 통해 그때그때 그 나이에 맞는 적절한 행동이 어떤 것인지 분명히 알게 될 것이다. 아이의 행동에 규제가 필요하다고 생각될 때, '당장 우리 아이 행동을 바로잡을 방법이 무엇일까?'를 궁리하기보다는 '내가 곁에 없더라도 아이가 자기 자신을 보호하고 기꺼이 다른 사람에게 도움을 줄 수 있는 성인으로 성장하게끔 도우려면 어떻게 해야 할까?'를 고민하는 것이 훨씬 더 중요한 일임을 알게 될 것이다.

2500년 전 소크라테스가 던졌던 질문, 즉 "덕(德)이란 게 실제로 가르쳐질 수 있는가? 만약 가능하다면, 그 방법은 무엇인가?"로 되돌아가 보자. 모든 부모들은 아이 스스로 자신을 규제할 수 있는 능력을 가지도록 도와주는 최선의 방법이 무엇인지 고민한다. 우리는 과거의 경험들을 통해 가장 보편적인 네 가지 방법, 즉 도덕적 가르침, 엄격한 규제, 허용, 보상에만 의존해서는 아이에게 자기 규제를 가르치기 힘들다는 사실을 이미 알고 있다. 우리는 아이들을 책임감 있는 성인으로 이끌기 위해 사랑의 규제라는 새로운 방법을 제시할 것이다.

사랑의 규제로 다가간다면 미숙한 판단 때문에 겪게 되는 나쁜 결과들로부터 아이들을 보호할 수 있으며, 동시에 아이들에게 부모의 한결같은 사랑과 존중의 태도를 보여줄 수 있다. 아이와 친밀한 관계를 유지하면서 아이 스스로 건설적인 선택을 하도록 유도한다면, 아이는 순간의 욕구 충족보다는 사랑하고 사랑받을 수 있다는 그 느낌에서 진정한 행복이 시작된다는 사실을 깨닫게 된다. 또 부정적인 결과를 낳을지 모른다는 두려움보다는 더 행복해지고 더 자신감 있어지고 싶다는 욕망 때문에 더 훌륭하게 스스로를 규제한다.

뿐만 아니라 성장 과정에서 생겨나는 아이의 욕구를 충족시킬 수 있는 최선의 방법이 무엇이며, 아이의 미숙한 행동을 바로잡기 위해 사랑의 규제를 어떻게 적용해야 하는지도 알게 된다. 우리가 제시하는 지침을 따른다면, 아이들이 일상생활에서 성패나 기복에 흔들리지 않는 안정된 내적 행복을 성취하도록 도울 수 있을 뿐만 아니라 아이의 잠재력을 충분히 발휘하도록 이끌어줄 것으로 믿는다.

이 책은 아래와 같은 부모를 위한 책이다.

* 아이가 잠재력을 최대한 발휘하며, 행복하고 사랑스러운 사람으로 자라나게끔 도와주고 싶은 부모.
* 아이의 관점에서 아이들을 이해하고 싶어하는 부모.
* 아이와 더 친근하고 확고한 관계를 맺고 싶어하는 부모.
* 유명 서적들에서 말하는 엄격한 양육 방법에 동의하지 않으면서도, 지나친 애정과 관심을 베풀면 아이가 제멋대로 행동하게 될까 봐 걱정하는 부모.
* 아이 마음을 다치게 하는 일 없이 아이 행동을 규제하고 싶지만 그 방법을 모르는 부모.
* 일 때문에 바쁘긴 하지만, 가능하면 아이와 즐겁고 의미 있는 시간을 보내려 하고 그 마음을 아이에게 전해 주고 싶어하는 부모.
* 까다롭게 행동하고 침울해하거나 초조한 행동을 보이며 친구들과 긍정적인 관계를 맺지 못하는 등 불행한 기색을 보이는 아이를 둔 부모.
* 직접 아이를 키우고 있지는 않지만 아이들과 관련 있는 직업을 가지고 있으며, 왜 어떤 아이들은 행복하고 만족한 생활을 하는데 어떤 아이들은 불행하고 까다롭게 행동하는지 궁금해하는 이들.

우리도 다섯 아이를 키우는 부모로서 육아의 기쁨과 고달픔을 직접 경험해 왔다. 또한 다양한 사회적·경제적·인종적·민족적·문화적 배경을 지닌 수백 명의 가정을 대상으로 상담을 해왔다. 그를 통해 우리는 스마트 러브가 모든 아이와 부모들에게 똑같이 유용하게 적용될 수 있다는 사실을 알게 되었다. 스마트 러브를 설명하기 위해 이 책에 인용한 사례들은 모두 스마트 러브를 실제로 적용했던 부모들의 실생활에서 뽑아낸 것이다.

　지금까지는 우리에게 상담을 청해 온 부모들과 학자, 전문가들만이 스마트 러브를 적용해 왔고 그 진가를 인정해 왔다. 그러나 우리는 행복하고 만족스럽고 사랑스러운 아이를 키우고 싶어하는 모든 부모들에게 스마트 러브를 알려 주고 싶었다. 그 오랜 염원이 비로소 이 책으로 결실을 맺게 된 것이다.

1장

스마트 러브의 기초

　　　　스마트 러브의 도움을 받는다면, 아이가 몇 살이든 관계없이 효과적이고 온정 어린 육아 전략을 짤 수 있다. 스마트 러브는 아이의 감성 발달에 도움이 되는 느긋하고 현실적인 시간표를 제공해 주며, 이제까지 알려지지 않았던 성장의 지표와, 어떻게 하면 아이가 성장의 지표에 도달할 수 있는지 그 방법을 제시한다. 스마트 러브를 따른다면 아이의 요구를 마냥 들어주거나 엄한 규율을 들이대는 극단적인 방법(두 방법 모두 역효과만 날 뿐이다)에 의존하지 않고도 얼마든지 아이가 미성숙한 판단 때문에 실수를 저지르는 일 없이 진정 행복하고 성공적인 아이로 키울 수 있다. 만일 아이가 불행을 느끼고 까다롭게 행동한다면, 스마트 러브를 통해 아이의 내적 행복을 회복할 수 있다.

스마트 러브는 아이의 발달 전 과정에 대해 새롭게 이해하도록 해주는 것은 물론, 아이의 눈을 통해 성장 과정을 바라보게 해준다. 그리하여 유아기에서 청소년기로 자라나면서 부모와 아이의 관계가 어떻게 변하는지 알게 하고, 아이가 부모의 사랑과 이해를 받고 있다는 확신을 언제나 가질 수 있도록 돕는다.

이 책을 읽어 나가면서 아이가 우는 이유가 무엇인지, 왜 두 살 난 아이가 가장 좋아하는 말이 '싫어'인지도 이해하게 될 것이다. 또 네 살짜리 아이들은 왜 무엇이든 혼자 힘으로 할 수 있다고 생각하는지, 아이가 스스로 집안일을 거들고 숙제를 하도록 하려면 다정하고 느긋한 자세로 다가가는 것이 어째서 최선의 방법인지도 깨닫게 될 것이다. 스마트 러브를 따른다면, 부모와 아이 모두 즐겁게 청소년기를 보낼 수 있다.

스마트 러브는 정상적인 가정뿐만 아니라 다른 모든 형태의 가정에서도 똑같이 유용하게 적용할 수 있다. 우리는 모든 부모들에게 도움이 되고자 이 책을 썼으며, 어느 누구에게도 배제되었다는 느낌을 주고 싶지 않다.

내적 행복을 가진 아이가 잠재력도 크다

통념과 달리 갓난아기는 자기 자신 이외의 모든 것에 무관심한 백지 상태로 세상에 나오지 않는다. 우리가 연구한 바에 따르면, 태어나 부모를 처음 만나는 아기는 인간 관계에 대해 낙관적인 성향을 지니고 있다. 어른들과 달리 갓 태어난 아기는 무슨 일이든 사랑하는 부모가 해주는 일이라면 모두 최고라고 절대적으로 믿는다. 아기는 부모의 사랑을 차지할 수 있으며 부모가 보살펴주는 방식이 이상적인 것이라고 믿는다. 이러한 타고난 확신이 날이 갈수록 점점 더 확고해질 때, 아이는 지속적인 내적 행복을 가진 아이로 성장한다. 그리고 이 흔들림 없는 내적 행복 덕분에 아이는 잠재력을 최대한 발휘한다.

••• 일차적 행복

갓난아기들은 성장의 욕구가 생길 때마다 부모에게서 애정 어린 관심을 끌어낼 수 있다고 확신한다. 이런 확신에서 일차적 행복이 생겨난다. 부모가 언제나 즐거운 마음으로 자기를 보살피고 있다는 확신이 들 때, 아이의 일차적 행복이 확고해진다. 성장하면서 아이들은 부모가 자기를 행복하고 유능한 존재로 만들기 위해 도와주고 있다는 사실을 더 잘 알게 된다. 일차적 행복이 일단 확고하게 자리를 잡게 되면, 설령 부모가 아이의 욕구를 보살펴 주지 못하는 순간이 오더라도 아이의 행복이 흔들리지 않는다.

　아이들은 일상의 좋고 나쁨에 좌우되지 않는 일차적 행복을 획득할 수 있으며, 아이의 성장 발달에서 가장 중요한 것이 바로 이 일차적 행복을 성취하는 것이다. 아이에게 조금씩 실망과 좌절을 경험하게 해주는 것이 인격 형성에 도움이 된다고 말하는 사람들도 있지만, 그 말에 귀기울이지 말고 아이에게 안정된 일차적 행복이 스며들도록 한결같은 사랑으로 보살펴 주는 것이 바람직하다. 앞으로 살펴보겠지만 불필요한 좌절과 박탈감은 아이가 안정된 내적 행복을 획득하는 데 걸림돌이 될 뿐이며, 아이 스스로 자신을 불행하게 만들고 싶다는 욕구를 불러일으킨다.

••• 이차적 행복

일차적 행복이 부모와의 관계에서 나오는 데 비해, 이차적 행복은 일상적 활동에서 생겨나는 기쁨이다. 아이는 블록을 세우고, 인형에게 옷을 입히고, 수학 문제를 풀고, 바이올린을 연주하고, 야구 경기를 하면서 일상적 기쁨을 경험한다. 안정된 이차적 행복은 생후 1년이 지나면서 발달하기 시작하여 청소년기가 끝날 즈음에 완성된다. 아이에게 흔들림 없는 일차적 행복을 길러 주었던 것과 마찬가지로, 이 시기에도 스마트 러브를 통해 변함없는 이차적 행복을 발전시키도록 아이를 도울 수 있다.

태어난 첫해부터 아기는 만족감이 무엇인지 인식하기 시작한다. 젖을 물려주면 부모의 보살핌을 받고 있다는 믿음이 확고해져서 아이의 일차적 행복이 유지된다. 배가 고픈 유치원 아이에게 음식을 주면 부모가 보여준 반응에 힘입어 아이의 일차적 행복이 견고해지며, 더 나아가 음식을 준비하는 과정에 참여함으로써 이차적 행복을 얻게 된다.

일차적 행복과 마찬가지로 이차적 행복은 성장 발달 과정에 따라 생겨난다. 초기 단계에서는 원하는 것을 가질 때에만 이차적 행복을 느끼므로 아직은 불안정한 상태다. 그러나 청소년기가 끝날 즈음이 되면, 일차적 행복만큼이나 확고한 이차적 행복을 느끼게 된다. 그 시기 아이들은 자기가 원하는 때에 원하는 것을 얻는 것보다는 스스로 건설적인 선택을 할 수 있고, 또 그 선택을 잘 지켜 나가는 것이 더 만족스러운 일임을 깨닫게 되기 때문이다. 안정된 이차적 행복이 일상적인 활동에서 느끼는 즐거움에서 나오는 것이기는 하나, 전적으로 결과에만 의존하지는 않으므로 생활 속에서 실패와 좌절을 맛보더라도 쉽게 흔들리지 않는다.

행복을 만드는 두 가지 원천, '전능한 자아'와 '유능한 자아'

성장의 초기 단계에 있는 아이들은 자신을 강력한 존재로 여겨 무엇이든 할 수 있고 무엇이든 가질 수 있다고 믿는데, 이차적 행복은 바로 그러한 확신에서 나온다. 미숙한 인식 능력에서 비롯되는 이 믿음 때문에 아이들은 육체적인 상처를 자초할 때가 많다. 조금만 주의를 소홀히 하면 요리를 하겠다고 조리 기구에 불을 붙이는가 하면 자동차에 시동을 걸고, 수영장에 뛰어드는가 하면 헤어 드라이어의 전원을 켜기도 한다. 이 시기 아이들은 혼자 힘으로 얼마든지 이런 일들을 해낼 수 있다고 생각하기 때문이다.

원하는 것은 무엇이든 성취해 낼 수 있다고 여기는 아이의 터무니없는 믿음에서 '전능한 자아(all-powerful self)'가 형성된다. 전능한 자아는 아이가 처음으로 지적·사회적·육체적 즐거움을 혼자 힘으로 얻으려는 데서 나타난다. 두 살 난 아이가 엄마의 무거운 손가방을 혼자 들겠다고 나서고, 엄마가 도와주려 하면 이내 울상이 되어 버리는 것 역시 전능한 자아의 영향력 때문이다. 그런가 하면 드리블도 제대로 못하면서 "자유투라면 마이클 조던도 거뜬히 이길 수 있어!"라고 큰소리치는 여섯 살짜리 아이도 있다.

부모들은 이처럼 아이가 터무니없이 자기 능력을 과시할 때 어떻게 다가가는 것이 가장 좋은 방법인지 확신이 서지 않을 때가 많다. "그래, 네 나이에 비하면 정말 잘하는구나"라고 부드러운 어조로 아이에게 현실을 일러 주려고 노력하는 부모들이 있는가 하면, 어떤 부모들은 아이가 계속 터무니없는 자랑을 일삼을까 봐 걱정이 되어 아이를 놀리거나 잘못된 생각을 따끔하게 지적하면서 앞으로 다시 그런 말을 하지 못하도록 말린다.

그러나 아이는 부모가 긍정적인 반응을 보여줄 때 내적 행복을 느낀다. 전능한 자아는 그 또래 아이들에게 자연스럽게 나타났다가 성장하면서 점차 사라지므로 아이에게 긍정적인 수용의 자세를 보여주는 것이 최선의 방법이며, 그것이 바로 스마트 러브다.

아이가 성장함에 따라 이차적 행복의 원천도 완전히 새롭게 바뀐다. 아이는 자기가 원하는 때에 원하는 것을 얻지 못하게 되는 경우에도 부모가 자기를 행복하게 해주기 위해 노력하고 있다는 사실을 깨닫게 된다. 그 과정에서 전능한 자아는 점차 근본적으로 성격이 다른 '유능한 자아(competent self)'로 대체된다. 유능한 자아는 건설적인 목표를 선택하고 그것을 추구해 나가는 과정 그 자체에서 만족감을 느끼므로 전능한 자아와는 질적으로 구별된다.

자아를 전능한 자아와 유능한 자아로 구분한다고 해서 아이에게 서로 다른 두 가지 인격이 내재되어 있다는 의미는 아니다. 여기서 우리는 내적 행복을 유발하는 서로 다른 두 가지 원천, 즉 아이가 원하는 것을 획득했을 때 행복을 느끼는가, 아니면 훌륭한 선택을 하고 그 선택한 것을 유능하게 추구해 나가는 과정에서 즐거움을 느끼는가에 대해 얘기하려는 것이다.

부모가 아이의 욕망을 최대한 충족시켜 주고, 아이가 성취되지 못한 욕구 때문에 당혹감을 느낄 때 이해하는 태도로 다가간다면, 이차적 행복의 원천은 일상적 욕망을 충족하고 싶어하는 전능한 자아의 욕구에서 벗어나 건설적으로 선택하고 잘 추구해 나가는 유능한 자아의 능력으로 발전할 것이다. 그리하여 쌓아올린 장난감 탑이 무너져내리거나, 탐나는 장난감 트럭이 있는데 친구가 혼자만 가지고 놀려 하거나, 또 비가 와서 운동장에 나가 놀지 못하게 되더라도, 아이는 자신감을 잃지 않을 것이다. 부모가 "이제 잠잘 시간이야"라고 말할 때, 유능한 자아의 영향력 아래 있는 아이라면 별 불평 없이 하던 일을 멈추고 잠자리에 들기 전에 늘 하듯이 엄마가 들려주는 이야기를 들은 뒤 엄마를 껴안고 뽀뽀를 하고는 잠이 들 것이다. 똑같은 경우라도 아이가 좀더 어리다면 화를 내거나 눈물을 흘릴지도 모른다.

청소년기가 끝날 즈음, 성장의 욕구가 충족된 아이들은 지속적인 이차적 행복을 느끼게 된다. 반면에 그렇지 못한 아이들은 여전히 전능한 자아의 마법에서 헤어나오지 못한다. 그들의 이차적 행복은 여전히 원하는 것을 획득하느냐, 그렇지 못하냐에 예속되어 있다.

관심받지 못하면 불행해지고 싶다

흔히 알고 있는 것과 달리, 천성적인 기질 때문에 아이가 불행을 느끼고 문제 행동을 하는 것은 아니다. 광범위한 임상 경험을 통해 그런 아이들은 불행을 추구하도록 배워 왔기 때문에 불행해진다는 결론에 도달했다. 즉 아이들에게 불행한 상황이 반복되고 아이가 불행을 느끼는데도 부모의 이해와 관심을 받지 못하게 될 때, 아이들은 스스로 불행해지고 싶다는 욕망에 사로잡히게 된다.

앞서 보았듯이, 갓난아기들은 인간 관계에 대해 낙천적인 태도를 갖고 태어난다. 갓난아기들은 저마다 부모가 자기를 위해 전적으로 헌신하면서 완벽한 보살핌을 베풀어 준다고 믿고 있다. 아이는 태어날 때부터 자기에게 일어나는 일들은 모두 부모가 의도하고 바라는 것이기 때문에 가장 최선의 것이라고 확신한다. 부모가 지속적으로 아이의 성장 욕구를 만족시켜 줄 수 없는 경우에도, 아이는 그 불행하고 소외된 감정이 바로 부모가 의도하고 바라는 것이라고 믿는다. 부모의 사랑을 받지 못하게 될 때, 아이는 부모가 자기를 보살펴 주는 방식 그대로 자신을 대하려 한다.

이런 아이들은 부모가 자기를 불행하게 만들고 싶어한다고 느끼게 되어 자기도 모르는 사이에 스스로를 불행하게 만들고 싶다는 욕망을 발전시키게 된다. 이런 아이들은 자기가 경험했던 감정을 다시 느껴 보려고 시도하면서 행복을 추구하고 있다고 믿는다. 자기도 모르는 사이에 불행을 경험하고 싶다는 욕구에 휩싸이는 것이다. 이러한 반응은 성공을 거두었을 때 오히려 우울하고 자기 파괴적인 행동을 보이는 아이들(또는 어른들)에게서 찾아볼 수 있다. 자신을 불행하게 만들고 싶다는 욕구에 휩싸인 아이들은 화를 벌컥 내거나 우울증, 주의 산만, 자기 비하, 마약이나 술 복용 등의 징후를 나타낸다.

부모는 언제든 이런 아이들을 도와줄 수 있다. 결코 늦었다고 포기해서는 안 된다. 스마트 러브는 아이를 긍정적이고 지속적인 방법으로 변화시키는 데 도움이 된다. 부모와 긍정적이고 다정다감한 관계를 맺고 싶어하는 아이의 본능적인 욕망을 어떻게 충족시켜야 하는지 그 방법을 배워 나가면서, 모든 부모들은 육아를 통해 건설적이고 의미 있는 변화를 경험하게 될 것이다. 그리하여 아이가 설령 문제 행동을 일으키더라도 담담하게 대처할 수 있게 될 것이다.

어느 누구도 갓난아기나 아이들이 생산 공장이나 컴퓨터 앞에서 하루 종일 일할 수 있다고 생각하지 않는다. 그런데도 부모나 전문가들 중에는 어린아이들에게 어른들과 똑같은 감성적·사회적 반응을 기대하는 경우가 종종 있다. 아직 다 자라지도 않은 아이들에게 성인처럼 행동하기를 강요하는 것은 아이들의 감성 발달에 해가 될 뿐으로, 결국 그 아이들은 내적 불행을 발전시키게 된다. 갓난아기나 어린아이들에게 어른의 도덕적 감수성이나 자제력을 기대해서는 안 된다. 이는 아무리 강조해도 지나치지 않다. 아이들이 여유롭고 자유로운 판단을 통해 사랑하고 존경하는 주위 어른들처럼 행동하고 싶다고 스스로 선택하게 될 때 비로소 다른 사람과 함께 하고 다른 사람을 배려할 줄 아는 진정한 능력을 발전시킬 수 있다.

아이가 그 또래에 맞게 행동하는데도 이를 잘못 판단하여 당장 아이 행동을 고쳐 놓겠다고 드는 이들을 흔히 볼 수 있다. 예를 들어 아이가 낯선 사람을 보고 불안해하거나, 부모와 잠시만 떨어져도 불안해할 때 걱정하는 부모들이 있다. 활달하게 잘 놀던 아이가 이모를 보고 갑자기 울음을 터뜨리거나, 부모가 잠시 책을 가지러 옆방에 가는 것일 뿐인데도 떨어지지 않으려고 매달리거나 하면 부모들은 몹시 당혹스러워하면서 아이를 잘못 길렀다고 낙담하기도 한다. 아이가 앞으로도 계속 내성적이고 부모에게만 의존하게 될까 봐 걱정이 된 부모들은 더 큰 아이들이 하는 것처럼 행동하라고 부추긴다.

하지만 아이가 이처럼 '낯가림(stranger anxiety)'과 '분리 불안(separation anxiety)'을 겪을 때 느긋한 태도로 지켜보는 것이 가장 효과적이다.

아이가 매우 극단적인 주장을 내세울 때는 받아들이기 어려울 수도 있다. 예를 들어 다른 아이의 것이든 자기 것이든 상관없이 갖고 싶다고 생각하는 물건이 있을 때 무작정 가로채려고 들 때가 있다. 그러나 어린아이들은 자기가 원할 때 원하는 것을 손에 넣을 때에만 이차적 행복을 느끼게 되는 일시적 단계를 거치게 마련이다. 따라서 아이가 욕심을 부리는 것은 당연한 일이다. 이런 사실을 이해하지 못하는 부모들은 아이가 친구의 장난감을 가로채려 할 때 못하게 말리거나 아이에게 친구들과 장난감을 같이 가지고 놀라고 강요한다.

그러나 안타깝게도 부모가 이런 반응을 보이면, 아이는 자기가 원하는 것을 가질 수 없게 되었다는 느낌 때문에 더 불편한 감정을 느낄 뿐만 아니라 원하는 대상에 대한 집착이 더 강해진다. 반면 친구와 장난감을 같이 갖고 놀기 싫어하는 아이 마음을 부모가 이해해 준다면, 아이는 사랑과 이해를 받고 있다고 느끼게 된다. 그 느낌을 유지해 나간다면 갖고 싶은 물건이 있더라도 재촉하는 일이 줄어들 것이며, 얼마 지나지 않아 물건을 소유하는 것보다 우정이 더 중요한 것이라고 스스로 깨닫게 되어 한결 너그러운 태도를 지니게 될 것이다.

아이들이 각자의 성장 시간표에 따라 성숙해질 것이라는 사실을 인식하지 못할 때, 부모는 여러 문제들로 아이와 충돌한다. 그러나 이 책에서 제시하는 성장의 지표를 참고한다면 아이와의 관계에서 더 큰 기쁨을 이끌어낼 수 있고, 더 소신 있게 아이를 기를 수 있다.

강압도 허용도 아닌 사랑의 규제

부모들은 아이의 자기 규제 능력을 길러 주려면 어떤 방법으로 다가가야 하는지 궁금해한다. 이제까지는 '엄격한 태도'로 다가가든지, 아니면 그와 상반되는 허용의 자세를 취하든지 둘 중 하나였다. 자기 규제를 잘 못하는 아이에게는 벌을 주거나, 요구를 거절하거나, 고립시키거나, 강압적인 말을 하는 등 불쾌한 경험을 하게 함으로써 아이의 행동을 바로잡을 필요가 있다는 생각이 오랫동안 팽배해 왔다. 그러나 잘못된 행동을 이유로 계속해서 벌을 주다 보면 아이는 영영 자기 통제력을 키우지 못하는 것은 물론 비참한 기분만 경험하게 될 뿐이다. 이럴 때 우리는 '사랑의 규제'를 사용하라고 권한다. 사랑의 규제를 따른다면 아이를 불행하게 만들거나 내적 행복의 발전을 방해하지 않고도 얼마든지 아이 행동을 바로잡을 수 있다. 다음 장에서 각기 다른 연령의 아이들에게서 나타나는 다양한 행동들을 살피면서, 사랑의 규제를 어떻게 적용해야 하는지 알아본다.

••• 벌주지 않으면서 지도하라

어린아이를 미숙한 판단으로부터 보호하고 해로운 길로 나가지 않도록 이끌어 주는 것은 부모의 당연한 임무다. 아이가 성냥불을 켜거나 혼자 길을 건너도록 내버려두어서는 절대 안 된다. 그러나 우리는 연구를 통해 벌을 주는 것보다는 애정 어린 태도로 아이의 행동을 규제할 때 훨씬 더 성공적이라는 사실을 발견했다.

부모는 아이보다 몸집이 크고 힘이 세므로 얼마든지 아이의 잘못된 행동을 힘으로 막을 수 있다. 그러나 부모가 그런 태도를 보이면 아이는 자기도 모르는 사이에 부모의 사랑과 온정이 제한적이라고 여기며, 부모가 자기를 불행하게 만들고 싶어한다는 생각을 하게 된다. 아이가 비록 위험하고 해로운 행동을 하더라도, 아이에게 불쾌한 경험을 안겨주는 일 없이 위험한 행동을 중단시키는 것이 가장 좋은 방법이다. 열 살 난 아이가 규칙을 어기고 거리에서 자전거를 탄다면, 혼자 길거리에서 자전거 타는 것은 위험하니 당분간은 안전을 위해 부모와 함께 있을 때만 자전거를 타라고 설득해 볼 수 있다. 아이는 한동안 고집을 부리겠지만 얼마 지나지 않아 부모가 자기를 안전하게 지켜 주려고 노력한다는 사실을 깨닫게 될 것이다. 나아가 스스로 자기 안전을 지켜야겠다는 생각을 하게 될 것이다.

이와 반대로 만약 부모가 규칙을 어겼다는 이유로 아이에게 용돈을 주지 않거나, 유리창을 닦으라고 하거나, 아예 자전거를 타지 못하게 막는 등 부정적인 반응을 보인다면, 아이는 부모가 자신의 실수를 빌미로 자기에게 고통을 주고 싶어한다고 생각할 것이다. 부모를 존경하는 아이는 부모처럼 되길 원하므로 뭔가 일이 잘못될 경우에는 부모가 보여주었던 태도를 그대로 모방하여 자기 자신에게 가혹한 태도를 취한다. 뿐만 아니라 자기 보호 능력도 약해진다.

많은 부모들이 잘못된 행동을 하는 아이에게 친절하게 대해 주면 나쁜 행동을 더 부추길 것이라는 믿음 때문에 아이를 혼자 있게 하거나, 제약을 가하거나, 벌을 주는 등의 엄격한 태도를 취한다. 그러나 아이들은 부모에게서 사랑 어린 보살핌을 받을 수 있다는 확신을 통해 내적 행복을 느낀다. 따라서 부모가 엄격한 태도를 취하면 이 믿음이 깨져 버려 오히려 역효과만 날 뿐이다. 이 때문에 벌을 받으며 자란 아이들은 자신을 비참한 상황에 빠뜨리거나 바라던 일을 스스로 망치는 일이 많다. 이와 반대로 사랑의 규제로 다가갈 경우, 아이들은 특정한 바람을 충족시키지 못하는 상황에 이르더라도 언제나 부모와의 관계에서 생겨나는 기쁨에 의지할 수 있다.

자기 자신을 비난하는 아이

두 살 난 자넷이 화를 내거나 고집을 피우거나 말을 듣지 않을 때마다, 자넷의 부모는 아이에게 몹시 실망했다고 말했다. 세 돌이 지났을 때 자넷은 우유를 엎지르거나 동생에게 소리를 지르는 등 스스로 잘못된 행동을 했을 경우, "그래, 난 못된 아이야"라고 소리치고는 제 방으로 달려가 침대 속으로 파고들었다. 자넷은 좀처럼 가족들과 함께 시간을 보내려 하지 않았다. 자넷이 자기 자신을 고립시키는 시간이 점점 길어지자, 부모가 우리를 찾아와 도움을 청했다. 우리는 자넷이 잘못된 행동을 하더라도 비난하지 말고, 대신 사랑의 규제를 써보라고 제안했다.

그들은 자넷에게 이제까지와는 다른 방식으로 다가가기 시작했다. 예를 들어 자넷이 우유를 엎질러 놓고 걱정스런 표정을 하고 있을 때면 따뜻하게 안아주면서 이렇게 안심시켜 주었다. "실수한 것뿐이야. 우리도 가끔 그러는걸. 그냥 깨끗하게 닦아내기만 하면 된단다." 저녁 먹을 시간에 아이가 갑자기 동생에게 소리를 치자, 엄마는 "사랑랑 노는 게 재미없으면 엄마, 아빠에게 얘기하렴. 아빠와 함께 식탁 차리는 일을 돕든지, 아니면 아빠랑 체스 놀이하면 어떻겠니?"라고 얘기했다. 그렇게 몇 달이 지나자, 자넷은 자신이 화를 내거나 제멋대로 행동할 때 엄마와 아빠가 자기를 편안하게 해주려고 노력한다는 사실을 조금씩 깨닫게 되었다.

더 중요한 것은 부모의 모습을 보고 배운 덕분에 자기 자신에게도 가혹하게 대하는 일이 줄어들었다는 것이다. 그리고 마침내 스스로를 고립시키는 시간이 놀라울 정도로 줄었다.

아이들은 부모를 사랑하며 부모가 자기에게 이상적인 보살핌을 베풀어 준다고 믿는다. 따라서 자신이 잘못된 행동을 했을 때 부모가 늘 불쾌한 경험을 하게 하면, 그 아이는 부모가 자신을 대하는 방식과 똑같이 자기 자신을 대한다.

사랑의 규제는 아이가 걷잡을 수 없는 행동을 보일 때 부모가 취할 수 있는 접근 방법이다. 사랑의 규제로 다가간다면 바람직하지 못한 행동을 중단하게 하면서도, 아이에게 불행한 느낌을 주지 않고 부모의 변함없는 온정과 사랑을 보여줄 수 있다. 엄한 태도로 다가가는 것과 달리 사랑의 규제로 다가간다면 아이는 부모와의 친밀감을 그대로 유지할 것이며, 자기 자신에 대한 반감을 키워 가지도 않을 것이다.

이처럼 스마트 러브를 적용한다면 벌을 주지 않고도 얼마든지 아이의 행동을 규제할 수 있다. 아이를 실망시키거나 불행하게 만든다면 아이에게 소중한 가치를 가르칠 수 없다. 부모의 따뜻한 이해와 사랑에 의지하도록 배려했을 때, 아이는 원하는 것을 이루지 못하게 되더라도 현실을 담담하게 받아들일 수 있다. 장기적인 안목으로 내다보면서 아이가 바람직한 선택을 하고, 그것을 자신감 있게 추진하도록 도와주는 것이 필요하다. 아이를 불행하게 만드는 대신 다정한 태도로 도움을 베푼다면, 아이는 효과적으로 자신을 규제하는 방법이 무엇인지 배우게 된다. 조건적이고 제한적인 '엄격한 사랑'이 아니라, 한없이 풍족하고 너그러운 사랑이야말로 아이들의 진정한 자기 규제를 가능케 한다.

아이의 행동을 간섭하고 규제해야겠다는 생각이 들 때에도 부모가 아이의 감정이 어떤지 헤아리려고 노력하고 있으며, 아이의 요구나 불행에 등을 돌리는 일은 없을 것이라고 믿게 해주어야 한다. 이제 막 걸음마를 시작한 아이가 고양이 꼬리를 잡아당기려 하면, 잠시 고양이를 아이 손에 닿지 않도록 멀리 보낸 뒤 아이를 달래 주고 관심을 다른 곳으로 돌리도록 이끌어 줄 수 있다.

이런 경험이 되풀이되다 보면, 아이는 원하던 일을 하지 못하게 되었을 때에도 부모가 자기를 행복하게 해주려고 노력한다는 사실을 알게 된다. 아이와 친밀한 관계를 유지하면서 아이 스스로 건설적인 선택을 하도록 이끌어 준다면, 아이는 특정한 욕구를 충족시키는 것보다는 사랑하고 사랑받는 느낌에서 진정한 행복이 생겨난다는 사실을 깨닫기 시작할 것이다.

스마트 러브를 적용한다면 아이가 때때로 어른들의 기준에 맞지 않게 행동하더라도(8개월 된 아이가 다른 아이 장난감을 막무가내로 가로채는 등), 그것은 어디까지나 아이가 어리기 때문이며 일시적인 현상일 뿐이라고 생각하게 된다. 그런 행동은 아이가 자라나면서 자연스럽게 사라진다. 아이는 아직 너무 어려서 자기가 원하는 것을 왜 가질 수 없는지 이해하지 못하는 것일 뿐이다. 따라서 이때는 아이가 다른 활동에 관심을 돌리도록 부드럽게 이끌어 주는 것이 최선의 방법이다.

••• 아이의 일차적 행복을 손상시키지 말라

사랑의 규제는 엄격한 처벌이나 무조건적인 허용보다 우월하다. 사랑의 규제는 아이의 일차적 행복을 감소시키는 일 없이 아이의 미숙한 행동을 규제할 수 있는 유일한 방법이기 때문이다. 아이는 성장의 욕구가 생길 때면 언제나 부모에게서 애정 어린 관심을 받을 수 있다는 믿음을 가지고 태어난다. 이러한 믿음을 가질 수 있도록 지속적으로 뒷받침해 준다면, 아이의 일차적 행복을 지켜 줄 수 있다.

아이가 화를 내거나 고집을 부릴 때 곁에서 바라보기가 힘이 들겠지만, 그렇다고 해서 아이에게 수치심이나 나쁜 감정을 느끼게 하고 싶지는 않을 것이다. 그런 행동이 부모를 화나게 만든다고 아이에게 분명히 말해 주라고 충고하는 사람들도 있다. 그러나 아이들은 부모가 자기의 행동에 화를 내는 것인지, 아니면 자신에게 화를 내는 것인지 구분하지 못한다. 부모의 행동이 무엇을 의미하는지 판단할 수 있을 만큼 지적으로 성숙한 청소년기 아이들도 감정이 상하기는 마찬가지다. 부모가 아이들에게 화를 내다 보면 아이들은 부모의 행동을 그대로 모방하려 들 것이며, 자기 자신에게 화를 내고 싶은 욕구가 일어날 것이다. 이미 내적 불행에 빠진 아이라면, 부모가 자기에게 화를 낼 때 자신을 불행하게 만들고 싶다는 욕구가 강해질 것이다.

아이를 사랑하는 마음에는 변함이 없지만, 아이 행동이 마음에 들지 않는다고 말해 주라는 이들도 있다("네가 이러이러할 때 나는 기분이 좋지 않아"). 그러나 이런 태도 역시 부정적이다. 아이들은 그 말을 듣는 순간, 부모가 자기에게 실망하고 있다고 생각하게 된다.

따라서 아이에게 실망감을 내비치기보다는, 위험하고 적절하지 못한 행동을 규제하는 데 초점을 맞추는 것이 좋다. 이를테면 "망치로 책상을 두드리면 안 된단다. 엄마가 망치질할 만한 나무 판자를 구해 볼게"라고 말해 주는 것이다. 그렇게 말하는데도 아이가 엄마 말을 못 들은 척한다면, "망치질을 그만 두지 않으면 한동안 망치를 멀리 치워 놓는 수밖에 없구나"라고 말해 주기만 해도 충분하다. "망치는 저기 두고 숟가락으로 항아리를 두드리면서 놀까?"라고 말하면서 긍정적이고 다정한 태도로 아이 손에서 망치를 빼낼 수도 있다. 이렇게 하면 아이는 망치를 포기하더라도, 부모의 사랑과 관심은 변함없다는 사실을 깨닫게 될 것이다.

••• 아이의 관점 : "엄마가 화를 내는 건 다 내 탓이야"

셋 셀 때까지 그만 두라고 윽박지르거나, 잠시 방에서 나오지 못하게 하거나, 큰 소리로 "안 돼!"라고 소리치거나, 아이에게 허용해 주었던 특혜를 거두는 등의 엄격한 반응을 보였을 때, 아이들은 부모가 자기를 이해하려 하기보다는 힘으로 누르고 싶어한다고 생각하게 된다.

이러한 방법을 통해 부모는 강제로 아이 행동을 변화시킬 수도 있겠지만, 아이는 크게 실망할 뿐만 아니라 자기가 부모를 화나게 했다고 생각하게 된다. 아이들은 사랑하는 부모를 그대로 닮고 싶어하므로 자기 자신에게도 똑같이 화를 내고 거부 반응을 보이게 된다.

아이를 돌보다 보면 인내심이 다 소진되어 버린 듯한 순간들이 있게 마련이다. 아이에게 매를 드는 것보다는 잠시 제 방에 가 있으라고 벌을 주는 것이 나은 방법이기는 하다. 부모들은 종종 파괴적인 행동을 피하기 위해 그 방법을 쓴다. 그러나 그 방법 또한 아이를 위해서라기보다는 부모 자신을 위한 임시방편에 불과하다. 아이를 존중하고 있고 아이의 행동을 개선시키기 위해서라면 그런 방법을 쓰지 말아야 한다. 다른 방법도 얼마든지 있다. 아이에게 매를 대야겠다는 생각이 치밀어오를 때는 잠시 숨을 고르고 이렇게 말해 보자. "엄마 잠깐 방에 들어갔다가 좀 진정되면 나올게."

벌을 선 뒤 괴물로 변하는 아이

아이가 툭하면 싸우려 들자, 걱정이 된 한 엄마가 우리를 찾아왔다. 네 살 난 스티븐은 엄마가 잠시 전화 통화를 하고 있는 사이에 장난감 자전거를 동생을 향해 밀어 버렸다. 엄마는 스티븐의 행동을 용납할 수 없고 몹시 화가 났다고 말하면서, 5분 동안 꼼짝 말고 방에 들어가 있으라고 명령했다. 5분이 지나 제 방에서 나온 스티븐은 얼굴을 찡그리면서 "나는 끔찍하고 무시무시한 괴물이다"라고 으르렁거리면서 쿵쾅거리기 시작했다.

스티븐은 왜 그런 행동을 보였을까? 스티븐의 엄마는 늘 하던 대로 아이의 잘못된 행동에 화를 내고 벌을 주었지만, 아이는 엄마는 물론 자기 자신과 모든 사람에게 불편한 감정을 드러냈다. 아이는 동화책에서 보았던 괴물과 자신을 동일시함으로써 불쾌한 감정을 표현했던 것이다.

엄마가 전화 통화를 하는 사이 또다시 스티븐이 동생을 괴롭히기 시작했다. 이번에 엄마는 사랑의 규제로 다가갔다. 엄마는 잠시 수화기를 내려놓은 뒤, 동생이 괜찮은지 살펴보고 나서 스티븐에게 이렇게 말했다.

"우리 귀염둥이, 엄마가 전화 통화하는 동안 심심했던 모양이구나. 그렇다고 동생을 괴롭히면 안 되지. 엄마 전화 통화 아직 안 끝났거든. 장난감 가져와서 전화 통화 끝날 때까지 엄마 곁에 있으렴. 그럼 엄마가 함께 놀아줄게. 우리 셋이 함께 할 수 있는 놀이가 뭘까 생각해 보렴."

이런 방법을 통해 엄마는 아이와 친밀한 관계를 유지하면서 스티븐의 공격적인 행동을 규제할 수 있었으며, 아이가 자신에 대해 긍정적인 감정을 가지도록 도울 수 있었다.

아이의 독립심은 안정된 내적 행복에서 비롯된다

아이가 바라는 대로 다 들어주었을 때 아이가 계속 부모에게 의존하려 들면 어떻게 하나 하고 걱정하는 부모들이 있다. 그러나 진정한 '독립심'

은 아이가 부모와 감정적·육체적으로 얼마나 거리가 있느냐에 따라 측정되는 것이 아니므로 그런 걱정을 할 필요는 없다. 아이를 애써 부모의 둥지 밖으로 내몰 필요는 없다. 아이의 감성적인 욕구를 충족시켜 준다면 진정한 독립심을 길러 줄 수 있다. 진정한 독립심이란 안정된 내적 행복에서 비롯되는 것이며, 올바른 선택을 하고 그 선택을 열정적이고 훌륭하게 추구하는 능력으로 표출된다. 아이의 내적 행복이 일상생활에서 겪는 성공과 실패에 휘둘리지 않을 때 비로소 진정한 독립심이 생긴다.

감성적 욕구가 충족되지 못한 아이들은 인간 관계나 관심의 폭을 넓히려 하지 않는다. 그들은 밀려났다는 느낌을 받으며, 부모에게 의존하는 것에 수치심을 느낀다. 그러나 감성적 욕구가 제대로 충족된 아이들은 새로운 인간 관계를 추구하고, 자신의 재능을 최대한 발휘하려고 한다. 그들은 언제든 다시 집으로 돌아갈 수 있으며, 가족으로부터 따뜻한 환영을 받을 것이라고 믿는다. 진정한 자율성을 갖춘 아이라면, 부모에게서 벗어나지 않더라도 다양한 삶을 경험할 수 있다. 어떤 일을 하든지 자신감과 긍정적인 생각으로 임할 것이며, 내적 공허를 충족시키고 싶다는 생각으로 세상에 나가지는 않을 것이다.

아이가 부모에게 너무 매달리거나 그 나이 또래에 맞는 친구 관계나 활동을 경험하려 하지 않을 때, 사람들은 부모가 마냥 받아주기만 해서 아이의 자율성을 길러 주지 못한 탓이라고 말한다. 그러나 이 아이는 자율성이 부족해서가 아니라, 사랑을 충분히 받지 못했기 때문에 그런 반응을 보이는 것이다. 아이를 부모에게서 멀리 떼놓으려 하거나 성숙하게 행동하라고 강요한다면, 아이는 점점 더 건설적이지 않은 기쁨에 의존하게 될 것이다.

기본적인 욕구가 충족된 아이들은 흔들림 없는 내적 행복을 얻게 되며, 마침내 개인적·사회적인 자율성을 지닌 성인으로 성장하게 된다. 그런 아이들은 부모가 계속 곁에 있는가, 또는 외적 욕구가 충족되는가 하는 것에 더 이상 의존하지 않는다.

2장

스마트 러브의 실천

        부모라면 누구나 아이에게 행복과 성취감을 선사해 주고 싶어한다. 그러나 부모들은 생계를 꾸려가야 하고, 일상적 삶에서 생겨나는 압박감과 긴장감에 시달리는 데다 육아 과정에서 오는 감정적인 부담까지 안고 있어 늘 한결같이 효과적인 태도로 아이들을 대하기가 쉽지 않다. 또한 좋지 못한 충고들을 도처에서 듣다 보면 선한 본능이 이끄는 대로 행동하기를 포기하기도 하고, 사랑의 충동에 따를 때 오히려 불필요한 죄의식을 느끼기도 한다.

  이번 장에서는 아이들과 함께 하는 시간을 최대한 활용하는 방법이 무엇인지 배우게 될 것이며, 사람들이 흔히 하는 충고와 달리 온정 어린 태도를 보일 때 가장 효과적으로 아이를 돌볼 수 있다는 것을 알게 될 것이다.

아이들에게 왜 내적 행복이 필요한지, 그리고 내적 행복은 어떻게 획득할 수 있는지 이해하게 된다면, 아이가 몇 살이든, 아이의 내적 행복이 어떤 상태이든 관계없이 모든 아이들에게 한층 더 효과적인 태도로 다가갈 수 있을 것이다.

엄마와 여자, 아빠와 남자 사이의 교묘한 균형 잡기

갓난아기를 둔 부모들은 전적으로 아이의 욕구에 따라 결정되는 하루 일과에 적응하기가 쉽지 않다고들 말한다. 부모는 아이의 끊임없는 요구에 대해 각기 다른 반응을 보인다. 아이에게 도움을 주고 아이에게 필요한 존재가 되었다는 것 자체를 기쁘고 자랑스러운 일로 여기는 부모들도 있지만, 덫에 걸린 듯 부담감을 느끼는 부모들도 있다. 스마트 러브를 따른다면, 아이의 눈으로 세상을 바라볼 수 있다. 뿐만 아니라 부모의 사랑과 관심을 원하는 아이에게 긍정적이고 너그러운 태도를 보일 때, 아이가 정상적이고 행복한 존재로 자라날 수 있으며, 내적 불행을 발전시키거나 잘못된 행동에 빠지지 않을 것이라는 사실을 알게 된다. 또한 스마트 러브는 부모의 개인적인 욕망과 육아의 목표를 구분할 수 있도록 도와준다.

'육아의 목표'란 부모가 아이의 성장 욕구에 반응하기 위해 세우는 목표를 말한다. 육아의 목표를 달성하기 위해 부모는 아이에게 특별한 행복을 제공할 것이다. 아이는 부모의 사랑과 관심이 필요할 때 부모가 한결같이 애정 어린 태도로 반응해 주기를 바란다. 아이의 그런 바람을 알고 있는 부모라면 아이에게 특별한 행복을 줄 수 있다. 지속적인 내적 행복을 가진 아이라면 성인으로 자라나서도 자기 자신을 훌륭하게 보살피고, 또 타인과의 관계를 원만히 이끌어갈 수 있으며, 삶에서 성취감을 맛볼 수 있다. 아이에 대한 사랑과 육아의 목표가 확고하다면, 한밤중에 아기가 울음을 터뜨리거나 물을 달라고 해도 기꺼이 일어나 그 요구를 들어줄 것이다. 아기가 태어나기 전에는 자명종 소리를 듣고도 일어나지 못했던 부모였다 할지라도 말이다.

반면에 '개인적 욕망'은 아이의 성장 욕구에 반응하기 위해 세우는 목표는 아니다. 부모가 된 후에도 개인적 욕망은 계속해서 생겨난다. 아이가 태어났다고 해서 개인적 욕망이 사그라지는 것은 아니다. 부모들은 청소를 하거나 장을 보거나 전화 통화를 하는 따위의 일상적인 일들을 처리해야 하며, 부부 사이의 낭만적인 욕망도 가꾸어야 한다.

내적 불행이나 외적 압박감에 짓눌리지 않는 부모라면, 아이에 대한 사랑의 감정을 키워 나가면서도, 동시에 아이가 행복하고 정상적으로 자라날 수 있도록 도와주기 위해 기꺼이 개인적 욕망을 조절할 것이다. 이러한 부모들은 일상생활을 할 때 늘 아이들을 염두에 둔다. 그러나 아이를 위해 모든 일과를 조정하는 것은 단 몇 년 동안일 뿐이다. 이 사실을 인식하는 부모라면 아이가 생기기 전에 어떤 것에도 구애됨 없이 자유롭게 일하고 외식하고 취미 생활을 즐겼다 할지라도, 기꺼이 아이를 위해 하루 일과를 조정하려고 할 것이다. 이렇게 함으로써 부모는 아이가 태어날 때부터 가지고 있던 믿음, 즉 언제든 부모의 보살핌을 받을 수 있다는 믿음을 줄 수 있으며, 아이가 내적 행복을 발전시켜 나가도록 도울 수 있다.

부모가 아이에게 주는 가장 소중한 선물은 바로 충분한 시간과 긍정적인 관심이다. 부모가 아낌없이 아이와 시간을 보내고 긍정적인 관심을 쏟는다면, 아이와 부모 사이에 긍정적이고 사랑 어린 관계가 형성될 것이며, 나아가 아이가 자라나는 과정에서 아이 문제로 걱정하는 시간도 훨씬 줄어들 것이다.

아이들의 감성적인 욕구를 충족시키기 위해서는 많은 시간을 쏟아붓는 것 이상 좋은 방법이 없다. 욕구가 제대로 충족되지 못한 아이들은 잠투정, 음식 투정, 학습장애를 일으키고, 청소년기에는 숱한 외부적 유혹에 휩싸이며, 결국 자율적이고 제 역할을 다하는 행복한 성인으로 성장하기가 어렵다. 장기적인 관점에서 보면 아이들이 성장 욕구를 충족시키지 못해 문제를 일으킬 경우, 부모들뿐만 아니라 교사·전문가들이 그 문제 해결을 위해 많은 시간을 쏟아부어야 한다.

이에 반해 부모가 아이의 성장 욕구를 충족시키기 위해 보내는 시간은 사랑과 성공적인 육아의 기쁨으로 채워질 것이다. 그러나 성장의 욕구를 충족시키지 못해 불행한 기색을 보이고 까다롭게 행동하는 아이라면, 함께 하는 시간 내내 긴장을 늦추지 못하고 화를 내거나 당혹스러워질 때가 많을 것이다.

어린아이를 둔 부모들은 아이 돌보는 일이 너무 중요한 일이어서 부부 둘만의 외식을 즐기지도 못하고, 직업을 가질 수도 없으며, 집안일도 제대로 못하고, 영화를 보러 가지도 못한다고 투덜대기도 한다. 그러나 육아의 목표와 개인적 욕망을 상호 배타적인 것으로 여겨서는 안 된다. 아이 보살피는 일을 소홀히 하지 않으면서도 얼마든지 개인적 책임감이나 욕망을 충족시킬 수 있는 방법을 찾아볼 수 있다. 이따금 보모에게 도움을 청하는 것도 하나의 방법이다. 아이를 돌봐줄 수 있는 친한 친구나 이웃, 보모의 도움을 받는다면, 개인적 욕망을 충족시킬 수 있는 여유를 가지면서 동시에 아이의 감성적 욕구도 충족시켜 줄 수 있을 것이다.

게다가 아이가 자라면 자랄수록 개인적 욕망을 채울 수 있는 시간은 점점 더 많아진다. 그러나 아이가 자랐다 하더라도, 여전히 똑같은 스마트 러브에 따라 육아의 목표와 개인의 욕망 사이에 균형을 유지하면서 아이의 성장 욕구를 돌보아야만 한다. 10대가 된 아이가 설령 부모의 자유 시간을 송두리째 차지하려고 하더라도 균형을 잃어서는 안 된다. 처음에는 아이가 어렸을 때와 마찬가지로 우선 순위를 정하는 일이 어렵게 느껴질지도 모르나, 아이는 제 나이 또래에 맞게 적절한 욕구를 표출할 것이며, 부모가 자신의 정서적 발달을 돕고 있다고 느낄 것이다.

내적 불행은 어디에서 오는가

아이의 인격 형성을 위해 좌절을 경험하게 해주는 것도 필요하다고 충고하는 이들이 많다. 그러나 오랜 연구와 경험을 통해 우리는 아이에게 불필요한 불행을 경험하게 할 경우, 결국 부정적인 결과만 초래한다는 사실을 알게 되었다. 부모는 아이를 불행하게 만들지도 모르는 행동을 하기에 앞서, 우선 그 행동이 진정 필요한 것인지 스스로 물어 보아야 한다.

성장의 욕구가 제대로 충족된 아이들은 부모의 사랑을 통해 흔들림 없는 내적 행복을 발전시키게 된다. 아이들은 아이들만의 독특한 방식으로 세상을 경험한다. 아이들은 모든 일이 부모가 의도해서 생겨난 것이며, 이상적인 육아의 결실이라고 확신한다.

소설 『깡디드』에서 볼테르는 빵글로스(Pangloss) 선생이라는 인물을 통해 이러한 관점을 보여주었다. 빵글로스는 새로운 불행이 닥칠 때마다 "모든 것은 저마다 목적에 맞게 만들어졌으므로 지선(至善)을 향해 나아간다"라는 태도로 맞섰다.

성장의 욕구가 충족되지 못한 아이들은 불쾌한 느낌 또한 사랑하는 부모가 의도한 이상적인 상태라고 착각한다. 어른들과 마찬가지로, 아이들도 이상적이라고 판단되는 것을 추구하게 마련이다. 이 때문에 늘 불행한 감정을 느껴 온 아이들은 불행을 추구하게 마련이며, 완전한 사랑을 느끼기 위해 불행을 추구하는 경향이 있다. 마음을 진정시키기 위해 머리카락을 잡아당기는 아이들이나, 부모의 화를 돋우기 위해 일부러 동생을 때리는 아이들에게서 그런 모습을 찾아볼 수 있다.

물론 모든 부모는 아이가 행복해지기를 바란다. 아이에게 고통을 주려고 의도적으로 행동하는 부모는 없을 것이다. 아이들은 부모가 그들의 욕구를 충족시켜 주지 않아서가 아니라, 부모가 성장의 욕구에 적절한 반응을 보여주지 않았기 때문에 지속적인 내적 행복을 발전시키는 데 실패하는 것이다.

엄마를 잃은 두 살짜리 아이

두 살 난 질은 엄마가 교통 사고로 죽은 뒤 우리에게 보내졌다. 사고가 나기 전까지는 부모의 관심과 사랑을 받으며 행복하게 자라던 아이였지만, 사고로 엄마를 잃은 뒤부터 고통받고 싶다는 욕구를 발전시키기 시작했다. 세 살 미만의 아이들은 부모의 모든 행동이 자유롭게 선택된 것이며, 완벽한 보살핌을 나타낸다고 믿는다. 그 때문에 질은 엄마가 집에 돌아오지 않아 불행한 감정을 느끼는 것 또한 엄마가 의도한 완벽한 사랑이라고 단정했다. 그 결과, 질은 자기도 모르는 사이에 불행한 경험을 추구하기 시작했다. 그런 경험들을 통해 엄마의 존재를 가까이 느낄 수 있었기 때문이다.

엄마가 죽은 뒤로 아이가 점점 활기가 없어지고 악몽을 자주 꾸자, 질의 아빠가 우리에게 아이를 데려왔다. 질은 첫 상담을 받은 후 몹시 불안해했다. 아이는 헤어질 때 우리에게 가지 말라며 매달렸다. 우리는 질에게 "엄마처럼 우리도 떠나 버릴 것 같아 걱정돼서 그런 거지? 하지만 바로 여기서 우리는 또 만날 거야"라고 말해 주었다. 질은 우리가 다음 번에도 같은 곳에서 자기를 기다려 줄 거라고 조금씩 믿기 시작했다. 몇 달이 흐르자 질은 우리와의 지속적인 관계를 통해 조금씩 안정감을 되찾아 갔고, 마침내 예전의 모습을 되찾았다.

••• **부모의 사랑을 확신하기 위해서라면 어떤 대가도 치르는 아이들**

아이들은 사회적 존재이며, 무엇보다도 부모의 사랑을 끌어낼 능력이 자기에게 있다고 믿고 싶어한다. 부모가 사회적·경제적·정치적 이유로, 또는 건강이 좋지 않거나 주위에서 들은 나쁜 충고 때문에, 또는 알게 모르게 아이와의 친밀한 관계를 원치 않는 탓에 아이의 성장 욕구를 만족시켜 주지 못하는 경우가 있다.

그러나 이때에도 아이들은 부모가 자신을 완벽하게 보살펴 주고 있다는 환상을 유지하기 위해서라면 어떤 대가든 치르려 한다. 이런 바람이 신체의 성장을 방해하기도 한다. 예를 들어 부모와의 관계에서 최소한의 내적 행복도 충족하지 못한 아이의 신체 발육이 정지되는 경우가 그것이다. 이때 아이는 현실에 발을 내딛지 못한 채 상상 속에 파묻히려 한다. 상상 속에서라면 부모와 긍정적인 관계를 맺을 수 있기 때문이다.

최소한이나마 내적 행복을 충족할 수 있는 상태와 육체적 행복 둘 중 하나를 선택하라고 한다면, 누구나 전자를 선택할 것이다. 거식증으로 고통받는 환자들은 배가 고파 쓰러질 정도로 심한 공복감을 느낀다. 그러나 몸이 아무리 고통스러워도 내적 행복만은 느낄 수 있다. 먹기를 거부하여 비정상적으로 몸이 마른다면, 사람들에게 자기가 완벽하게 자신을 통제할 수 있다는 사실을 보여줄 수 있기 때문이다. 상대적으로 감정의 영향을 덜 받는 육체적 과정도 있지만, 육체적 욕구를 충족시킬 것인가 말 것인가, 그리고 어떤 방법으로 욕구를 충족시킬 것인가는 전적으로 감성적 욕망에 달려 있다.

아이가 부모의 꾸지람을 듣지 않기 위해 귀를 막는 행동은 육체적 고통을 감내하고서라도 내적 행복을 지키고 싶어하는 즉각적인 몸짓이다. 아이는 부모의 꾸지람 소리를 듣는 것보다는 감각을 차단하는 것이 오히려 덜 고통스럽다는 사실을 알고 있다. 만약 아이가 이와 유사한 반응을 보인다면, 아이가 편안하게 들을 수 있도록 부드러운 목소리로 다가가야 한다.

••• 내적 불행을 키우고 싶어하는 아이들

이미 살펴보았듯이 어린아이들은 부모의 보살핌이 이상적인 것이라고 여기며, 부모가 보여준 방식을 그대로 따라하려고 한다. 또한 성장 욕구가 제대로 충족되지 못한 아이들은 불행한 느낌이 곧 내적 행복이라고 생각하게 된다. 우리가 만난 네 살짜리 한 아이는 친구들과 노는 대신 손가락을 빠는 것에서 위안을 찾았으며, 그것이 가장 즐거운 일이라고 믿었다. 그럼에도 어른들은 아이가 친구들과 함께 노는 것이 더 큰 기쁨이라는 것을 알지 못해 그런 행동을 보인다고 생각했을 뿐이다.

불행한 경험을 갈망하도록 배운 아이들은 타고난 낙천성이 왜곡되고 있다는 사실을 깨닫지 못한다. 심하게 학대받는 아이들에게서 극적인 예를 찾아볼 수 있다.

상담사례

"엄마가 때리는 건 내가 나쁜 행동을 했기 때문이야"

네 살 난 엘리스는 엄마가 상습적으로 몸에 성냥불로 화상을 입히자, 다른 가정에 입양되어 살게 되었다. 그럼에도 엘리스는 자기가 나쁜 행동을 했기 때문에 엄마가 그런 것이라며, 엄마에겐 잘못이 없다고 말했다. 그러면서 다시 엄마에게 보내 달라고 애원하며, 이제부터는 착하게 행동해서 엄마가 자기를 혼내는 일이 생기지 않도록 하겠다고 약속했다.

이처럼 엘리스는 엄마로부터 끔찍한 학대를 받았지만, 엄마가 자기를 완벽하게 보살펴 주었다는 확신에는 변함이 없었다. 엘리스를 맡았던 사회복지 상담원은 장기간 전문가의 도움을 받아 엘리스가 그동안 엄마가 자기에게 했던 행동이 어떤 것이었는지 이해할 수 있도록 했다. 그 결과 엘리스는 마침내 엄마에게서 받은 학대의 책임이 자기에게 있다는 믿음을 버릴 수 있게 되었다.

부모에게 아무리 가혹한 학대를 받았다 하더라도, 아이들은 어린 시절 부모가 보여준 행동이 이상적인 것이라고 기억한다. 부모의 학대를 받다가 다른 가정으로 입양된 아이들이 자기를 학대했던 그 부모와 다시 살고 싶어하는 것은 그 때문이다. 아이들은 학대받은 사실을 잊어버릴 때가 많으며, 학대받았던 일들이 생각나더라도 부모가 가했던 고통을 자신의 탓으로 돌리려 한다.

조금 나이가 든 아이들은 학대를 받을 때 자신이 가혹한 대우를 받고 있다는 사실을 알기는 하지만, 자기도 모르게 학대가 부모의 이상적인 보살핌이라고 느끼게 된다. 그로 인해 아이들은 입양 가정에 맡겨지더라도, 친부모와의 관계에서 경험했던 고통을 다시 되살리기 위해 일부러 양부모를 화나게 할 때가 많다.

내적 불행을 획득하게 되는 과정을 사람에게 잡힌 새끼 거위에 빗대어 설명해 보자. 잘 알려져 있듯이 새끼 거위가 다른 거위들로부터 멀리 떨어진 곳에서 부화되어 사람 손에 길러질 경우, 다른 새끼 거위들이 어미 거위를 따르는 것처럼 자신을 돌봐주는 사람을 따른다. 인간이 이상적인 부모가 아니라는 사실을 깨닫지 못한 채 돌봐주는 사람만 쫓아다니는 것이다.

아무래도 사람은 어미 거위처럼 새끼 거위를 훌륭하게 키우지는 못해서 그 새끼 거위는 다른 새끼들에 비해 발육이 늦다. 그리고 부화되는 날부터 그 새끼 거위는 자기도 모르는 사이에 이상적인 보살핌에 대해 왜곡된 개념을 갖게 된다. 나중에 진짜 어미 거위에게 데려가도 그 새끼 거위는 어미를 알아보지 못하고 계속 사람만 따라다닌다. 새끼 거위는 어미 거위가 베푸는 이상적인 보살핌을 거부하며, 계속해서 사람 어미가 베푸는 불충분한 보살핌을 좋아한다.

　사람들은 자신의 내적 행복이 최상의 상태가 아니라는 것을 깨닫지 못하기 때문에 자신을 치유하기가 어렵다. 감성적 욕구가 충족되지 못한 아이들은 자기가 겪고 있는 불행이 이상적인 내적 행복이 아니라고 경고해 줄 만한 비교 기준을 가지고 있지 않다. 그런 아이들은 안정된 내적 행복을 발전시켜 온 아이들을 만나더라도, 다른 아이의 경험과 자기의 경험 사이에 엄청난 차이가 있다는 사실을 알지 못한다. 예를 들어 의기소침해 있는 아이는 다른 아이들도 자기와 똑같은 느낌을 받을 거라고 생각하며, 자신의 생활이 고통스럽게 느껴진다 하더라도 자기의 감정 상태가 정상이고 최상이라고 생각한다.

　아이가 불행을 느낄 경우, 부모는 아이에게 긍정적인 경험을 할 수 있도록 해줌으로써 슬픈 느낌이 어떤 것인지 아이 스스로 깨닫도록 할 수 있다. 긍정적인 경험을 통해 아이를 향한 부모의 사랑을 보여줄 수 있으며, 긍정적인 기쁨을 경험하고 싶어하는 아이의 타고난 욕망을 강화시켜 줄 수 있다. 아이들은 진정한 행복이 어떤 것인지 알게 될 때 비로소 자기가 느끼는 우울한 감정이 이상적이지 않다는 것을 깨닫게 된다.

••• <u>아이 스스로 불행을 자초하지 않도록 한다</u>

인간의 이유 없는 불행은 서구 사상의 오랜 논의 대상이며, 또한 한 세기 동안 심리학적 관찰의 대상이었다. 그러나 이런 노력이 있었음에도 여전히 일상적인 불행이나 기능 장애에 대한 만족할 만한 설명을 찾아내지 못했으며, 안정된 내적 행복으로 가는 믿을 만한 길을 발견하지 못했다.

우리는 내적 불행이나 욕망을 규제하지 못하는 무능함이 본질적으로 인간의 본성에 내재되어 있다는 말들을 많이 들어 왔다. 즉 이 말은 어느 정도의 불행은 정상적인 것이며, 인간이라면 어쩔 수 없이 그 불행을 안고 살아야 한다는 의미다. 아무리 달래도 울음을 그치지 않는 아기, 잠투정이 심한 걸음마 단계 아이, 유치원에서 문제를 일으키는 여섯 살짜리 아이, 부루퉁하고 말이 없는 10대 아이, 훌륭하게 과제를 작성해 놓고도 늦게 제출해서 낙제 점수를 받는 대학생, 식사량을 조절하지 못해 늘 과식하고 마는 사업가를 우리는 주위에서 흔히 볼 수 있다.

우리는 이런 우울한 전망을 대신할 만한 실질적인 대안을 발견했다. 우리는 모든 아이가 흔들림 없는 내적 행복, 긍정적으로 선택할 수 있는 능력을 가진 아이로 성장할 수 있다고 확신한다. 그러므로 내적 불행이 후천적으로 생겨나는 것이며, 그 내적 불행으로 인해 자기 규제 능력을 가지지 못하는 것이라고 생각한다. 또한 다년간의 임상 경험을 통해 인간에게 전형적으로 나타나는 불행은 예방할 수 있을 뿐만 아니라 얼마든지 치유 가능하다는 사실을 알게 되었다.

보통 내적 불행이라고 하면 자주 악몽을 꾸거나, 우울증이 지속되거나, 개인 생활이나 일, 사랑 문제를 해결하는 데 주기적으로 어려움을 겪거나, 계속해서 잘 맞지 않는 친구들과 사귀려 하거나, 이유 없이 감정의 변화가 심한 것 등으로 나타난다.

그러나 사람이라면 누구나 안정된 내적 행복을 누릴 수 있는 능력, 건설적인 방향을 선택하고 그 선택한 바를 추구할 수 있는 능력을 가지고 있다. 따라서 그러한 상태는 삶의 과정에서 나타나는 '정상적'인 상태로 보아야 한다. 정상적인 것이 무엇인가에 대해 새로운 각도에서 접근한다면, 아이들이 태어날 때부터 타고난 진정한 권리를 획득하도록 도울 수 있을 것이다.

아이의 무절제한 행동은 내적 불행 때문이다

아이들이라면 누구나 무절제한 행동을 보이게 마련이다. 즉, 아이들은 안전하고 분별 있고 건설적이고 바람직한 행동을 할 수 없거나 하려고 하지 않을 때가 종종 있다. 불행하게도 대부분의 부모들은 아이들이 일시적으로 그런 행동을 보이는 것일 뿐이며, 그 나이 또래에서는 당연한 행동이라는 사실을 깨닫지 못하고 있다. 부모들은 아이가 미숙해서 무절제하게 행동하는 것인지, 아니면 내적 불행 때문에 그런 행동을 하는 것인지 구별할 수가 있다. 만약 미숙함 때문에 생겨난 행동이라면 일시적으로 나타났다가 사라질 것이다.

예를 들어 여섯 살 난 아이는 화를 내거나 거부 반응을 보였다가도 금세 다시 부모와 친밀하게 지낸다. 또 1~2년 가량 무절제한 행동을 보이다도 그 시기가 지나면 아이 스스로 자연스럽게 자기 행동을 규제한다. 아이들의 그런 행동은 성장의 특정 단계에서 거치게 마련인 정상적인 행동일 뿐이다. 잠투정이 심했던 아이들도 제 스스로 기분 좋게 잠자리에 들고, 모든 일에 거부 반응을 보이던 아이들도 제가 먼저 돕겠다고 나설 것이며, 친구와 같이 장난감을 가지고 놀지 않겠다고 고집을 피우던 아이들도 사이 좋게 번갈아 가며 장난감 놀이를 하게 될 것이다.

반대로 무절제한 행동이 내적 불행에서 나온 것이라면 아이들은 헤어 나올 수 없이 불행하고, 연약하고, 우울하고, 곧잘 화를 내고, 부주의한 태도를 자주 보일 것이다. 그런 아이들은 부모가 사랑으로 달래 주어도 좀처럼 마음을 돌리지 않을뿐더러, 무절제한 행동도 시간이 흐르면서 점점 더 심해진다. 이를테면 걸음마 단계 아이들이 일시적으로 수줍은 태도를 보이는 것은 아주 정상적인 일이다. 그러나 낯선 사람이 나타나기만 하면 필사적으로 부모에게 매달리고 시간이 가도 그런 태도를 버리지 못한다면, 아이는 필경 만성적인 내적 불행 때문에 고통을 받고 있는 것이다.

내적 불행을 가진 아이에게서만 볼 수 있는 무절제한 행동들로는 심각한 우울증을 겪거나, 툭하면 성을 내거나, 심각한 공포증 때문에 활동에 어려움을 겪거나(예를 들어 천둥을 몹시 무서워하는 아이는 비가 오기만 해도 바깥에 나가려 하지 않는다), 이유 없이 공격적인 행동을 일삼거나(때리고 물어뜯고 욕하고 동물을 학대하는 등), 부모에게 적대감을 가지거나 부모 곁에 가지 않으려 하는 것 등이 있다.

보호 상실에 대처하기

아무리 열정이 넘치고 헌신적인 부모라 할지라도 개인적인 일 때문에 그때그때 아이의 욕구에 관심을 보여주지 못하는 때가 있게 마련이다. 우리는 이를 보호 상실(caregiving lapse)이라 부른다. 부모가 너무 피곤하거나 정신적 압박감이 심한 탓에 아이의 미숙한 행동이 일시적이며 그 또래 아이로선 당연한 행동일 뿐이라는 사실을 잊은 채 화를 내거나 성급하게 반응할 때가 있다. 또는 아이가 말을 걸어 오는데도 딴 생각에 빠져 있을 때도 있다. 평소 아이의 반응에 충분한 관심을 보여주었다면, 간혹 보호 상실이 나타나더라도 아이의 지속적인 내적 행복의 발달을 방해하지는 않는다. 아이는 자기가 지금 실망했다는 사실을 부모에게 환기시킨다면, 언제든 다시 보호받을 수 있다고 믿기 때문이다. 예를 들어 한 10대 아이는 새로 오신 선생님이 너무 엄격해서 학교 생활에 어려움을 겪고 있었다. 그런데도 엄마가 자기 말에 관심을 기울여 주지 않자 "엄마, 내 말 좀 들어주세요!"라고 큰 소리로 말했다. 그러자 엄마는 이내 아이의 힘겨웠던 하루 이야기에 다시 귀를 기울였다.

그러나 이와 달리 부모가 지속적으로 아이의 감성적 욕구를 만족시켜 주지 못한다면 아이의 내적 불행이 유발될 수밖에 없다.

상담사례

농구 경기에 푹 빠진 아빠

알렉스 아빠는 아이가 보호 상실에 얼마나 민감한 반응을 보이는지 알게 되었다. 어느 날 그가 텔레비전으로 농구 경기를 보고 있을 때, 두 살 반 된 아들이 책을 읽어 달라고 조르기 시작했다. 경기에 푹 빠진 아빠는 "잠깐만 기다려! 장난감 트럭 가지고 조금만 더 놀고 있어"라고 말했다. 기다리다 못한 알렉스는 급기야 장난감 방망이를 가져와 콜라 캔을 내리쳤다.
아들이 평소에 보지 못했던 공격적인 행동을 보이자, 아빠는 그제서야 아들이 바라는 것이 무엇인지 깨달았다. 아빠는 화를 내는 대신 알렉스에게 콜라를 엎지르는 행동은 옳지 못하다고 담담하게 말하면서, 알렉스를 참을 수 없을 정도로 너무 오랫동안 기다리게 했다는 사실을 인정했다. 아빠는 엎질러진 콜라를 닦아낸 뒤 아들에게 이야기책을 읽어 주었다. 아빠도 아들도 다시 찾은 친밀감에 마음이 놓이고 행복했다.

알렉스의 갑작스런 행동에 아빠가 잘못했다고 말하는 것은 아이의 반사회적 행동을 부추길 뿐이어서, 아이는 점점 더 까다롭고 거슬리는 행동을 하게 될 것이라고 말하는 이들도 있다. 그러나 알렉스의 아빠는 알렉스가 제 나이 또래에 맞게 반응한 것이라는 사실을 알고 있었다. 그는 부모가 곁에 없을 때 한 살짜리 아기가 우는 것처럼, 두 살 난 아이들도 오랫동안 부모의 관심을 받지 못하면 참을성을 잃게 된다는 사실을 알고 있었다. 알렉스의 아빠는 알렉스가 자기 또래 아이들보다 더 참을성 있게 행동하기를 기대했던 게 사실이다. 그렇다 해도 아이를 나무라기보다 다정한 태도로 다가간다면 아이는 아빠가 자기를 이해하고 있다고 생각하며, 다음 번에는 더 참을성 있게 기다릴 수 있을 것이라는 사실을 잘 알고 있었다.

물론 아이가 잘못된 행동을 보일 때마다 부모가 아이에게 사과를 해야 한다는 의미는 아니다. 이 경우, 아빠가 의도적으로 그런 것은 아니지만 어쨌든 아이의 요구에 반응하지 못했기 때문에 알렉스는 화가 난 것이다. 만약 알렉스가 이유 없이 파괴적인 행동을 했다면, 알렉스 아빠는 자기에게 책임을 돌리지 않고 아이의 행동을 규제하려고 했을 것이다. 이를테면 이렇게 얘기했을 것이다. "알렉스야, 자꾸만 바닥에 과자 부스러기를 흘리고 밟고 다니면 앞으로는 거실에서 과자 못 먹게 할 거야. 알겠지?"

부모들은 아이들의 요구를 들어줄 만큼 충분한 시간과 휴식, 활기를 찾기 어려울 때가 많다. 그러나 아이의 욕구를 충족시킬 만한 육체적·감정적·경제적 여유가 부족하다고 해서 아이들의 욕구가 줄어드는 것은 아니다. 스마트 러브의 관점을 가진 부모라면, 잠시 아이 돌보는 일을 소홀히 해서 아이가 이유 없이 까다로운 행동을 보일 때면 신속하게 대처할 것이다.

혼자 아이를 키우는 아빠의 하루

다섯 살, 세 살 된 아이들을 혼자 키우는 아빠가 상담을 청해 왔다. 그는 혼자 힘으로 아이 키우는 일이 얼마나 힘든 일인지 아이들이 이해할 수 있을 만큼 충분히 컸다고 믿었고, 아이들이 아빠의 노고에 감사해야 한다고 생각했다. 그러나 아이들은 아직 너무 어려서 아빠의 관점에서 세상을 바라볼 수 없었다. 우리는 이 점을 아빠에게 이해시키려고 노력했다.

어느 날 아빠는 하루 일과를 마친 후 지친 몸을 이끌고 놀이방에 들러 두 아이를 데리고 집으로 돌아왔다. 그런데 화장실 변기는 꽉 막혀 있고, 아이들이 아끼던 잉꼬 새는 죽은 채로 새장 바닥에 축 늘어져 있는 게 아닌가. 잉꼬가 죽은 것에 충격을 받은 아이들이 몹시 흥분했다. 아빠는 아이들을 달래기 위해 갖은 노력을 다했다. 아이들이 얼마나 '블루이'를 그리워할지 이해한다면서 다음날 당장 새 잉꼬를 사주겠다고 약속했다. 그런 다음 변기를 고치기 시작했지만, 아이들은 계속 울부짖으며 아빠가 계속 달래 주기를 원했다. 감정이 복받쳐오른 아빠는 마침내 "아빠가 일하고 있는 거 안 보여? 지금 당장 너희들 방에 가 있어! 그럼 아빠가 이 일 끝내고 갈게"라고 버럭 소리질렀다. 아이들은 아빠가 소리치는 것에 놀라 방으로 들어갔지만, 여전히 울음은 그치지 않았다. 잠시 후 집 안이 잠잠해졌다. 아빠는 그제서야 자기가 변기 고치는 일에 정신이 팔려 블루이를 잃고 참담해하는 아이들 마음을 제대로 헤아리지 못했다는 것을 깨달았다. 또한 자기가 힘겨운 하루 일과를 마치고 돌아와 엉망이 된 집 안 꼴을 보면서 처참한 기분이 들더라도, 아이들은 아직 너무 어려서 자신의 그런 심정을 이해할 수 없으며, 아빠 기분에 맞춰 얌전하게 있을 수도 없다는 사실을 깨달았다. 그는 아이들을 불러서 눈물을 닦아 주고, 아빠 자신에게 화가 난 것이지 너희들에게 화낼 생각은 없었다고 설명해 주었다. 아빠도 블루이가 죽어서 마음이 아프다며 변기를 고친 후에 블루이 장례식을 하면서 블루이에 대한 추억을 더듬어 보자고 말했다. 그러고는 아이들을 위해 피자를 데우고 비디오를 틀어 주었다. 아이들도 마음이 안정되었고, 아빠도 변기 고치는 일을 마무리지었다. 아이들은 배가 고팠던지 허겁지겁 피자를 먹었고, 즐겁게 비디

> 오를 보았다. 블루이에 대해 이야기를 나눈 후에는 아빠와 아이들 모두 기분이 한층 좋아졌다. 아이들은 무엇보다도 아빠가 예전의 자애롭고 이해심 많은 모습으로 되돌아온 것에 안도했다. 그날 밤은 그렇게 평화롭게 저물었다.

스마트 러브를 따르면 각기 다른 연령대의 아이들에게 무엇을 기대할 수 있는지 정확하게 이해할 수 있고, 아무리 힘든 상황에서도 차분한 마음으로 아이에게 사랑과 관심을 쏟을 수 있다. 아이가 계속 어린아이처럼 굴어서 몹시 당황스러운 상황에 놓이더라도 아이에게 배신감이나 섭섭함을 느끼는 일 없이 현명하게 그 상황을 헤쳐 나갈 수 있다.

앞에서 살펴보았듯이, 평소 부모의 충만한 보살핌 속에 있었던 아이들이라면 보호 상실을 경험하더라도 감정적인 상처가 남지는 않는다. 이러한 보호 상실은 마치 부모가 짜놓은 멋진 양탄자에 몇 군데 흠집이 조그맣게 생겨난 것이나 마찬가지다. 그러나 보호 상실이 간혹 예외적으로 생겨나는 것이 아니라 일상적으로 일어난다면 아이의 감성 발달을 해칠 수밖에 없다.

아이와 부모 사이의 무조건적인 결속력은 부모의 희생에서 나오는 것이 아니라, 애정 어린 보살핌을 받고 싶어하는 아이의 성장 욕구에 부모가 기쁘게 응답할 때 비로소 생겨난다. 외부 환경이나 내적 불행의 방해를 받지 않는다면, 부모는 아이가 지속적인 내적 행복을 발전시켜 나가도록 도와주는 것에서 놀라운 기쁨을 발견할 수 있다. 감성적 욕구가 제대로 충족된 아이들은 행복하고 다정다감한 성격을 갖게 되고, 부모 또한 아이와 친밀하고 돈독한 관계를 만끽할 수 있다.

육아가 어렵게만 여겨지는 부모들

부모들 중에는 아이 돌보는 일에서 즐거움을 찾기가 어렵다고 말하는 이들이 있다. 그들은 당혹감을 느끼거나, 자기 회의, 자기 비판으로 고통받는가 하면, 사소한 일에도 화를 내고 우울해질 때가 많다. 그런 부모들 또한 스마트 러브의 원칙을 따른다면 한층 더 능숙하게 아이를 돌볼 수 있고, 아이 또한 훨씬 더 행복하고 제 역할을 다 하는 아이로 성장할 수 있다. 스마트 러브를 따르면, 부모가 되는 것이 그 무엇보다 보람된 일이라는 것을 알게 된다. 부모가 육아의 즐거움에 젖어들다 보면, 아이 또한 안정감 있고 다정다감하며 충족된 존재로 자라날 것이다.

불행하게도 부모와 아이 사이에 끊임없는 갈등이 빚어질 때, 사람들은 엄격한 방법을 적용해 보라고 충고한다. 그러나 그 충고를 따른다면 아이는 점점 더 소외되는 것은 물론 기능 장애가 심해질 것이며, 결국 부모도 무력감에 빠지게 되고 불만만 쌓여 갈 것이다. 부모와 아이 사이에서 생겨나는 문제를 건설적으로 해결하기 위해서는, 부모가 자신의 개인적 욕망이 육아의 목표와 상충되는 것이 아니라는 사실을 깨달아야 한다.

••• 아이들의 욕구에 정서적으로 반응하지 못하는 부모들

아이의 성장 욕구를 정서적으로 충족시켜 주지 못하는 부모들은 자신의 개인적 욕구 때문에 육아의 목표가 흐려지고 있다는 것을 인식하지 못한다. 부모들 중에는 자신의 내적 불행 때문에 아이와의 관계를 불편하게 만들거나 아이와 친밀한 관계를 즐기지 못하고, 아이의 성장 욕구를 충족시

키려고 노력하기보다는 일에 파묻히거나 오락적인 기쁨의 유혹(인터넷 검색을 즐기거나 텔레비전을 보는 등)에 자신을 내맡기는 이들이 적지 않다.

상담사례

휴가 떠난 메이지 이야기

기발한 내용을 담은 동화책 『호튼이 알을 품었어요』에서 닥터 수스는 동물들도 사람들과 마찬가지로 육아에 방심할 경우 새끼 기르기에 실패할 수 있다고 상상한다. 무책임하고 게으른 새인 메이지는 알을 품고 있는 것이 싫증나자, 자기가 잠시 플로리다로 여행을 다녀오는 사이 코끼리인 호튼에게 알을 돌봐달라고 부탁한다. 그러나 플로리다에서 노는 즐거움에 흠뻑 빠진 메이지는 다시 돌아오지 않는다. 호튼은 갖은 시련을 겪으면서도 알 위에 꼼짝하지 않고 앉아서 알이 부화되기만을 기다린다. 개인적인 욕구 충족을 좇아 떠난 메이지와 달리, 호튼은 알을 품어 주기로 한 약속을 저버릴 수 없었기 때문이다.

부모의 개인적 욕망 때문에 아이의 성장 욕구를 충족시켜 주지 못하는 경우가 많다. 예를 들어 부모들 중에는 개인 생활에서 아이들을 밀어내려고 하거나, 왜 자기가 불행한지 아이들에게 설명을 늘어놓거나("하루종일 너를 돌보지 않아도 된다면, 훨씬 더 나은 생활을 할 수 있을 텐데"라고 말하기도 한다), 계속해서 아이 돌보는 일을 등한시하면서 자기의 우울함을 달래는 일에만 급급한 이들이 있다. 이때 아이들은 부모의 감정적 불행이 자기 책임이라고 느끼며, 부모에게서 무조건적 사랑을 이끌어낼 수 있는 능력이 자기에겐 없다고 생각하게 된다.

개인적 욕망이 육아의 목표를 방해하는 예는 부모가 자신의 감정적 불편함을 아이 탓으로 돌릴 때, 아이에게 지루한 감정을 표현하거나 화를 낼 때, 아이에게서 벗어나 혼자 있고 싶다고 느낄 때 확연하게 드러난다. 그런 순간에는 아이들이 얼마나 부모의 긍정적인 관심을 바라는지 되새겨보아야 한다. 또한 잠시 혼자 조용한 시간을 가지면서 생활에서 불만을 유발시키는 요소가 있는지, 하루하루의 삶을 더 보람 있게 보내기 위해 어떻게 해야 하는지 곰곰이 생각해 본다.

••• 아이의 불행한 기색을 참지 못하는 부모들

그런가 하면 자기도 모르는 사이에 자신의 내적 불행을 달래기 위해 아이의 긍정적인 태도를 이용하는 부모들도 있다. 그런 부모들은 아이의 화를 돋우지 않기 위해 부모의 역할을 포기해 버리기도 한다. 아이에게 제약을 가할 경우, 자신의 행복이 사라져 버릴 것 같기 때문이다.

다음의 사례에서처럼 평화로운 상태를 유지하기 위해 아이가 파괴적인 선택을 하는데도 마냥 내버려두는 부모들이 있다. 한 엄마는 아이가 잠을 자지 않겠다고 고집을 피우자, 아이가 하고 싶은 대로 내버려두었다. 밤늦도록 잠을 자지 않은 아이는 너무 피곤하고 지쳐서 다음날 아무것도 할 수가 없었다. 10대 아이를 둔 어떤 부모는 아이가 집에 돌아오기로 약속한 시간을 어기는 일이 많았지만, 그 일을 나무라면 아이가 화를 낼까 봐 두려워 아무 말도 하지 못했다.

그러나 부모가 아이에게 제약을 가하지 못하거나 아이의 행동을 긍정적인 방향으로 규제하지 못한다면, 오히려 아이에게 해로운 상황이 벌어질 수 있다.

화를 내며 차에서 내리지 않는 딸

두 살 난 딸 낸시와 식료품 가게에 다녀온 낸시 아빠는 딸과 함께 꼬박 두 시간이 넘도록 차 안에 앉아 있었다. 그 사이에 아이스크림은 다 녹아 버렸다. 아빠가 낸시를 집으로 데리고 들어가려 하자, 아이가 화를 내며 아빠를 밀쳐 내고 울기 시작했기 때문이다. 아빠는 낸시가 잠든 후에야 아이와 식료품을 안고 집으로 들어갈 수 있었다.

낸시 아빠는 아이가 화를 낼 때 어떻게 대처해야 할지 고민하다가 우리에게 상담을 해왔다. 그는 아이가 화를 낼 때마다 무력감을 느낀다고 했다. 우리는 아이를 실망시키고 싶지 않다는 바람 때문에 아빠가 제대로 조치를 취하지 못한 것이라고 설명해 주었다. 그러나 아이의 행동을 규제하지 못하게 되자, 낸시는 자기가 불행한 느낌을 가지면 자기만큼이나 아빠도 괴로워한다는 생각을 가지게 되었다.

우리와 함께 그 상황을 분석해 본 낸시 아빠는 아이를 집 안으로 데리고 들어가면서도 얼마든지 아이의 감정을 보살필 수 있었다는 것을 깨닫게 되었다. "차 안에 계속 있고 싶어서 화가 난 거지? 하지만 식료품들을 어서 냉장고 속에 넣어 두어야 한단다"라고 말해 주면서 말이다. 사랑의 규제 원칙을 따라 낸시에게 "집에 가서 드럼놀이 하며 놀까?"라고 말해 줄 수도 있다.

그런데도 아이가 계속 울음을 그치지 않는다면, 아이의 관심을 사로잡을 만한 다른 놀이를 찾아보는 것이 좋다. 일단 아이를 집 안으로 데리고 들어간 뒤, 아이에게 "우리 통조림통으로 탑쌓기 놀이 할까?"라고 제안해 보면서 아이 기분을 풀어 줄 만한 일이 무엇인지 찾아볼 수도 있다.

낸시 아빠는 그때부터 우리가 제시한 방법을 따르기 시작했다. 낸시는 차에서 내리지 않겠다며 한동안 울며 고집을 부리긴 했지만, 아빠가 사랑의 규제를 적용하여 관심을 다른 곳으로 유도하자 놀랍게도 금세 안정을 되찾았다. 그때부터 아이의 행동은 조금씩 나아지기 시작했고, 낸시 아빠도 부모로서의 자신감을 되찾기 시작했다.

••• 육아의 기쁨을 회피하려는 부모들

내적 불행을 겪고 있는 부모들은 육아의 기쁨을 경험하면 오히려 불편한 생각이 들어 그 순간을 피하려고 든다. 그런 부모들은 아이가 긍정적인 관계를 원할 때, 자기도 모르는 사이에 아이와 충돌을 일으키거나 아이를 멀리 떼놓고 혼자 고립되려고 한다.

상담사례

지루한 설명을 늘어놓는 아빠

딸아이와 잘 지내지 못해 고민이던 한 아빠가 우리를 찾아왔다. 대화를 나누는 과정에서 그 원인이 분명하게 드러났다. 자기도 모르는 사이에 그 아빠는 다섯 살 난 딸아이와 함께 하는 데서 얻는 기쁨을 불편하게 받아들이고 있던 것이다. 그는 아이가 질문을 하면, 아이가 알아들을 수 없는 설명을 길게 늘어놓았다. 그럴 때 아이가 지루한 기색을 보이기라도 하면, 아빠 말에 집중하지 않는다고 아이를 나무랐다. 그 때문에 딸과 함께 하는 시간은 늘 충돌과 불행의 연속이었다.
자신의 잘못된 태도 때문에 딸과 소원해졌다는 사실을 깨달은 아빠는 그 뒤 아이와 함께 보낼 때에는 되도록 아이 기분이 상하지 않게 조심했다. 그러자 아이와 부딪치는 일이 점점 없어졌다. 그 아빠는 아이와 함께 즐겁게 어우러질 수 있는 시간을 가지게 되어 기쁘고 마음이 놓였다.

아이와의 친밀한 관계에서 불편함을 느끼는 부모들은 아이를 피하고 싶어한다. 이런 부모들은 무작정 일에 매달리면서 아이를 보모에게 맡기거나 그냥 혼자 있도록 방치한다. 아이를 돌보면서 기쁨을 경험하게 되더라도 아이의 욕구를 충족시켜 주었다는 만족감보다는 손해본 듯한 느낌을 받은 것처럼 행동한다. 이런 부모들은 "오늘까지 해야 할 일이 있었는데, 네 수학 문제 푸는 거 도와주느라고 못했잖아. 네 스스로 해결했다면 내일까지 미루지 않아도 될 일이었는데 말이야", 또는 "엄마는 너랑 카드놀이 하려고 책 읽던 것도 그만 두었는데, 넌 딴 데 정신이 팔려 있구나"라고 말하는 등 아이 때문에 개인적 만족감을 박탈당했다고 불평을 늘어놓는다.

아이들은 무엇보다도 부모와 긍정적이고 친밀하고 사랑이 넘치는 관계를 맺고 싶어한다. 이 사실을 아는 부모라면 육아 과정에서 경험하는 부정적인 감정이 아이의 욕구 때문이 아니라 자기의 개인적 욕구 때문에 생겨난다는 것을 이해할 수 있다. 이런 인식이 점점 확고해져 갈 때, 부모들은 진심으로 육아의 기쁨을 추구할 수 있게 된다.

••• 아이에게 화를 내는 부모들

부모라면 누구나 이따금씩 아이들에게 화를 내게 마련이지만, 화는 결코 건설적인 반응이 아니다. 그러나 안타깝게도 아이를 훌륭하게 키우기 위해 부모가 화를 내는 것은 피할 수 없으며, 아이들도 잘못된 행동을 할 경우 부모를 화나게 만든다는 사실을 알아야 한다고 충고하는 이들이 많다. 아이가 길에 뛰어들거나, 성냥으로 불장난을 하거나, 말대꾸를 하거나, 벽에 낙서를 하거나, 귀가 시간이 넘었는데도 집으로 전화를 하지 않을 때, 부모가 화를 내는 것은 당연한 일로 받아들여져 왔다.

그러나 아이들은 내적 행복을 지속하기 위해 부모와의 관계에 의존하므로 부모가 화를 내는 것은 결코 아이의 성장에 도움이 되지 못한다. 1장에서 언급했던 것처럼 부모가 계속해서 아이에게 화를 낸다면, 아이는 부모의 행동을 모방하려 들며 자기 자신에게도 가혹한 태도를 보인다. 아이가 너무 어려서 길에 혼자 나가는 게 위험하다면 되도록 아이와 꼭 붙어서 걸어가라. 아이가 성냥으로 불장난을 하려 한다면, 아이 손이 닿지 않는 곳에 성냥을 감추어 두라. 잠시 한눈을 판 사이 아이가 파괴적이거나 위험한 행동을 한다면, 아이 행동을 중단시켜라. 이때 부모가 긍정적인 태도로 다가간다면, 아이는 다음에는 주의 깊게 행동할 것이다.

◀••• 화는 정당화될 수 없다

아이에게 화를 내는 행동이 정당화될 수 있다고 믿는 것과 화를 낼 경우 아이에게 지속적인 행복이나 자신감을 주려는 목표에 도움이 되지 않는다고 생각하는 것 사이에는 엄청난 차이가 있다. 아이가 부모에게 위협적인 행동을 보일 때 화를 내는 부모들을 흔히 볼 수 있다.

그러나 화를 내는 것이 효과적인 방법이 아니라는 것을 이해하고 있다면 화를 참으려고 노력할 것이며, 그 덕분에 아이도 부모를 화나게 만들었다는 부담감을 덜 수 있을 것이다. 아이가 길에 나가서 위험하게 뛰어다닐 때 자기도 모르게 버럭 화를 내고 말았더라도, 그 즉시 아이를 꼭 껴안아 주면서 "소리 질러서 미안해. 네겐 아무 잘못도 없어. 우리 귀염둥이는 아직 어려서 차가 위험하다는 걸 모르니까 엄마가 잘 지켜보고 있어야 했어. 우리 놀이터에 가서 그네 탈까?"라고 말해 줄 수 있다.

아이가 제 나이에 걸맞지 않은 행동을 할 때에도 부모는 화가 나게 마련이다. 그러나 부모는 어른의 기준으로 아이의 행동을 판단하기 때문에 화가 나는 것이다.

한 10대 아이는 집안일 하는 것에 불평을 늘어놓다가 무심결에 냉동실 문을 열어 둔 채로 내버려두어서 냉동 식품들이 다 녹아 버리고 말았다. 아이가 이기적이고 무책임하고 순종적이지 않다고 결론을 내린 부모라면 당연히 화를 낼 것이다. 반면 청소년기 아이들의 특징을 잘 이해하는 부모라면 화를 누그러뜨리고 보다 건설적인 태도로 아이에게 다가가는 것이 훨씬 더 효과적이라는 사실을 알게 될 것이다.

••• 화가 지나치면 학대가 된다

아이에게 지나치게 화를 내다 못해 육체적·정서적인 학대를 가하는 부모들도 있다. 학대를 일삼는 부모들은 자기를 화나게 했다고 아이를 비난하곤 한다. 그러면서 자신들이 아이들을 위해 최선을 다하고 있다고 말한다. 그들에게 폭력은 도덕 교육의 한 수단일 뿐이다. 아이가 의도적으로 부모의 화를 돋우었기 때문에 아이를 가혹하게 다루어도 된다고 단정하는 이들도 있다. 그런가 하면 자제력을 잃고 심하게 화를 낸 뒤, 자신의 폭력적인 감정 폭발에 죄의식을 느끼는 부모들도 있다. 심각한 경우, 정신질환 때문에 아이가 앞에 있다는 사실조차 깨닫지 못하거나 아이에게 악마가 씌웠다고 생각하는 부모들도 있다.

이처럼 학대를 일삼는 부모들은 충동적인 행동, 편집증, 약물 남용이나 심적 불안 때문에 왜곡된 관점을 가지고 있다. 하지만 그들 역시 아이들을 사랑하고 염려한다. 이들은 아이의 행동을 규제할 필요가 있다고 생각할 때면 반드시 주위 사람들에게 도움을 청해야 한다.

부모의 다정함이 아이의 감성 발달 에 늘 도움이 되는 것은 아니다

아이의 타고난 기질이나 고집, 외부 환경을 탓하지 않으며 아이들에게 너무 잘 대해 준다고 해서 아이를 망치는 건 아니라고 생각하는 사람이라면, 아이 돌보는 일에 헌신적인 부모가 어떻게 불행한 아이를 만드는지 이해하기 어려울 것이다.

부모는 자신의 개인적 욕구를 펼쳐 보이기 위해서가 아니라 진정한 사랑과 관심에서 우러나오는 다정함으로 아이에게 다가가야 한다. 부모가 한결같이 다정한 태도로 대하는데도 아이가 불행을 느끼고, 심한 경우 기능 장애까지 일으킬 때가 있다. 이는 아이에 대한 부모의 친절이 지나쳐서가 아니라, 최선을 다해 아이를 보살피기는 했으되 아이의 성장 욕구를 제대로 이해하고 보살펴 주지 못했기 때문이다.

부모의 개인적 욕구를 만족시키기 위해 아이에게 다정한 태도를 보이는 것은 어디까지나 조건적인 사랑이다. 그런 부모 밑에서 자라난 아이들은 자기 자신에 대해서도 조건적인 호의를 보이려 든다. 그런 아이들의 내적 행복은 병이 나거나 실패를 겪는 등 결정적인 순간에 부딪치면 이내 사라져 버리고 만다.

한 아빠는 여덟 살 난 아들이 그림에 소질이 있다며 칭찬을 아끼지 않았다. 그러나 아이가 불행한 표정을 지을 때마다 마음이 편치 않았던 아빠는 겉으로 드러내지는 않았지만 은연중에 아이에게 불만을 표시하곤 했다. 그는 자기가 아들에게 칭찬을 아끼지 않았으니, 아들도 자기에게 불행한 감정을 표현하지 말아야 한다고 생각했던 것이다.

"곰 인형이 창 밖으로 날아갔어요"

한 엄마는 자신의 내적 불행을 달래기 위한 방편의 하나로 아이에게 다정한 태도를 보였다. 어느 날 세 살 난 아들 샘을 차에 태워 놀이방에 데려다 주는 길이었다. 날이 무더워 차창을 조금 내려놓은 상태였다. 차창 너머로 바람이 얼마나 세게 불어닥치는지 알지 못했던 샘은 곰돌이에게 시원한 바람을 쐬어 주겠다며 창 밖으로 인형을 내밀었다. 그러자 눈 깜짝할 사이에 곰돌이가 바람에 날아가 버렸다. 샘이 와락 울음을 터뜨리자, 엄마는 매우 다정한 태도로 "정말 안타깝구나! 울지 마. 엄마가 새 인형 사 줄게" 하고 말했다. 샘은 애써 눈물을 참았다.

그 순간 샘이 진정으로 바랐던 것은 불행한 자기 감정을 엄마와 함께 나누는 것이었다. 그러나 아이가 슬퍼하는 것에 마음이 불편해진 엄마는 얼른 아이의 울음을 멈추게 하기 위해 새 인형을 사주겠다고 조건을 달았다. 예전에도 그랬듯이, 엄마의 관대한 태도는 어디까지나 아이가 슬프지 않았으면 하는 자기 바람을 충족시키기 위한 것이었다. 그런 일이 반복되자, 결국 아이는 슬픈 감정이 수치스럽고 나쁜 것이라고 믿게 되었다.

그러나 자기의 행동이 아이에게 어떤 결과를 불러왔는지 알게 된 엄마는 그 후로 아이에게 울음을 그치라고 다그치지 않게 되었다. 엄마는 아이가 엄마와의 관계를 통해 위안을 찾는 것이 얼마나 중요한지 알게 되었고, 아이가 충격을 받거나 슬퍼할 때 마음껏 엄마에게 의지할 수 있도록 배려해 주었다. 아이 장난감이 사라지거나 망가지더라도 엄마는 새 장난감을 대신 사줄 테니 울음을 그치라는 등의 조건을 달지 않았다. 샘은 당장 새 장난감이 생기지 않을 것이라는 사실 때문에 한동안 울음을 그치지 못했지만, 엄마는 화를 내거나 실망하지 않았다.

∙∙∙ 물질적 만족이 스마트 러브를 대신할 수는 없다

물질적인 만족이 부모의 보살핌에서 얻는 기쁨을 대신할 수는 없다. 부모들은 응석받이 아이들이 긍정적인 관심을 거의 받아본 적이 없다며 불행해하거나 어른들에게 무례하게 행동할 때 잘 이해가 안 될 것이다. 그런 아이들은 많은 관심을 받긴 하지만, 진정 자기가 원하는 종류의 관심이 아니었기 때문에 그렇게 느끼는 것이다.

부모의 보살핌 대신 물질적인 만족에 길들여진 아이들은 다음과 같이 생각할 것이다.

* 지속적인 내적 행복을 발전시키는 데 필요한 긍정적이고 적극적인 부모의 사랑을 받지 못하고 있다.
* 행복은 물질적 만족으로 측정된다.
* 부모는 모든 욕구를 충족시켜 주기 위해 최선을 다했으므로 불행은 전적으로 내 탓이다.

아이가 불행한 낯빛을 하거나 버릇없이 행동하면 부모들은 화가 나서 장난감을 빼앗아 버린다. 아이들은 물질적인 것이 진정으로 바라는 부모의 사랑을 대신하는 것이라고 여기기 때문에 장난감을 빼앗기면 한층 더 심각한 절망감에 빠진다. 이런 아이 모습을 보면서 부모들은 갖고 싶은 대로 다 해줬더니 오히려 버릇만 더 나빠졌다고 생각하게 된다.

그러나 물질적인 선물은 아이의 내적 행복을 키워 주지 못한다. 물질적인 만족은 부모의 훌륭한 보살핌, 또는 아이의 내적 행복과는 아무 관련이 없다.

결과보다는 과정을 중시하라

　본능적으로 아이들은 부모가 자기 삶에 관여하기를 바란다. 그러나 부모들은 개인적 욕구를 충족시키기 위해 아이들의 노력을 부추길 때가 종종 있다. 예를 들어 아이가 자기들처럼 되거나, 또는 자기들이 예전에 되고 싶어했던 그런 인물로 성장하기를 바란다. 매일 밤 아이의 수학 공부를 도와주던 아빠는 아이가 자기 뒤를 이어 공학을 전공했으면 하고 바랐지만, 아이가 영문학을 전공하겠다고 하자 몹시 화를 냈다.

　이처럼 자신의 내적 행복을 충족시키기 위해 아이에게 기대를 거는 부모들이 많다. 과학 경진 대회 때마다 아이의 우승 가능성을 높이기 위해 부모가 더 적극적으로 나서는 모습을 흔히 볼 수 있다. 그러나 그런 노력은 역효과를 불러일으키기 일쑤다. 아이들은 부모가 정한 기준을 건성으로 따르거나 의도적으로 피하려 들 수도 있다.

　아이들은 특정한 욕구를 충족시키는 것보다는 오히려 스스로 선택하고 또 선택한 것을 효과적으로 추구하는 기쁨을 통해 이차적 행복의 기초를 다지게 된다. 부모의 개인적 욕구를 충족시키기 위해 아이를 성공시키려고 지나치게 관여하는 경우, 노력하는 과정보다는 성공하느냐 실패하느냐 하는 결과가 더 중요하다고 아이에게 가르치는 것이나 다름없다. 그 결과 아이들은 매사 결과에만 의존하려 들 것이며, 인생에서 좌절하게 될 경우 쉽게 상처를 입는다. 그러나 지속적으로 노력을 기울이는 과정 그 자체에서 만족감을 경험하며 자라난 아이들은 원치 않은 결과에 직면하더라도 담담하게 헤쳐 나갈 수 있다.

••• 무조건적 허용은 스마트 러브가 아니다

무조건적 허용은 부모가 아이의 행동에 대해 어떠한 규제도 가하지 않으려는 데서 발생한다. 무조건적으로 허용해 주는 부모들은 그것이 아이를 위해 가장 좋은 방법이라고 믿는다.

아이의 기를 꺾지 않으려는 부모

톰의 부모는 네 살 난 톰이 자기 통제에 어려움을 겪자, 우리에게 상담을 요청했다. 유치원 선생님과 친구들은 톰의 공격적인 행동 때문에 곤란을 겪을 때가 많았다. 부모의 얘기를 듣고 나니 모든 것이 분명해졌다. 톰이 자기에게 해가 될지도 모르는 행동을 하고 싶어할 때에도 톰의 부모는 아이의 기를 꺾지 않으려고 뜻대로 하게 내버려두었던 것이다. 그 결과 아이는 화가 날 때면 집 안에서 막무가내로 자전거를 타고 다니면서 부모를 치기 일쑤였다.

그들은 아들을 행복하게 해주기 위해 정성을 다했으며, 아이가 마음껏 자기 표현을 할 수 있도록 배려해 주고 있다고 믿었다. 그러나 톰의 부모는 아이의 잘못된 행동을 규제하지 못했고, 그 때문에 오히려 아이의 안정적이고 건강한 자기 규제 능력을 발전시키는 데 방해만 하고 말았다.

상담을 진행하는 과정에서 톰의 부모는 아이가 건설적이고 제 나이 또래에 맞게 행동하도록 이끌어 주는 것이 얼마나 중요한지 깨닫게 되었다. 그들은 아이가 함부로 부모를 때리거나 밀치지 못하도록 사랑의 규제를 적용했다. 톰은 자기 뜻대로 할 수 없게 되자, 처음에는 몹시 화를 냈다. 그러나 톰의 부모는 이미 이를 예상하고 있었으므로 침착하고 긍정적인 자세를 잃지 않았다.

결국 톰은 조금씩 부모의 지도를 따르기 시작했다. 그리하여 어른들의 지도를 받아들일 만한 능력을 갖추게 되었고, 학교에 가서도 선생님 말씀을 따라 다른 친구들처럼 행동하기 시작했다. 그러자 학교 생활도 더 즐거워졌고, 친구들에게 생일 초대도 받게 되었다.

그러나 무조건적 허용은 아이가 화를 내거나 불행해지는 것을 견디지 못하는 부모의 무능함 때문이다. 아이의 행동을 무조건 허용한다면 아이의 미성숙한 행동을 미리 막지 못해 나쁜 결과를 초래할 수도 있다. 언제든 아이가 원하는 대로 들어주는 것은 결코 아이의 성장에 도움이 되지 않으며, 전능한 자아의 환상을 정당화시켜 아이에게 오히려 해로울 수도 있다. 무조건적인 허용은 아이에게 자기가 원하는 것은 언제든 가질 수 있다는 전능한 자아의 환상에서 헤어나오지 못하게 함으로써 유능한 자아를 발전시키지 못하게 한다.

사회적 환경도 아이의 성장에 영향을 미친다

가뭄·기아·전쟁·사회적 불평등과 같은 비관적인 현실은 물론 사고·질병·죽음과 같은 심각한 개인적 상실감 속에서도 아이가 지속적인 내적 행복과 자기 규제력을 획득할 수 있도록 도와줄 수 있다. 사회적·경제적 극한의 상황이 이상적인 육아를 방해하는 요소임에는 틀림없다. 가난한 부모들은 하루 종일 밖에 나가 일을 해야 하므로 아이들과 함께 있어 줄 시간이 없고, 그렇다고 해서 아이들에게 훌륭한 보모를 구해 줄 만한 여력도 없다.

인류 전체의 복지 향상을 위해서는 모든 부모들이 아이들의 욕구를 충족시켜 줄 수 있도록 사회적 지원을 강화하는 것이 시급하다. 그럼에도 어린아이를 둔 부모들이 집에서 아이를 돌볼 수 있도록 보조금을 주거나, 아이가 어려서 시간제 일을 선택한 부모들이 고용주들로부터 차별 대우를 받지 않도록 법을 제정하는 등의 사회적 개혁은 수많은 반대 의견 때문에 제자리를 맴돌고 있다. 인간의 불행은 타고나는 것이므로 개혁이 불필요하다고 주장하는 이론들이 팽배해 있으며, 공산주의와 같은 유토피아적 해결책은 실패로 막을 내리고 말았다. 또한 장기적인 인류의 행복보다는 단기적인 경제적 이득이 우선한다는 생각들이 공공연하게 퍼져 있으며, 아이들의 행복과 불행의 원인이 무엇인지에 대한 이해도 부족하다.

성공적인 육아를 가로막는 사회적 문제와 그 해결책에 대해 이 지면을 통해 다루지는 못하지만, 우리는 이런 문제들에 대해 진지하고 지속적인 관심을 기울여야만 한다고 확신한다. 우리는 이 책을 통해 아이들에 대한 진정한 이해를 도움으로써 아이들과 부모들을 위한 실질적이고 광범위한 사회적·경제적 지원을 구체화하는 데 조금이나마 보탬이 되기를 바란다.

내적 불행을 가진 아이들이나 폭력 속에서 자라난 아이들은 특히 소외감이나 공격성을 드러내기 쉬우며, 자기는 물론 다른 사람의 행복에 대해 무관심한 태도를 보인다. 환경이 아이들의 정서 발달에 미치는 영향은 다음 두 가지 방식으로 나타난다. 우선 환경적 요인은 부모가 아이의 정서적 욕구를 충족시킬 만한 능력을 지니고 있는지 여부를 결정한다. 더불어 환경적 요인은 아이들의 내적 평정이 일차적으로 긍정적인 기쁨을 통해 유지되는가, 아니면 파괴적인 기쁨을 통해 유지되는가에 영향을 미친다. 아이들에게 건전하고 문화적인 기회를 폭넓게 제공하는 사회라면, 아이들이 긍정적인 기쁨을 추구하도록 도울 수 있다.

내적 불행을 가진 아이들은 긍정적인 기쁨, 파괴적인 기쁨, 불쾌한 경험을 통해 내적 평정을 유지한다. 내적 불행으로 고통받는 아이들이 가난 때문에 긍정적인 기회를 접할 수 없거나 폭력이 난무하는 환경에서 자라난다면, 내적 평정을 유지하기 위해 파괴적인 경험을 좇을 가능성이 훨씬 높다.

따라서 우리는 사회 개혁이 시급하다고 생각한다. 사회 개혁을 통해 모든 부모들은 아이들의 정서적 욕구를 충족시켜 줄 수 있고, 내적 불행을 가진 아이들도 최대한 만족스러운 삶을 구현할 수 있는 기회를 부여받게 될 것이다. 물론 아무 부족함이 없는 가정에서 최대한 자기 재능을 발휘하며 자라나는데도 내적 불행을 겪는 아이들도 있다. 그러나 그런 아이들은 열악하고 위험한 환경에서 자라나는 아이들, 이를테면 집 바깥에 살인의 위험이 도사리고 있고 가까운 친구들이나 가족들이 약물에 중독되거나 폭력으로 죽어 가는 환경에서 자라나는 아이들에 비해 훨씬 더 즐거운 삶을 살리라는 것은 자명하다.

상담사례
보호시설이 성장에 도움이 되는 아이들도 있다

청소년 보호시설의 한 책임자는 청소년들을 거리에서 데려와 구금시켜 놓았을 때 아이들이 단 몇 달 안에 1~2년의 학업 과정을 따라잡는다는 놀라운 사실을 발견했다. 그는 "우리는 우선 아이들에게 정서적 안정감을 주려고 해요. 공포에 질린 아이들은 배울 수가 없거든요. 공포가 뇌를 얼어붙게 만드니까요"라고 말했다.

부모가 심각한 질병이나 사회적 격변 등으로 인해 아이를 제대로 돌볼 수 없게 되거나, 또는 경제적 궁핍 때문에 어린아이를 두고 집 밖에 나가 일을 해야만 할 때도 있다. 입법자들은 발의안을 작성할 때 반드시 아이들과 부모들의 욕구를 반영해야 한다.

아이들이 자기도 모르는 사이에 내적 불행을 발전시키는 경우는 다음과 같다.

* 개인적·사회적·정치적·경제적 상황으로 인해 부모가 아이를 제대로 돌볼 수 없을 때.
* 아이들이 자신의 모든 경험을 부정적이든 긍정적이든 부모에게서 보고 배운 대로 해석한다는 사실을 부모가 깨닫지 못할 때.
* 부모가 아이에게 긍정적인 태도로 다가가고 싶어하면서도 아이에게 화를 내고, 참견하고, 불만을 나타내거나 무관심한 태도를 보일 때.
* 부모가 뭐든지 무조건적으로 허용할 때. 아이가 진정 행복하고 자신감 있는 존재가 되도록 도와주기 위해서가 아니라 자신의 내적 불행을 달래기 위해 아이에게 긍정적인 태도를 보이는 부모가 있다. 이런 부모들은 아이가 화를 내거나 우는 것을 참을 수 없으며, 아이의 잘못된 행동을 통제할 능력이 없으므로 아이에게 사랑의 규제를 적용할 수 없다.

내적 불행이 모두 부모 탓은 아니다

아이들 문제로 부모가 비난을 받는 일이 종종 있다. 부모가 아이의 성장 욕구를 충족시켜 주지 못했기 때문에 아이가 내적 불행을 발전시킨다고 주장하면, 우리가 아이들 문제로 부모들, 특히 엄마들을 비난한다고 생각하는 이들이 있다. 그러나 우리는 결코 그런 의미로 말하는 것은 아니다. 부모들은 아이들을 행복하게 해주기 위해 최선을 다하고 있으며, 아이들이 왜 불행을 느끼는지 이해하고 싶어한다는 것을 우리도 알고 있다. 게다가 그들은 불행한 아이들을 다시 행복하고 생산적인 삶으로 이끄는 방법이 무엇인지 알고 싶어한다.

그럼에도 아이들의 성장 욕구를 충족시켜 주는 것을 어렵게만 여기는 부모들이 있다. 그렇다고 해서 그들이 나쁜 의도를 가졌다거나, 최선을 다하지 않았다거나, 아이를 사랑하지 않는다는 의미는 아니다. 그들은 외부적 제약이나 육체적 질병 때문에 고충을 겪었을 수도 있고, 주위에서 바람직하지 않은 충고를 들었거나 아이의 진정한 성장 욕구를 잘못 이해하고 있을 수도 있다. 또한 자기 자신도 내적 불행을 겪고 있는 상태여서 효과적으로 아이를 보살피지 못하는 것일 수도 있다. 원인을 제공하는 것과 도덕적으로 책임을 지는 것은 별개의 문제다. 다시 말해 아이가 내적 불행을 발전시키도록 부모가 의도한 것은 아니므로 원치 않은 결과에 대해 도덕적 책임감을 가질 필요는 없다.

내적 불행을 안고 있는 부모들은 아이들의 성장 욕구와 자신의 개인적 욕구를 구별하는 데 어려움을 겪을 수도 있다. 예를 들어 놀이터에서 계속 놀고 싶은데 엄마가 집에 가자고 하면 아이는 화를 내면서 단호하게 "싫어!"라고 말한다. 이때 엄마는 아이의 행동에 어떻게 반응해야 할지 고민이 될 것이다. 만약 아이가 계속 놀도록 허용해 줄 경우, 이는 엄마가 아이의 성장 욕구를 충족시켜 주려고 배려해서 그런 것일 수도 있고, 아니면 아이를 불행하고 화나게 만들고 싶지 않다는 자기의 개인적 욕구에 영향을 받아서 그런 것일 수도 있다.

엄마가 아이에게 집으로 돌아가자고 계속 고집했다고 가정하자. 엄마는 아이를 계속 놀게 해주는 것보다는 집으로 데려가 낮잠을 재워야 한다고 판단했기 때문에 그랬을 수도 있고, 아니면 아이의 행동을 통제하고 싶은 엄마의 개인적 욕구에 아이가 반기를 들었기 때문에 오히려 더 완강한 태도를 보였을 수도 있다. 그러나 아이가 너무 짓궂게 행동하거나 지쳐 보여서 당장 집으로 가야만 하는 상황이 아니라면, 아이를 몇 분 더 놀게 해주어도 괜찮을 것이다.

모든 부모들은 아이들에게 무조건적 사랑을 베풀고 싶다는 본능적인 욕망을 가지고 있다. 임상 경험을 통해 우리가 만난 부모들은 모두 아이를 위해 올바른 결정을 내리려고 최선을 다하고 있었다.

아이들의 불행이 타고난 기질이나 인간 본성 탓이라고 믿는 것은 근거 없는 위안에 지나지 않는다. 만약 이런 믿음을 그대로 따른다면, 어떤 방법으로도 그 변하지 않는 원인을 바꿀 수 없다고 인정하는 셈이다. 궁극적으로 내적 불행이 사랑의 결핍 때문이라는 사실을 인정하는 것이 부모들에게는 훨씬 더 희망적이고 유익하다. 부모들은 불행한 아이를 변화시키기 위해 스마트 러브를 배워야 한다.

3장
내적 불행의 인식과 극복

내적 불행이 아이들의 행동과 경험에 어떻게 영향을 미치는지 이해할 때, 부모들은 불행하고 까다롭게 행동하는 아이들을 가장 잘 도울 수 있다.

내적 불행이 빚어내는 가장 중요한 두 가지 결과는 1) 아이의 행복이 전적으로 일상생활의 성공과 실패에 좌우되고(가방을 잃어버렸거나, 선생님이 무섭게 대했거나, 친구들이 무례하게 굴면 아이는 의기소침해진다), 2) 자기도 모르는 사이에 불행을 자초하고 싶다는 욕구를 통해 행복을 느끼게 된다는 것이다(아이가 연신 침대 기둥에 머리를 박거나 피가 날 때까지 손톱을 물어뜯기도 한다).

조그마한 실패에도
쉽게 상처받는 아이들

너그럽고 긍정적인 보살핌을 받을 때, 아이들은 현실 세계에 나가서도 융통성 있고 효과적으로 행동할 수 있는 내적 자산을 획득하게 된다. 반면 욕구를 제대로 충족하지 못한 아이들은 내적 불행을 발전시키며, 그 결과 쉽게 실망감에 빠지거나 일상생활을 헤쳐 나가는 데 어려움을 겪는다.

어린 시절에 내적 불행을 경험했던 사람들은 훗날 성공하더라도 여전히 외적인 결과들을 통해 행복을 찾으려 하며, 그 행복은 일상생활에서 실망감을 느끼게 되면 사라져 버린다. 여전히 그들의 행복은 원하는 때에 원하는 것을 획득하는 능력에 의존하기 때문이다. 친구들 사이에서 가장 인기가 많은 아이가 평소 그렇게도 가고 싶어했던 파티에 초대받지 못하거나, 성공한 사업가가 갑자기 재정 곤란을 겪게 되고, 뛰어난 정치가가 법안을 통과시키지 못하는 것, 또 유능한 농부가 악천후 때문에 농작물을 잃고, 훌륭한 선수가 경기에 지는 일 따위가 그러하다.

이런 일이 일어날 경우, 안정된 내적 행복을 소유하지 못한 사람이라면 열렬히 추구하던 욕망을 이루지 못해 좌절감을 느낄 뿐만 아니라 자기 자신에 대해서도 크게 실망하게 될 것이다.

인생에서 좌절의 순간은 피할 길이 없다. 그러나 좌절감 때문에 자신을 하찮은 존재로 여기는 일만은 피할 수 있다. 만약 아이가 일상의 상실감에 쉽게 상처를 받는다면, 스마트 러브를 통해 아이가 상실감으로부터 쉽게 회복될 수 있도록 쾌활한 성격을 길러 줄 수 있다.

자신을 불행하다고 생각하고 까다롭게 행동하는 아이들은 자기가 원할 때 원하는 것을 얻는 것에서 내적인 만족감을 느낀다. 이런 아이들은 상실감 앞에서 눈물을 흘리거나 무관심한 반응을 보이지 않으면, 화가 나서 욕설을 내뱉는다. 받고 싶어하던 상을 받을 경우에는 의기양양해지겠지만, 상을 받지 못할 때에는 자기 자신을 비하할 것이다. 내적 불행은 아무리 하찮아 보이는 상실감 앞에서도 처참한 기분을 느끼게 한다. 내적 행복이 전적으로 외적인 결과에 휘둘린다면, 일상생활에서 실망감을 느낄 때마다 아이들의 삶은 불안정해지고 말 것이다.

부모들이 이런 특성들을 잘 이해하면서 늘 다정한 태도로 아이의 불행에 귀를 기울인다면, 내적 불행을 발전시켜 온 아이라도 행복의 원천을 다른 곳에서 발견할 수 있다. 즉, 원하던 대로 일이 진행되지 않을 때에도 침착함을 유지할 수 있으며 자신의 가치를 소중하게 여기게 될 것이다.

내적 불행을 가진 아이들은 외적인 표상들을 통해 내적 안정감을 찾으려 한다. 흔들림 없는 일차적 행복은 부모가 자신의 성장 욕구를 충족시켜 주기 위해 무조건적인 사랑을 베풀어 준다는 확신에서 형성된다. 이러한 확신이 굳건해지면, 아이들은 긍정적인 방향으로 선택하고 그 선택한 바를 자신감 있고 즐겁게 추구할 수 있는 능력을 갖춘 상태에서 청소년기를 보내게 된다. 그러나 안타깝게도 진정한 내적 행복을 발전시키지 못한 아이들은 내적 행복을 제공하거나 자기 가치를 높이는 것과는 동떨어진 경험에 의존하려 들 것이다. 알게 모르게 그런 아이들은 특정 모임에 소속되거나(사회적 표상), 갖고 싶어하던 물건을 소유하거나(물질적 표상), 값비싼 물건을 소유함으로써(신분적 표상) 내적인 안정감을 찾으려고 할 것이다. 내적 불행을 가진 사람들은 그들의 삶이나 명예가 종교적·문화적·민족적·지역적·사회적 표상들과 같은 다양한 외적 표상들에 의존한다고 믿고 있으며, 그 때문에 전쟁에서 말다툼에 이르기까지 다양한 형태로 공격성을 드러낸다. 사람들은 공격적인 행동을 하면서도 그 행동이 자신의 본질을 방어하기 위한 것이라고 믿는다.

내적 불행을 가지고 있는 아이는 자신에게 일어나는 모든 일을 스스로 통제할 수 있다는 환상에 자기도 모르게 빠져든다. 자기도 모르는 사이에 전능한 자아에 강하게 매달려 모든 일을 통제할 수 있다고 믿게 되는 것이다. 그러한 환상이 지속되면 결국 허황한 행동이나 자기 파괴적인 행동까지 하게 된다(나무 위에서 뛰어내려도 다치지 않을 것이라고 믿는 어린아이들이나, 담배가 암을 유발한다는 사실을 알면서도 자기는 괜찮을 거라고 생각하는 10대들 등).

내적 불행을 가진 아이들은 다른 사람들을 지배하고 싶다는 생각에 빠지기도 한다. 자기가 원할 때 원하는 것을 가지는 것에서 행복을 느끼는 아이들은 인간 관계에서 어려움을 겪을 때가 많다. 그런 아이들은 다른 사람들의 바람 때문에 자신의 행복이 위협받는다고 생각하기 때문이다. 다른 사람의 성공이 곧 자신의 무능을 드러내는 것이라고 생각하여 지나치리만큼 경쟁심을 가지거나, 사소한 일로 말다툼을 해 소중한 친구를 잃기도 한다.

내적 불행을 가진 아이들은 일상생활에서 실망감을 느끼게 되면 불안감이나 수치심, 건망증을 드러내는가 하면 일부러 무관심한 태도를 보이고 까닭 없이 다른 사람에게 화를 내기도 한다. 이러한 반응들은 심한 경우 자살이나 살인으로까지 치달을 수 있다(부모가 이성 교제를 허용해 주지 않는다고 자살하는 10대 아이들).

게임에서 진 아이

열 살 난 한 아이는 모노폴리 게임(놀이판에서 하는 부동산 취득 게임)에서 땅을 사들일 때는 좋아서 어쩔 줄 모르다가도, 갖고 있던 땅을 다 잃게 되면 바닥에 게임 도구들을 마구 흩어놓기 일쑤였다. 내적 행복을 가진 아이라면 설령 게임에서 지더라도 게임판을 엎어 버리거나 하는 일 없이 평정을 되찾을 수 있다. 실망감이 드는 순간에도 그 아이의 내적 행복만은 안정된 상태로 남아 있기 때문이다.

아이들이 까닭 없이 화내는 이유가 무엇인지 이해하는 부모라면, 나무라거나 벌을 주는 등의 행동으로 아이의 내적 불행을 자극하는 일은 없을 것이다. 그들은 아이가 보다 안정된 내적 행복을 발전시킬 수 있도록 긍정적인 태도로 다가갈 것이며, 그 덕분에 아이는 상황이 나빠지더라도 쉽게 상처받지 않을 것이다.

내적 불행을 나타내는 다양한 징후들

인간은 본능적으로 어느 정도 불행하게 마련이라고 생각하는 이들이 있다. 그들은 불행의 징후 또한 정상적인 범주 안에 포함시킨다. 서구 문화에서 흔히 정상적인 것으로 오인되는 내적 불행의 징후들로는 자기 자신을 비하하거나, 자주 침울해지는 것을 비롯해 학업이나 일을 효과적으로 수행하지 못하고, 체중 조절에 실패한다든지, 계속해서 자기 이익만을 고집하고, 불안과 불만에서 헤어나오지 못하는 것 등을 들 수 있다.

이처럼 내적 불행의 징후를 겪고 있으면서도 이를 미처 깨닫지 못하고 지나치는 사람들이 많다. 자신이 겪고 있는 징후들이 극히 정상적인 것이라고 오인하고 있기 때문이다. 내적 불행의 징후들 중에는 그 문화에 의해 소중한 가치로 떠받들어지는 것도 있다. 예를 들어 서구 문화에서는 과도한 노동이나 물질주의, 완벽주의를 가치 있는 것으로 부추긴다.

한편 내적 불행을 가진 아이들 중에 계속해서 자기는 행복하고 별 문제가 없다고 주장하는 아이들도 있다. 부모나 교사의 눈에는 몹시 침체되어 보이는데도 말이다. 그런가 하면 내적 불행을 가지고 있는데도 무척 명랑하고 활달해 보이는 아이들도 있다.

그러나 그 아이들은 스스로 불행해지고 싶다는 욕구 때문에 어느새 다른 표현 수단을 찾게 될 것이다. 이를테면 계속해서 자기를 실망시키는 친구들과 사귀려 하거나, 중요한 일을 잊어버림으로써 스스로 감정의 균형을 깨뜨리려 한다.

불행해지고 싶다는 욕구를 가진 아이들은 자기도 모르는 사이에 문제를 일으키는 때가 많다. 무의식중에 실패를 자초하거나, 좋지 않은 일이 일어날 때 심하게 놀라거나 피해 의식을 느끼는 아이들에게서 이런 현상을 쉽게 찾아볼 수 있다. 자신의 부주의로 스키를 타다가 다쳤는데도 다른 사람이 자기 진로를 방해했다고 비난하는 10대 아이, 계단 난간을 타고 내려오다가 다리를 다치고는 동생이 괜한 일을 해보라고 해서 다친 거라며 동생에게 화를 내는 아이들이 바로 그런 경우다.

내적 불행을 가진 아이들은 인간 관계를 거부할 때가 많다. 사람들이 아무리 친절하게 대해 주어도 언젠가는 화를 내고 불쾌한 감정을 드러낼 것이라고 생각하므로 다정한 태도나 진심 어린 사랑을 있는 그대로 받아들이지 못한다. 한 아이는 부모에게서 사랑한다는 말을 들었을 때, "거짓말! 사랑하지 않잖아!"라고 소리쳤다. 그 아이 부모는 아이를 나무라는 대신 다정한 태도로 "우리가 널 사랑하지 않는다고 생각하고 있었다니, 정말 힘들었겠구나. 엄마 아빠가 얼마나 너를 사랑하고 있는지 너도 알게 될 거야. 우리가 노력할게"라고 말해 주었다.

흔들림 없는 일차적 행복을 가진 아이들도 배가 아프거나 할 때면 불행하다는 느낌이 들기도 한다. 그러나 그 아이가 경험하는 불행은 지속적인 내적 행복을 손상시키지 않으며, 아이 스스로 불행을 초래하지도 않는다. 이에 반해 감정적 욕구가 충족되지 못한 아이들은 자기도 모르는 사이에 부모와의 관계에서 경험한 내적 불행을 다시 만들어내고 싶은 욕구에 휩싸인다.

아이들이 감정적·성적·육체적 학대와 같은 충격적인 경험에 노출될 경우, 불행해지고 싶다는 아이의 욕구는 소아 정신병, 학교 공포증, 반사회적 행동, 식사 장애와 같은 심각한 기능 장애로 나타나기도 한다. 이처럼 심각한 기능 장애를 가진 아이들은 부모의 스마트 러브만으로는 역부족이므로 심리 치료를 받아야 한다.

내적 불행이 가장 극단적으로 표출되는 것이 바로 자살이나 자살 시도다. 자살하는 사람들은 오로지 죽음만이 내적 평온을 가져다 준다고 생각하기 때문에 자살을 선택한다. 그들은 자살 이외에는 내적 불행의 욕구를 만족시킬 만한 다른 방법을 찾을 수 없었던 것이다.

다행스럽게도 불행해지고 싶다는 욕구를 가진 사람들 대부분이 자살이라는 극단적인 방법에 의지하지 않고서도 불행의 욕구를 만족시킬 수 있다. 일정 기간 우울증이나 자책감에 시달리겠지만, 그것만으로도 충분히 고통스러운 경험을 하고 싶다는 욕구를 충족시킬 수 있다. 그 기간이 지나고 나면 자살에 이르지 않고도 얼마든지 내적 평정을 유지할 수 있다.

원하던 역할을 맡지 못한 소년

> 내적 불행을 겪고 있던 한 소년은 학교 연극에서 자기가 원하던 역할을 맡지 못하게 되자, 예행 연습 때 제대로 실력을 발휘하지 못했다며 자기 자신에게 몹시 화를 냈다. 부모는 아이 기분을 달래 보려 갖은 노력을 다 했지만, 며칠 동안 아이는 아침에 일어나는 것조차 힘들어했다. 그렇게 자신을 책망하며 보내는 사이, 심한 실망감을 자초한 데 대해 자신에게 고통을 주고 싶어했던 아이의 욕구가 충족될 수 있었다. 결국 선생님의 따뜻한 배려와 부모의 지속적인 도움을 받아, 아이는 실망감 속에서도 한 줄기 희망을 찾아내려 애썼다. 그리고 마침내 무대 감독을 맡게 되었다.

예전에는 매우 정상적으로 보였던 아이들이나 어른들에게서도 공포증이나 신경성 안면경련, 우울증, 정신분열증 같은 심각한 징후들이 나타난다. 이러한 징후들은 나타나자마자 사라지기도 하지만 만성화되는 것도 있다. 이러한 심각한 징후들이 아무런 근거 없이 나타나는 것처럼 보이지만, 실제로 사람들은 그런 징후들을 통해 불행해지고 싶다는 욕구를 만족시키게 되며, 또다시 불행해지고 싶다는 욕구로 기울기 전까지는 내적 행복을 유지할 수 있게 된다.

내적 불행을 가진 사람은 긍정적인 기쁨과 파괴적인 기쁨, 그리고 불쾌한 경험의 균형을 통해 내적 평정을 유지한다. 이러한 균형은 어떤 경험을 하느냐에 따라 변화된다. 갑자기 심각한 징후가 나타난다면, 이는 삶의 어떤 경험으로 인해 불쾌한 경험이나 파괴적인 기쁨에 의존하려는 경향이 강해졌기 때문이다.

> **상담사례**
>
> ### 어린 체조 선수의 거식증과 죽음
>
> 얼마 전 재능 많고 열심이던 어린 체조 선수 한 명이 거식증으로 사망했다. 보도에 따르면, 그 선수는 체중을 조금 감량하면 더 좋은 성적을 거둘 수 있을 것이라는 심사위원의 말을 들은 후부터 식사 장애를 일으켜 죽을 때까지 아무것도 먹지 못했다고 한다. 자신을 고통스럽게 만들고 싶다는 무의식적인 욕구가 건강하고 훌륭한 체조 선수가 되고 싶다는 건설적인 욕구를 압도해 버렸던 것이다. 이 소녀의 비극적인 죽음은 부모는 물론 주위 어른들이 내적 불행을 가진 아이들에게 미치는 부정적·긍정적인 영향이 어느 정도인지 극명하게 보여준다.

불행해지고 싶은 욕구

무의식중에 불행해지고 싶다는 욕구가 생겨날 경우 이해하기 힘든 수많은 행동들이 나타난다. 예를 들어 자멸적이고 자기 파괴적인 행동에 몰두하면서도 자기는 행복하다고 믿는 아이들이 있다.

일반적으로 아이들은 자기가 불행해지고 싶은 욕구에 빠져 있다는 것을 깨닫지 못한다. 어떤 아이들은 자기도 모르게 다른 아이들이 자기를 때리게끔 유도해 놓고는 화를 내고 피해 의식에 사로잡히기도 한다. 아이들이 자멸적 혹은 자기 파괴적인 충동을 인식할 때도 있다. 그러나 아이들은 그러한 충동들을 억제할 힘이 없다고 느낀다.

이처럼 알면서 자초하는 불행은 용인될 수 있다고 믿는 이들이 있다. 그들은 고통 그 자체를 실수에 대한 죄값이라고 여긴다. 실수를 저질렀을 때 자기 머리를 쥐어박는 아이들이나 스스로 위로하기 위해 자해하는 아이들이 단적인 예다. 내적 불행을 가진 아이들 중에는 불행한 상황에서 더 안도감을 느끼게 될 것이라는 잘못된 인식 때문에 일부러 불쾌한 경험을 추구하는 경우도 있다. 이 아이들이 기쁨을 추구한다면, 그것은 기쁨 그 자체를 위해서라기보다는 내적 불행을 벗어 버리기 위해서일 것이다. 과체중인 아이가 기분이 좋지 않을 때마다 사탕을 먹는다든지, 자기 얼굴이 못생겼다고 생각하는 아이가 예쁘다는 칭찬을 듣고 싶어하는 경우를 예로 들 수 있다. 그러나 내적 불행을 달래기 위한 기쁨은 순간적인 기분 전환일 뿐이다. 헤로인이나 코카인 복용과 같이, 때로는 불행을 달래 주던 기쁨이 파괴적인 결과를 낳을 때도 있다.

••• 내적 불행으로 기쁠 때 부정적인 반응을 보이는 아이들

정서적 욕구가 충족되지 못한 아이들은 상충된 욕망을 발전시키기도 한다. 물론 이러한 아이들도 한편으로는 긍정적인 기쁨을 통해 내적 행복을

얻고 싶다는 본능을 가지고 있다. 그러나 아기 때부터 부모가 바라는 이상적인 상태가 바로 불행이라고 믿어 왔던 아이들은 자기도 모르는 사이에 불쾌한 경험을 추구하고 싶어한다. 이러한 상충된 욕망으로 인해 내적 평온은 깨지고 만다.

아이가 불쾌한 경험을 하고 싶다는 무의식적인 욕구를 만족시킬 경우, 기쁨을 추구하려는 바람은 좌절된다. 성공을 거두는 순간이 오더라도, 아이는 성공의 기쁨이 오히려 불쾌한 경험을 하고 싶다는 무의식적인 욕구를 좌절시킨다고 생각하여 자신을 불행하게 만들려고 자극한다.

자신을 불행하게 만들고 싶다는 욕구로 인해 아이들은 긍정적인 경험에 대해 부정적인 반응을 보인다. 내적 불행이 있는 아이들이 진정한 보살핌을 받게 될 때 일시적으로 행동이 더 나빠지는 것은 바로 이 때문이다. 이때 성급한 부모들이나 교사들은 엄격하게 대하는 것만이 효과적인 방법이라고 단정한다.

즐거운 경험과 불쾌한 경험 사이에서 욕구가 상충될 때, 자기도 모르는 사이에 불행해지고 싶다는 욕구를 충족시키려는 아이들이 있다. 이런 아이들은 가장 만족스러운 경험이나 성취의 순간에도 실망감을 드러낸다. 토론팀에 뽑혔다는 소식을 듣고도 기뻐하기는커녕 자기가 아끼던 청바지가 찢어졌다고 불평만 늘어놓는 10대 아이나, 읽기 공부를 열심히 하던 여섯 살 난 아이가, 선생님이 읽기 실력이 많이 좋아졌다고 칭찬하자 "별것 아니에요. 다른 아이들은 벌써 다음 단계를 배우고 있는걸요" 하고 대꾸하는 것이 그것이다.

한 10대 아이는 자기가 가고 싶어하던 대학으로부터 입학 허가를 받자,

학교 대표를 포기한 아이

고등학교에 다니는 딸 신시아 때문에 걱정이 된 엄마가 우리에게 도움을 청했다. 신시아는 자기가 바라던 것과는 전혀 다른 방향을 선택할 때가 많았다. 신시아는 훌륭한 학생이었고 세상 돌아가는 일에 대해서도 훤히 꿰뚫고 있었다. 신시아는 학교 대표로 발탁되어 프랑스에서 열리는 국제회의에 참가할 유력한 후보였다. 그럼에도 불구하고 기뻐하기는커녕 부정적인 반응만 보였다. 국제회의에 참가하려면 준비를 많이 해야 될 거라고 생각한 신시아는 마침내 신청서를 내지 않겠다고 결정했다.

그러나 이 결정을 내린 뒤 후회가 밀려왔다. 그 다음 한 주 내내 신시아는 아주 특별한 기회를 포기해 버린 자신에게 화가 났다. 다행히 신시아 엄마와 불어 선생님은 신시아가 자신도 모르는 사이에 건설적인 기쁨을 선택할 것인가, 불행을 선택할 것인가를 두고 갈등하고 있다는 것을 이해하고 있었다. 그들은 신시아가 대표 선발에 신청서를 내지 않았다고 해서 화를 내거나 불만을 표시하지 않았다. 그 대신 신시아가 더 나은 길을 선택할 수 있도록 도와주기로 했다.

선생님은 자기가 보기에는 신시아가 결정을 되돌리고 싶어하는 것처럼 보인다고 말해 주었다. 신시아는 고개를 끄덕였지만, 마음을 바꿀 수는 없을 것 같다고 대답했다. 대표 선발 신청서를 내지 않았다는 것이 이미 학교 안에 다 알려졌기 때문에 결정을 번복할 경우 비웃음거리가 될까 봐 두려웠던 것이다. 선생님은 누구나 가끔은 불완전한 결정을 내리게 마련이며, 잘못된 결정을 그대로 내버려두는 것보다는 좋은 방향으로 되돌리려고 노력하는 것이 중요하다고 강조했다. 만약 신시아가 지금이라도 지원한다면, 적극적으로 지지해 줄 것이라는 말도 덧붙였다. 그러면서 친구들에게 놀림을 받을까 봐 두려워 기회를 포기하는 것보다는 후보자 명단에 이름을 올리는 것이 훨씬 더 가치 있는 일이 될 거라고 강조했다.

엄마와 선생님의 지지 덕분에 신시아는 용기를 내어 마음을 돌리게 되었다. 그리하여 마침내 신시아는 학교 대표로 선발되어 프랑스에서 소중한 경험을 쌓을 수 있었다. 그보다 더 중요한 것은 엄마와 선생님의 도움으로 건설적인 기쁨을 향한 신시아의 욕망이 강화되었다는 것이다.

우쭐한 기분이 들었다. 그러나 부모에게 그 소식을 알려 주려고 집으로 가는 길에 실수로 차 문에 손가락을 다치자 기뻤던 마음이 흐려지고 말았다. 한 아이는 오랜 시간을 들여 노력한 결과 과학경진대회에서 상을 받았지만 좀처럼 기쁜 기색을 보이지 않았다. 자기가 그런 상을 받을 만한 자격이 없다고 느꼈기 때문이다.

아이가 기쁨에 부정적으로 반응할 때, 부모는 아이를 도와주기 위해 기울였던 노력이 효과가 없거나 역효과를 낳았을 뿐이라고 결론지을 때가 많다. 그러나 내적 불행을 지닌 아이들이 기쁨에 대해 복합적인 반응을 보이는 것은 피할 수 없는 일이다. 아이가 기쁨에 부정적인 반응을 보이더라도 부모가 화를 내거나 낙담하지 않고 긍정적이고 사랑 어린 태도로 대한다면, 아이의 태도를 긍정적이고 성장에 도움이 되는 방향으로 변화시킬 수 있다.

상담사례

조랑말 타기를 좋아하는 아이

평소에 성을 잘 내는 네 살짜리 크레그는 커서 카우보이가 되고 싶다는 꿈에 푹 빠져 있었다. 어느 날 크레그는 부모가 읍내에 데리고 나가 조랑말을 태워 주자, 좋아서 어쩔 줄 몰랐다. 말을 다 타고 난 크레그는 솜사탕을 사달라고 큰 소리로 졸라댔다. 부모는 좀 있다 점심 먹고 나서 후식으로 솜사탕을 사주겠다고 말했다. 평소에는 식사 전에 사탕을 먹을 수 없다는 가족 수칙을 잘 따르던 크레그였지만, 이번에는 몹시 흥분해서 땅바닥에 펄썩 주저앉아서는 "엄마, 아빠는 내가 원하는 걸 들어준 적이 없어!"라고 소리질렀다.
예전 같았으면 크레그 부모는 "네가 그렇게 원하던 대로 읍내에 와서 조랑말을 탔는데, 어떻게 그렇게 말할 수 있니?"라거나 "곰곰이 잘 생각해 봐. 우리가 정말 네게 해준 게 아무것도 없니?" 하고 말했을 것이다.
그러나 그들은 우리와 상담을 해나가면서 익힌 스마트 러브를 적용하려고 애썼다. 크레그가 성을 낼 때 같이 화를 내는 대신, 부모는 아이가 조랑말을 타는 기쁨에 부정적으로 반응하고 있다는 것을 알아차렸다. 크레그 부모는 "크레그, 우선 점심부터 먹고 나서 솜사탕을 먹자. 너도 알잖아. 카우보이들도 꼭 점심 먹은 후에 후식을 먹잖니?" 하고 말해 주었다. 크레그는 눈물이 글썽글썽한 눈으로 엄마 아빠를 올려다보더니 "카우보이도 그래요?" 하고 물었다. 크레그 부모는 고개를 끄덕였다. 크레그는 자리에서 툴툴 털고 일어나서는 엄마가 내민 손을 잡았다. 점심을 먹으면서 아빠가 "솜사탕이 먹고 싶어서 그런 게 아니라, 평소 그렇게 타고 싶었던 조랑말을 막상 타게 되니까 너무 기뻐서 오히려 마음이 혼란스러워진 걸 거야" 하고 말했다. 크레그는 잠자코 듣기만 할 뿐 아무 말이 없었다.

며칠 후, 크레그 부모는 아이를 장난감 가게에 데려가 사고 싶은 걸 하나 사라고 했다. 아이는 두 개를 고르면 안 되냐고 물었다. 부모가 이를 거절하자, 크레그는 다시 바닥에 주저앉아 소리를 질러 댔다. 엄마는 아이 곁에 앉아서 다정하게 속삭였다. "알면서 그러네. 저번에 조랑말 타러 갔을 때 솜사탕 사달라고 졸라대던 때랑 똑같구나. 네게 장난감을 고르라고 하니까 너무 기뻐서 그런 거지?" 크레그는 천천히 바닥에서 일어났고, 이내 새 장난감을 가지고 신나게 놀았다.

그 후 몇 달 동안 크레그는 기쁜 일이 생기더라도 당장 불가능한 요구를 해대며 조르거나 성을 내며 바닥에 주저앉는 일이 없었다. 평소에 특히 바라던 일을 하게 되거나 물건을 갖게 되었을 때면 잠시 시무룩해 있곤 했지만, 좋은 기분을 망치는 일 없이 기쁘게 바라던 일이나 선물을 받아들였다.

내적 불행을 가진 아이는 얼마든지 해낼 수 있는 일을 일부러 망치고 싶어하기도 한다. 예를 들어 아이가 학교 숙제를 계속 미루려고 하는 것도 결국 알고 보면 스스로 불쾌한 경험을 하고 싶은 아이의 욕구 때문이다.

힘겹게 성취한 일을 망치고 싶어하는 10대

고등학교 2학년인 캐롤은 일이 성공적으로 진행되면 스스로 그 일을 망쳐 놓을 때가 많았다. 이런 모습에 걱정이 된 부모가 우리를 찾아와 상담했다. 캐롤은 치열한 경쟁을 뚫고 학교 신문사 기자로 뽑혔다. 그 기쁜 소식을 전해 들은 부모는 열렬히 캐롤을 축하해 주었다. 그러나 신문사 기자로 뽑혀 당장은 행복한 기분이 들겠지만, 캐롤이 또다시 자신의 성공을 편하게 받아들이지 못해 일부러 실수를 거듭해 그 기쁨을 망치게 될까봐 걱정이 된다고 조심스럽게 얘기했다. 다음날 저녁을 먹으면서 캐롤이 "교정도 보지 않은 채로 기사문을 제출할 뻔했어요. 다시 살펴보니 취재한 교수님 성함이 빠져 있지 뭐예요. 미리 주의를 주셔서 실수를 면했어요. 감사해요" 하고 말했다.

아이가 기쁜 감정이 생길 때 오히려 적대적으로 반응한다는 걸 알고 있는 부모라면, 미리 아이의 반응을 예상하여 차분하고 섬세하게 대처할 것이다. 나아가 그 기회를 통해 아이 스스로 건설적인 기쁨을 선택하도록 도와줄 것이다. 부모의 이런 도움을 통해 아이는 자신이 스스로를 불행하게 만들고 싶은 욕구, 자신의 삶을 망치고 싶어하는 강한 충동에 사로잡혀 있다는 사실을 깨닫게 될 것이다.

••• 격분은 내적 불행의 산물이다

격분(rage)과 화(anger)는 중요한 차이가 있다. 화는 고통스럽고 괜한 사건을 겪게 될 때 나타나는 공격적인 감정과 행동을 말한다. 누군가로부터 공격을 당할 때는 화를 내는 것이 오히려 건강에 좋다. 이런 감정은 누구나 느끼는 것으로, 내적 불행에서 나오는 감정이 아니다. 이에 반해 괜한 공격으로 자신이나 다른 사람을 괴롭히려 드는 아이는 격분이라는 형태로 내적 불행을 표현한다. 격분은 내적 불행을 자각함으로써 느끼게 되는 감정이다. 사람들은 종종 자신의 격분을 의식하지 못할 때가 있다. 예를 들어 한 10대 소년은 중요한 수학 시험에서 여자 친구가 자기보다 성적이 좋자, 칭찬을 아끼지 않았다. 그러나 그날 소년은 방과후에 여자 친구와 만나기로 한 약속을 잊어버려 여자 친구를 하릴없이 기다리게 만들었다. 평소에는 그런 일이 한 번도 없었다.

학교 친구들로부터 괜한 공격을 받은 여섯 살짜리 두 아이의 반응을 비교해 보면, 격분과 화를 더 쉽게 구분할 수 있다. 격분에 휩싸인 아이는 공격을 가한 아이가 단념한 후에도 계속 맞붙어 싸우려 덤빈다. 교사가 달려들어 둘 사이를 떼어놓기 전까지 계속해서 공격을 가한 아이에게 주먹을 휘두른다. 그리고 나서도 그 아이는 분을 참지 못한다. 싸움을 말렸다고 교사에게 소리지르거나, 오전 내내 기분이 상해 잔뜩 인상을 찌푸리고 있을 것이다. 엉망이 된 기분으로 집에 돌아가지만, 부모에게 그 사건에 대해 얘기조차 하지 않을 것이다.

화를 내는 아이는 우선 다른 아이가 자기를 밀치려 들면 방어 자세를 취한다. 그런 후, 앞으로도 계속 그런 행동을 보이면 함께 놀지 않겠다고 상대방 아이에게 말할 것이다. 그는 다른 친구를 찾아 함께 놀 것이며, 분명 집에 돌아가서 부모에게 그날 있었던 사건에 대해 얘기할 것이다.

모든 아이는 내적 행복의 잠재력을 지녔다

성격을 보면 그 사람이 어떻게 살아왔는지, 그 사람에게 어떻게 대해야 하는지 짐작할 수 있다. 수십 년에 걸친 임상 실험 결과, 우리는 성격에서 가장 중요한 측면(내적 행복이 안정적인가 불안정한가 하는 측면)이 전적으로 부모로부터 받은 양육에 의해 결정된다고 결론 내렸다.

부모가 성장 욕구를 제대로 만족시켜 준 아이라면, 내적 자유를 얻어 융통성 있고 순응적인 성격을 갖는다. 그 아이는 어떠한 내적 갈등도 없이 가치관, 인간 관계, 이해 관계, 일 등을 적절하게 선택할 수 있으므로 진정한 자기 인식을 발전시킬 수 있다. 그런 아이는 결코 자기 자신이나 다른 사람을 불행하게 만들고 싶다는 욕망에 휩싸이지 않을 것이므로 자학적이거나 다른 사람에게 해가 되는 선택을 피할 것이다.

진정한 자기 인식은 성장 욕구가 충족되고 청소년기를 지난 후에 비로소 성취될 수 있다. 이와 대조적으로 진정한 자기 인식에 도달하지 못하는 유형을 세 가지로 나눠 볼 수 있다.

* 일상 활동에 의식적으로 참여하지 않을 때 '습관화된 자기 인식 부족'이 발생한다. 자기가 하는 일이 무엇인지 제대로 인식하지 못한 채 기계적으로 집과 직장을 오가듯, 무슨 일을 하고 있는지도 모른 채 반복적으로 행동한다.
* '성장 과정에서 나타나는 자기 인식 부족'은 지적 능력이나 지각 능력의 미숙함 때문에 발생한다. 어린아이들은 자기가 모든 일을 통제할 수 있으며 원하는 것은 무엇이든지 손에 넣을 수 있다고 믿는다.
* '비정상적인 자기 인식 부족'은 자신을 행복하고 건강하게 유지하는 데 무엇이 필요한지 알지 못하는 데서 생겨난다. 또한 자학적인 행동은 내적 불행을

갖고 싶어하는 욕구 때문에 생겨난다. 신호등이 빨간 불인지 파란 불인지 신경 쓰지 않고 길을 건너는 열 살짜리 아이, 팔의 통증이 온몸으로 퍼져 나가는데도 무관심하게 방치하는 여성, 결혼 생활이 파탄지경에 이르렀는데도 무신경한 남편 등을 예로 들 수 있다.

비정상적인 자기 인식 부족을 드러내는 아이들은 자해할 수도 있는 위험성을 안고 있다. 이런 아이들에게는 늘 다정하게 "잊으면 안 돼. 거긴 큰길이니까 길 건널 때 주의해야 한단다"라거나 "하키 경기 가기 전에 얼굴 가리개를 챙겼는지 꼭 확인해 보렴"이라고 부모가 일깨워 줄 필요가 있다. 부모가 주의를 줬는데도 자주 사고를 당하는 아이라면, 아동 심리 전문가의 도움을 받아 볼 필요가 있다. 이에 반해 성장 욕구가 충족된 아이들은 일상생활의 기복과는 무관한 내적 행복을 가지게 된다. 아이들은 성장하면서 저마다 다른 재능과 기호를 발전시키고, 거기에 맞는 일을 선택하고 다양한 업적을 세운다. 여기서 필요한 것이 다름아닌 지속적인 내적 행복이다. 아이들은 유전적인 기질이 아니라 부모의 충분한 사랑과 도움으로 지속적인 내적 행복을 발전시키고 자신의 잠재력을 충분히 발휘할 수 있다.

성격은 타고나는 것이라는 믿음이 공공연하게 받아들여지고 있지만 실제로 증명된 것은 아무것도 없다. 그런데 이런 믿음이 오랫동안 아이들에 대한 사회적 인식에 나쁜 영향을 미쳤다. 아이가 참을성이 없고 명랑하지 못할 때 사람들은 '타고난' 성격이니 어쩔 수 없다면서, 눈 색깔을 타고나듯이 아이의 불행도 그렇게 받아들여야 한다고 말한다. 하지만 갓 태어난 아이가 어떤 행동 양상을 보이더라도, 부모의 접근 방식에 따라 얼마든지 바뀔 수 있다.

아이에겐 닮고 싶은
이상적인 인간형이 있다

아이들은 자라면서 가까이 지내는 사람이나 존경하는 사람처럼 되고 싶어한다. 그래서 알게 모르게 자기가 소중하게 여기는 사람을 닮으려 한다. 아빠나 고모처럼 연주가가 되고 싶어하는 아이도 있고, 엄마나 삼촌들처럼 미술에 관심을 보이기도 한다. 욕구가 제대로 충족된 아이들은 언제나 긍정적이고 자발적으로 부모가 베푼 아낌없는 사랑을 자신의 삶에 그대로 옮겨놓으려 한다. 또한 자기에게 크나큰 기쁨을 가져다 주는 소중한 사람들의 관심과 재능을 닮고 싶어한다.

하지만 아이들은 감정적 욕구가 충족되지 못하면, 마음에도 없고 때로는 스스로를 불쾌하게 만드는 모습을 따라한다. 대부분의 아이들은 성장하면서 부모의 발자취를 따라야 한다고 생각하지만, 그 삶에서 만족을 느끼지 못할 수도 있다. 엄마가 건축가이기 때문에 자기도 커서 건축가가 되어야겠다고 생각하는 것은 문제될 게 없다. 그러나 아이가 마음이 내키지 않는데도 부모를 닮고 싶어 무분별한 판단을 내린다면, 무력감이 점점 커지면서 내적 불행만 심화되는 결과를 낳을 수 있다.

부모가 자학적이거나 반사회적인 성격을 지닌 경우, 또는 부모가 아이를 가혹하게 다루거나 무심하게 대하는 경우, 아이는 부모의 부정적인 특성을 닮게 된다. 강아지를 욕실에 한동안 가둬 놓는가 하면, 아빠가 난폭하게 운전하는 것을 그대로 흉내내어 롤러 블레이드를 타고 마구 내달린다.

아이들은 외모가 특이한 아이들을 조롱하거나 유리창에 돌을 던지는 등 친구들과 함께 반사회적인 행동을 하기도 한다. 이런 행동은 언제나 부모와의 관계에서 부정적인 동일시를 경험한 아이들에게서 나온다. 성장의 욕구들에 대해 부모가 긍정적으로 반응해 주었다면, 아이는 다른 아이들이 반사회적이거나 자학적인 행동을 하더라도 그대로 따라하지 않을 것이다.

부모의 지나친 기대치를 그대로 따르려는 아이들도 있다. 부모가 바라던 대로 예술가나 학자가 되고 싶어하는 것 등이 그것이다. 반면에 자신의 '운명'을 거부하는 아이들은 스스로를 이기적이라고 느끼며 죄의식에 시달리기도 한다. 부모에 대한 사랑 때문에 마지못해 부모의 기대치를 따를 수도 있다. 이 사실을 알고 있는 부모라면, 아이의 성격에 대해 좀더 조심스러운 태도를 취하게 될 것이다.

어떤 부모는 여섯 살 된 아이가 듣고 있는 앞에서 친구에게 "데이비드는 정리정돈을 너무 못해. 머리가 어깨 위에 붙어 있기망정이지, 안 그랬더라면 제 머리도 못 찾을 거야" 하고 말했다. 또 한 부모는 열 살 된 딸아이 앞에서 "우리 애는 운동에 소질이 있어. 특기 장학생으로 선발된다면 대학 등록금을 아낄 수 있을지도 몰라"라는 말을 계속 늘어놓았다. 부모는 재미 삼아서 별 뜻 없이 아이의 성격을 빗대어 말하거나 앞으로 어떻게 될 거라는 등 얘기를 늘어놓았겠지만, 그것이 아이들에게는 큰 부담이 될 수 있다. 아이들은 부모의 바람을 충족시켜야 한다는 부담감에 시달리며, 자신의 믿음이나 욕망이 부모와 상충될 경우 수치심이나 죄책감을 느낄 수도 있다.

내적 불행을 가진 아이들은 진정 자유로운 선택을 통해 동일시 대상을 결정하지 못한다. 그리고 마지못해 부모(또는 부모의 관점)를 동일시 대상으로 삼는 경우에도 정도에 따라 다른 양상을 보일 수 있다.

* 아이가 스스로 자유롭게 선택했다고 믿는다면 '능동적'인 자세를 취할 것이다. 한 여고생은 다른 대학은 살펴보지도 않은 채 엄마가 다니던 대학에 입학하기로 결심했다. 그 아이는 어디까지나 스스로 신중하게 고민한 끝에 그런 결론을 내렸다고 믿었다. 다른 대학은 아예 거들떠보지도 않는 딸에게 현명한 결정을 내리기 위해서는 다른 대학도 둘러보는 것이 좋을 것 같다고 엄마가 제안했다. 엄마는 아이와 함께 갈 만한 대학들의 정보를 수집해 나갔다. 덕분에 아이는 엄마가 다녔던 대학이기 때문에 무작정 엄마 뒤를 따라야 한다는 무분별한 동일시를 피할 수 있었다.
* 아이가 부모와 거리를 두고 싶다는 생각에 지배된다면 '반동적'인 자세를 취할 것이다. 한 10대 아이는 커서 아버지처럼 되지 않겠다고 결심했다. 그 아이는 여러 대학을 살펴본 후, 가장 마음에 드는 대학을 찾아냈지만 아버지가 다녔던 학교라는 이유만으로 입학을 포기해 버렸다.
* 아이가 '운명'에 따르려고만 한다면 '수동적'인 자세를 취할 것이다. 늘 아버지에게 "넌 커서도 방탕하고 게으른 어른밖에 더 되겠니?"라는 말을 들으며 자란 아이는 결국 무기력한 존재가 되고 만다.

앞서 살펴본 바와 같이 내적 불행을 가진 아이는 결단력이 있어 보이든 무기력해 보이든, 어느 경우에도 자발적으로 동일시를 추구할 수 없다. 이 점을 이해하는 부모라면 아이의 결정을 액면 그대로 받아들이지 않을 것이다. 또한 아이가 결정을 내리지 못해 우물쭈물할 때에도 효과적으로 아이를 도울 수 있을 것이다. 아이가 그 과정에서 자기 나름대로 다양한 가능성을 타진해 보고 싶어하며, 부모가 다양한 선택의 기회가 있다는 것을 북돋아 주길 바란다는 것을 알게 될 것이다.

새로운 경험을 하게 된 책벌레

여덟 살 난 네드가 친구들에게 '책벌레'(책만 읽어서 세상 물정에 어두운 사람을 얕잡아 이르는 말)라고 놀림을 당하자, 걱정이 된 부모가 상담을 청해 왔다. 네드는 학업 성적은 뛰어나지만 운동에는 소질이 없었다. 그래서 체육 시간만 되면 어떻게 하면 수업에 빠질 수 있을까 궁리했고, 집에서도 전혀 활동적이지 못했다.

우리는 네드 부모에게 경쟁하지 않고 활동량이 적은 운동을 찾아 온 가족이 함께 해보라고 제안했다. 그들은 네드와 함께 강아지를 데리고 산책을 나갔다. 처음에는 나가지 않겠다며 고집을 피우던 네드도 결국에는 부모의 뜻을 따랐고, 신선한 공기를 마시며 가족과 함께 하는 시간을 좋아했다. 그리고 모처럼 부모와 오붓한 시간을 보내면서 자기가 맡은 과학 연구 과제에 대해서도 얘기를 나누었다. 그 후로 가족은 매일 저녁 산책을 나갔고 주말에는 좀더 멀리 떨어진 공원까지 찾아가 신나게 자전거를 타곤 했다. 네드는 훌륭한 운동 선수가 되고 싶은 꿈은 추호도 없었지만, 처음으로 신체 활동의 즐거움을 경험하게 되었다.

내적 불행에서 벗어나려면

스스로 불행하다고 느끼고 성격이 까다로운 아이에게 굳이 아이가 불편해하고 힘들어하는 일을 억지로 시킬 필요는 없다. 스마트 러브를 실천하는 부모라면, 자신을 불행하게 만들고 싶어하는 아이의 욕망을 줄여 나가면서 서서히 건설적인 기쁨을 맛보고 싶어하도록 아이를 북돋아 줄 것이다.

아이들은 부모의 사랑을 받지 못하면 내적 불행을 발전시킨다. 그러므로 아이들을 행복하게 해주기 위해서는 아낌없이 사랑을 베풀어야 한다.

모든 부모는 의미 있고 건설적인 육아를 위해 스마트 러브를 실천해야 한다. 아이가 성가시게 행동할 때 부모가 징벌 대신 사랑의 규제로 대한다면, 내적 불행을 가진 아이들도 점차 건설적인 기쁨을 좋아하게 될 것이다. 아이가 만족스럽고 성공적이며 유쾌한 삶을 누릴 수 있도록 이끌어 주기 위해 부모는 늘 스마트 러브를 실천해야 한다.

••• 건설적인 기쁨을 선택하게 하라

아이를 소중하게 여기는 어른들이나 부모는 자신을 불행하다고 느끼는 아이의 삶을 극적으로 변화시킬 수 있다. 자상하게 보살펴 주면 아이는 삶의 다양한 경험들에 대해 긍정적인 생각을 가지게 된다. 감정적 욕구가 충족되지 못한 개인들은 건설적인 기쁨(우애가 돈독한 친구 관계, 학문적 성공 등)이나 불쾌한 경험(싸움을 거는 등), 파괴적인 기쁨(과식을 하거나 성적 방종을 일삼는 등)을 절충하면서 내적 행복을 지탱해 나간다. 그러나 이 세 가지 종류의 기쁨이 고르게 어우러지는 것은 어려운 일로, 삶의 다양한 경험 속에서 끊임없이 변할 것이다.

내적 불행을 가진 아이와 소중한 관계를 엮어 나가는 사람들이라면 어느 누구라도 아이에게 스마트 러브로 다가갈 수 있다. 스마트 러브는 건설적인 기쁨을 통해 내적 행복을 맛보도록 아이를 이끌어 준다. 그렇게 되면 아이는 더 이상 불쾌한 경험이나 파괴적인 기쁨에서 내적 행복을 찾으려 하지 않는다. 건설적인 기쁨을 경험하고픈 아이의 욕망은 아이가 중요하게 여기는 사건들로 인해 강해지기도 하고 약해지기도 한다. 학교 생활에서의 성공과 실패, 사랑에 빠지거나 혹은 사랑을 받지 못할 때, 부모의 칭찬이나 꾸중, 운동 경기에서 이기거나 지는 경우 등을 예로 들 수 있다.

내적 불행 때문에 괴로워하는 아이들은 오히려 어른들이 자기를 오해하고 비난해 주기를 바란다. 이런 아이들은 부정적인 경험을 통해 내적 평정을 유지하고 싶어하며, 그 때문에 자기도 모르는 사이에 자신이나 다른 사람에게 좋지 않은 영향을 미치고 싶어한다. 어른들이 아이들의 이런 마음을 이해해 주고 또 아이가 실수나 '위반 행위'를 저질렀을 때에도 이해해 주고 동정을 베푼다면, 아이들에게 훨씬 긍정적인 영향을 미칠 수 있다.

> **상담사례**
>
> ## 도둑을 변화시킨 자애로움
>
> 빅토르 위고는 소설 『레 미제라블』을 통해 도둑이었던 장발장이 긍정적인 방향으로 꾸준히 변모해 가는 모습을 그리면서, 자애로운 인간 관계가 한 사람의 삶을 변화시킬 만큼 위력적이라는 것을 보여주었다. 장발장은 신부의 집에서 은 촛대를 훔친 죄로 체포되지만, 신부가 경감에게 은 촛대를 장발장에게 선물로 준 것이라고 증언해 준 덕분에 곧 풀려난다. 신부의 자애로운 행동으로 인해 장발장은 건설적인 기쁨을 추구하고 싶다는 강한 욕망을 품게 된다. 그는 오랫동안 품어 왔던 비통함과 분노를 떨쳐내고 반사회적인 행동을 중단했으며, 남은 생애 동안 다른 사람들을 돕는 일에 헌신했다.

사람들은 대부분 보다 나은 길로 자기 삶을 이끌어 주었던 소중한 인연들을 오랫동안 기억한다. 은사·감독·상관·목사 등 중요한 지위에 있는 이들이 다른 사람들의 삶에 미치는 영향력은 실로 크다. 그러므로 그들에게도 스마트 러브가 도움이 될 것이다.

감독님은 뭔가 달랐다

존은 새 학교로 전학 와서 야구단에 입단했다. 그런데 처음 출전한 경기에서 그만 쉬운 땅볼을 실수로 놓치는 바람에 다 이긴 경기를 망치고 말았다. 자기 자신에게 몹시 화가 난 존은 감독에게 호되게 질책당해도 당연하다고 각오하고는 선수 대기석으로 달려갔다.
그러나 감독은 다정하게 그의 등을 툭툭 쳐주면서 "누구에게나 있는 일이야. 다음 번에는 공을 끝까지 주시해. 그럼 더 좋아질 거야. 넌 훌륭한 유격수야"라고 말했다. 존은 감독이 전혀 화난 기색을 보이지 않자 깜짝 놀랐다.
그때부터 존은 실수를 저지르더라도 자기 자신에게 화낼 필요는 없다고 생각했다. 존은 더 이상 심한 자책감에 시달리지 않았으며, 다른 사람들 역시 실수를 저지를 수 있고 자기도 나름대로 최선을 다했으며, 오히려 실수를 거울삼아 실력을 더 발전시킬 수 있을 거라고 생각하게 되었다.

••• 상처받지 않도록 제때 아이를 도와주라

아이가 파괴적인 행복에 의지하려 하고 불쾌한 경험을 하고 싶어할 때 부모가 그 사실을 제때 알아차린다면, 스스로를 불행하게 만들고 싶어하는 아이의 욕구를 누그러뜨릴 수 있다. 예를 들어 한 아버지는 대학 입학 시험을 준비하고 있는 딸이 지나치게 많이 먹는 것이 늘 걱정이었다. 그래서 아이 곁에 앉아 공부를 돌봐주면서 딸이 좀더 건설적인 기쁨을 맛볼 수 있도록 해주었다. 그러자 아이의 식사량이 훨씬 줄어들었다.

저녁식사 소동

여섯 살 난 아들이 저녁식사 시간만 되면 네 살배기 동생을 때리며 못 살게 굴자, 그 엄마가 우리를 찾아왔다. 우리는 어떤 일이 일어났는지 상세하게 얘기해 달라고 요청했다. 기억을 더듬는 과정에서 그 엄마는 자기가 요리에 관심을 쏟고 있을 때마다 아이들이 싸웠다는 것을 깨달았다. 그 후 엄마는 저녁 준비를 하면서 여섯 살 난 아들에게 달걀 휘젓기, 샐러드 버무리기, 식탁 차리기 등을 돕도록 했다. 가끔 아이가 하기 싫어할 때면, 저녁 준비를 시작하기 전에 아이들이 좋아하는 손가락으로 그림 그리기 놀이를 하게 해주었다. 엄마는 저녁 준비 시간이 갑자기 조용하고 유쾌하게 바뀌자, 무척 흐뭇했다.

••• **책이나 영화, 텔레비전 프로그램을 엄선하라**

내적 불행을 가진 아이가 건설적인 기쁨을 경험하고 싶어하도록 도와주기 위해서는 아이가 파괴적인 기쁨이나 불쾌한 경험을 자극하는 경험에 노출되지 않도록 보살펴 주어야 한다. 발달 단계에서 생겨나는 욕구가 제대로 충족된 아이들은 자라나면서 건설적인 기쁨을 찾으려 한다. 그런 아이들은 지나치게 폭력적이거나 우울한 내용의 책·영화·텔레비전 프로그램에 관심을 보이지 않으며, 그러한 매체들에서 주장하는 가치들을 따르려 하지 않는다. 이에 반해 내적 불행으로 고통받는 아이들은 그런 매체들에 쉽게 마음이 끌린다. 우울하고 공격적인 책이나 영화, 텔레비전 프로그램에 노출된 아이들일수록 제 역할을 다하지 못하거나 격한 감정을 드러내기가 쉽다.

 상담사례

"형은 악당이야"

여섯 살짜리 한 아이는 폭력적인 내용의 텔레비전 프로그램을 볼 때마다 열세 살 먹은 형을 악당으로 몰아붙이면서 마치 실제 상황인 것처럼 총을 쏘거나 칼로 찌르는 시늉을 하며 위협했다. 평상시에는 형에게 자신의 불행한 감정을 분출할 때만 잠깐 공격적인 행동을 취했으나, 폭력적인 내용의 텔레비전 프로그램을 보기만 하면 가상의 이야기에 흠뻑 빠져 공격 태세를 취하는 것이었다. 형에 대한 적의에 찬 행동이 걷잡을 수 없이 심해져서 나중에는 어른이 나서서 말려야만 비로소 평화를 되찾을 수 있었다.

내적 불행을 가진 아이들은 지나치게 텔레비전만 보려고 한다. 그리고 시청 시간을 제한하려 하면 심하게 대든다. 텔레비전을 통해 행복을 찾으려 하는 아이에게 좋은 프로그램을 골라 하루에 한 시간씩만 보라고 해서 될 일이 아니다. 부모는 아이의 관심을 끌 수 있는 다른 방법을 찾아야 한다. 다섯 살 난 아이 아빠가 집안 청소를 할 때 늘 아이와 함께 하는 거라든지, 열 살짜리 아이가 엄마와 함께 공원에 나가 풍경화 그리기를 즐기는 것 등이 그것이다. 또 세 살짜리 아이가 아빠가 곁에서 책 읽어 주는 걸 좋아하고, 10대 아이가 카드놀이를 즐기는 것 등이 그런 예에 속한다.

••• 늘 부드러운 태도로 대하라

내적 불행을 가진 아이에겐 태어날 때부터 감정적 욕구를 충족해 온 아이들보다 더 많은 관심이 필요하다. 불행한 아이들은 늘 부드럽고 조심스럽게 보살펴 주어야 하며, 파괴적인 기쁨이나 불쾌한 경험보다는 건설적인 기쁨을 통해 내적 평온을 유지시켜 주어야 한다.

아이들이 위험하고 자멸적인 활동을 하려 하거나 헛된 일에 쉽게 이끌릴 때, 부모들은 스마트 러브를 통해 좀더 나은 선택을 하도록 도울 수 있다. 아이들은 건설적인 기쁨을 맛보고 싶어하는 욕망을 타고난다. 부모들이 이 사실을 알고 있다면, 아이들이 부정적인 행동을 보이더라도 느긋한 마음으로 도울 수 있을 것이다.

치과에 가는 걸 두려워하는 엄마에게 새로운 상황에 부딪칠 때마다 안절부절 못하는 세 살 난 아이가 있었다. 그 엄마는 치과에 가야 할 시간이 다가올 때마다 초조하고 난감한 기분이 들었다. 아이의 치과 검진 날이 다가오자, 그 엄마는 자기가 치과에서 겁에 질린 표정을 짓게 되면 아이가 더 무서워할 것 같아 걱정이 되었다. 그래서 궁리 끝에 치과 치료를 무서워하지 않는 이모에게 아이를 데리고 치과에 가달라고 부탁했다.

내적 불행을 가진 아이를 위한 스마트 러브

"아이들이 말썽을 일으킬 때 엄하게 꾸짖지 않으면, 아이가 우리를 무시하고 계속 빗나가게 될까 봐 걱정이에요. 아이가 잘못된 행동의 대가가 어떤 것인지 모르면 어쩌죠?" 하고 걱정하는 부모들이 종종 있다.

그러나 스마트 러브에서 강조하고 있는 사랑의 규제로 대한다면, 아이에게 긍정적인 기쁨을 주면서도 얼마든지 잘못된 행동을 고칠 수 있다. 즉,

아이에게 불행을 안겨 주는 일 없이 빗나간 행동을 막을 수 있다. 제재를 가하거나 훈계를 늘어놓지 않고도 얼마든지 서로의 의견을 존중하면서 보다 건설적인 방향으로 나아갈 수 있다. 너그럽고 기쁜 마음으로 아이의 불행한 감정에 귀기울인다면, 아이도 자신에 대해 긍정적인 태도를 보이게 될 것이다. 오랫동안 꾸준히 사랑의 규제를 적용한다면, 말썽을 일으키고 싶다는 아이의 욕구도 사그라질 것이다.

남의 물건에 손대는 아이

친구 집에 놀러갔던 조지(6세)가 친구 장난감을 집으로 가져왔다. 그 사실을 안 부모는 조지를 심하게 나무랐다. 그들은 아이에게 엄격하게 대하고, 잘못은 스스로 책임지게 하는 것이 옳다고 믿고 있었다. "네가 그 장난감을 가져온 거야?" 하고 아빠가 묻자, 조지는 그런 적이 없다고 딱 잡아뗐다. 아빠는 못 믿겠다며 친구에게 전화해서 조지에게 장난감을 가져가도 좋다고 했는지 물어 보겠다고 겁을 주었다. 그러자 조지는 왈칵 울음을 터뜨리면서 친구 몰래 가져온 것이라고 시인했다.

부모는 조지에게 도둑질이 얼마나 나쁜 것인지 일장 연설을 늘어놓았다. "사람들이 도둑질하는 걸 보면 무슨 생각이 드니? 도둑질은 불법이야. 커서도 계속 도둑질하면 감옥에 가게 될 거야." 그러고는 그 후 일주일 동안 친구 집에 못 가게 했다. 급기야는 그 친구에게 전화해서 장난감 훔쳐온 일을 털어놓으라고 몰아세웠고, 전화기 옆에 지키고 앉아 시키는 대로 하는지 지켜보았. 조지는 야단맞는 내내 울었고, 다음날도 하루 종일 침울해 보였다. 다음 주에 친구 집에 놀러간 조지는 또 장난감을 훔쳐왔다. 이번에는 가방 속에 꽁꽁 숨겨서 방에 몰래 감추었다. 부모는 그 사실을 까마득히 몰랐다. 조지는 그 뒤로도 우울한 기분이 들 때면 남의 물건을 훔쳤다. 부모는 경찰이 찾아와 아들이 절도죄로 체포되었다는 말을 전하기 전까지는 그 사실을 전혀 몰랐다.

부모와 친근한 관계를 맺고 있다면, 아이는 보다 쉽게 잘못된 행동에서 벗어날 수 있다. 어떤 경우든 강압적인 방법보다는 사랑의 규제로 다가가는 것이 바람직하다. 강압적인 태도를 보인다면 아이는 자기에게 가혹하게 대하는 부모의 모습을 그대로 모방하려 들 것이며, 그 결과 스스로를 불행하게 만들고 싶은 욕구만 점점 강해질 것이다.

상담사례

친구 장난감을 몰래 가져오는 아이

여섯 살인 에단이 친구 집에서 친구의 허락도 없이 장난감을 가져왔다. 우리와 육아 상담을 해온 에단의 부모는 새 장난감이 어디서 났느냐고 자상하게 물었다. 처음에 에단은 친구가 준 것이라고 우겼지만, 부모가 계속 애정 어린 태도로 반복해서 묻자 자기 잘못을 인정했다. 에단의 부모는 "남의 물건에 손대면 안 된다는 거 우리 에단도 잘 알고 있지?"라고만 얘기했다. 엄마는 아이에게 학교에 가자마자 친구에게 장난감을 돌려주라고 말했다.
그러나 에단은 눈물을 흘리면서 친구에게 장난감 가져온 사실을 털어놓기가 싫다고 말했다. 아빠는 장난감을 돌려주면 오히려 친구가 안심할 것이며, 화를 낼 것 같지는 않다고 말해 주었다. 아빠는 에단을 꼭 끌어안아 주면서 "우리 에단이 자기 잘못을 잘 알고 있구나" 하고 속삭였다. 에단은 한숨을 내쉬면서 고개를 끄덕였다. 에단은 얼마 지나지 않아 아빠에게 함께 놀아 달라고 말했고, 아빠는 흔쾌히 응했다. 다음날 에단은 친구에게 사과했고, 그 다음부터는 다른 사람의 물건에 손대는 일이 없었다.
에단의 부모는 사랑의 규제로 대하면서 허락 없이 남의 물건을 가져와서는 안 된다는 생각을 에단에게 분명히 심어 주었다. 그들은 건설적이고 실현 가능한 방법으로 문제를 해결하도록 아이를 도와주었으며, 충동적인 행동을 했더라도 에단을 향한 부모의 사랑과 존중의 마음은 변함없다는 것을 분명히 보여주었다.

•••이보 전진, 일보 후퇴

　내적 불행을 가진 아이들이 말썽을 피울 때 역시 사랑의 규제로 다가가야 한다. 성급한 부모들은 빗나간 행동을 하는 아이에게 다정하게 대해 봤자 아무런 효과도 거둘 수 없을 거라고 잘못 생각한다. 그러면 아이들은 자기도 모르는 사이에 불쾌한 경험을 하고 싶다는 욕구를 발전시키며, 그 때문에 일보 전진, 이보 후퇴할 수 있다.

　이때 부모는 아이가 행복을 향해 두 걸음 더 전진할 수 있도록 도와주어야 하며, 불행 쪽으로 일보 후퇴하지 않도록 관심을 기울여야 한다. 이런 노력을 기울이지 않는 부모들은 아이가 부정적인 반응을 보이면 깊이 낙담하는데, 이는 아이의 행동을 더 나빠지게 할 뿐이다.

　사랑의 규제를 적용했는데도 아이들의 행동이 빠른 시일 안에 개선되지 않으면 부모들은 조급해지게 마련이다. 부모들은 아이들이 자기 스스로 조절할 줄만 알면 성가신 행동을 하지 않을 것이라고 생각한다. 다시 말해 아이가 마음만 먹으면 물어뜯거나 음식 투정도 하지 않고, 선생님 말씀도 잘 듣게 될 것이라고 생각한다. 이처럼 아이들이 스스로를 조절할 줄 안다고 생각하는 부모들은 아이가 반사회적이고 자학적인 행동에 매달리는 것은 고집이 세기 때문이라고 여긴다.

　하지만 아이들은 절대 자기에게 해로운 행동이나 사회적으로 용인될 수 없는 행동을 스스로 선택하고 싶어하지 않는다는 점을 염두에 둘 필요가 있다. 다섯 살 난 한 아이는 단호한 어조로 "내 머리가 말썽부리라고 시켰어요. 난 시키는 대로 한 것뿐이에요"라고 말했다. 아이들은 자기도 모르는 사이에 불행해지고 싶다는 욕구에 사로잡혀 빗나간 행동을 저지르는

기쁠 때 적대적인 행동을 하는 아이

여덟 살 난 코니가 자꾸만 어린 남동생을 괴롭히자, 부모가 상담을 청했다. 우리는 코니가 좋아하는 놀이를 스스로 선택할 수 있도록 아이의 하루 일과를 조정해 보라고 부모에게 권했다. 그리고 코니와 동생에게 똑같이 대하라고 했다. 하지만 부모가 코니의 요구를 늘 들어주자, 코니는 주먹을 휘두르면서 새로 맛보게 된 기쁨에 부정적인 반응을 보였다.

애석하게도 코니의 부모는 아이가 조금도 나아지는 것 같지 않자, 사랑의 규제도 별 효과가 없다고 결론 짓고는 아이가 동생을 때릴 때마다 제 방으로 쫓아버렸다. 그러자 코니는 동생에게 "못된 놈"이라며 욕을 해댔다. 동생에 대한 적대감은 갈수록 심해져서 코니는 틈만 나면 동생을 괴롭히려 들었다. 얼마 지나지 않아 둘 사이는 그 어느 때보다 더 나빠졌다.

우리의 조언대로 부모는 벌주기를 그만 두고 다시 사랑의 규제를 쓰기로 마음먹었다. 그들은 코니가 자신을 불행하게 만들고 싶다는 무의식적인 욕구 때문에 동생과 평화로운 시간을 가지게 될 때마다 동생에게 욕을 하거나 손찌검을 하는 것이라는 사실을 받아들였다. 그리고 아이들끼리만 같이 보내는 시간이 없도록 주의를 기울였다. 또한 코니가 공격적인 행동을 보이더라도 아주 심한 경우가 아니면 지나친 반응은 삼갔다.

그렇게 하자 아이들 사이가 점차 좋아졌다. 석 달 후 아빠가 방에서 나가면서 아이들끼리만 남겨두지 않으려는 생각에 평소처럼 동생을 데려가려고 하자, 코니가 큰 소리로 "아빠, 괜찮아요. 우리 잘 놀 거예요. 오늘은 동생을 때리고 싶은 마음도 없는 걸요" 하고 말했다. 딸이 진심에서 하는 말이라는 걸 확신한 아빠는 "훌륭하구나. 하지만 언제라도 생각이 달라지면 아빠를 불러라. 알겠지?" 하고 말했다. 코니는 고개를 끄덕였고, 아빠가 옆방에 있는 동안 둘은 사이좋게 놀았다.

것이다. 그러므로 아이들이 단지 충동에서 벗어나겠다고 결심한다고 해결되는 일이 아니다. 그건 마음의 괴로움을 안고 있는 성인들이 급한 성미나 과식하는 습관을 고치지 못하는 것과 같다.

아이들이 손가락을 빨거나 물건을 훔치거나 학교 가기 싫어할 때가 있다. 이때 부모들이 화를 내면서 아이의 요구를 거절하고, 아이 물건을 뺏거나 벌을 준다면, 아이들은 부모의 이해를 받지 못한다고 느껴 결국 내적 불행만 점점 커지고 잘못된 행동에 빠지고 싶은 욕망만 강해질 것이다. 빗나간 행동을 할 때마다 아이가 좋아하는 놀이를 못하게 막는다면, 아이는 부모에게서 점점 멀어질 것이다. 학교 가기 싫어하는 아이에게 전화기를 못 쓰게 할 거라고 위협하면, 아이는 마지못해 학교에 다시 다니기는 할 것이다. 그러나 부모의 진정한 목적(아이가 스스로 마음을 움직여 즐겁게 학교 생활에 적응하는 것)을 거두지는 못할 것이다. 사랑의 규제를 적용하는 부모라면, 아이가 학교에 빠지려는 이유가 무엇인지부터 알아내려고 애쓸 것이다.

상담사례
학교 가기 싫어하는 아이

중학교 2학년인 캐리가 학교에 가지 않겠다고 했다. 부모가 학교에 가라고 윽박질러도, 아이는 왜 학교에 가기 싫은지 이유를 설명할 수가 없었다. 부모는 친구들의 충고를 따라 딸이 좋아하는 저녁 외출을 금지시켰다. 캐리는 부모의 말을 묵묵히 따랐지만, 부정적인 태도는 전과 다를 바 없었다. 친구들은 계속해서 외출 금지령을 풀지 말라고 말했지만, 캐리 부모는 가혹한 처벌을 내릴 경우 역효과만 날 뿐이라는 사실을 직감적으로 알아차렸다.

부모가 우리에게 상담을 청해 왔을 때, 우리는 캐리가 학교에 빠질 때 벌을 주지 말고 대신 아이의 부정적인 감정을 진정 이해하고 싶다는 태도로 아이에게 다가가라고 제안했다. 그들은 학교 생활에서 걱정되거나 불쾌한 일이 있었는지 캐리에게 물어 보았다. 그러나 캐리는 아무 문제가 없다고 했다. 부모는 다시 캐리에게 학교는 중요한 곳이며 꼭 가야 하는 곳이지만, 혹시 캐리가 괴로워할 만한 일이 생겼다면 꼭 듣고 싶다고 말했다.

그런데도 캐리는 계속해서 아무 문제도 없고 단지 '지루해서' 그런 것뿐이라고 고집했다. 한 가닥 실마리를 잡은 부모는 어느 과목이 가장 지루한지 물어 보았다. 캐리는 스페인어 수업 시간이 가장 싫다고 하면서 "스페인어 억양을 정확하게 하지 못하겠어요. 수업 시간에 제가 책 읽을 차례가 되면 반 아이들이 모두 비웃어요" 하고 털어놓았다. 이 말을 들은 부모는, 아이들에게 놀림을 당하면 수업은 물론 학교에도 가기 싫을 것이라고 얘기해 주었다. 그러고는 캐리가 하고 싶다면 매일 저녁 몇 시간씩 스페인어권에서 온 친구와 공부할 수 있도록 자리를 마련해 보겠다고 했다. 캐리는 부모의 제안을 받아들였다. 그 후 몇 주가 지나자, 캐리의 스페인어 억양은 물론 학교 출석률도 좋아졌다.

캐리는 부모가 야단을 치거나 제재를 가하지 않자, 부모와 자기 고민을 나누고 싶어했다. 캐리 부모는 접근 방법을 바꾼 덕분에, 딸이 학교에 가기 싫어하는 이유를 찾아내 문제를 해결해 주고 싶어하는 마음을 확실하게 아이에게 전할 수 있었다.

부모는 아이가 건설적인 기쁨을 맛보고 싶어하도록 보살펴 주어야 하며, 아이에게 올바른 행동을 강요해서는 안 된다. 이것이 바로 스마트 러브다. 내적 불행을 가진 아이는 건설적인 기쁨을 통해 행복을 찾아 나갈 수 있게 될 때 서서히 긍정적으로 변화한다. 제재를 가하거나 벌을 주겠다고 위협해서 될 일이 아니다. 그러므로 스마트 러브는 '엄격한 사랑'과 상반된다. 엄격한 사랑에 대해서는 8장에서 자세하게 다룬다.

내적 불행을 가진 아이에게 보상을 주지 말라

아이가 말썽을 피울 때 부정적인 반응을 보이지 않았던 것과 마찬가지로, 부모들은 아이가 보다 건설적으로 행동하도록 이끌기 위해 보상이라는 방법을 써서는 안 된다. 자칫 잘못하면 아이들이 특정 목표를 이루기 위해 부모를 제 마음대로 이용하려 들 수도 있기 때문이다.

이때 보상은 오히려 좋지 않은 영향을 미칠 수 있다. 보상도 엄밀한 의미에서 보면 강제적인 성격을 띤다. 보상을 주다 보면 아이 스스로 훌륭한 선택을 하고 그 선택을 잘 지켜 나갈 수 있다고 스스로 깨달을 수 있는 기회를 빼앗게 된다. 보상의 유혹에 이끌린 아이는 오로지 보상에만 관심을 두어, 얼마든지 스스로 선택할 수 있는 능력이 있는데도 그 능력을 발휘하고 싶어하지 않는다.

예를 들어 화학 과목에서 A를 받으면 상을 주겠다고 약속했다고 하자. 이때 아이는 과학에 대한 사랑을 발전시키지 못할 것이다. 아이에게 보상을 약속할 때, 오히려 아이가 평소 관심 있어 하던 교과목 성적이 떨어지는 경우가 허다하다. 게다가 보상을 주는 행위는 아이에게 알게 모르게 징벌을 내리는 것이나 마찬가지다. 보상을 주겠다는 약속에 이끌렸던 아이는 좋은 성적을 거두지 못했을 경우 벌을 받았다는 생각이 들어 마음의 상처를 입기 때문이다.

수학을 싫어하는 아이

3학년인 조가 유독 수학을 어려워하자, 걱정이 된 부모가 상담을 청했다. 우리는 부모가 수학 숙제를 도와주었으면 하는지 아이 의견을 물어 보라고 제안했다. 아이는 그럴 필요까지는 없다고 말했다. 조의 부모는 "좋아. 하지만 마음이 바뀌면 언제든 말하렴. 우리가 도울 수 있는 데까지 열심히 도와줄게" 하고 말해 주었다. 그 뒤로 몇 주가 흘렀다. 우리와 상담을 진행하면서 조의 부모는 조급한 마음을 가지지 않게 되었다.

어느 날 저녁식사 시간에 조가 "곱셈과 나눗셈을 어떻게 해야 하는지 도무지 모르겠어요. 난 그딴 거 배우기도 싫은데……" 하고 말했다. 조의 부모는 자기들이 조금만 도와주면 훨씬 더 재미있어질 거라고 얘기해 주었다. 그러자 조는 "내가 천재라도 수학은 좋아할 것 같지 않아요. 하지만 정 도와주고 싶으시다면 그렇게 하세요" 하고 말했다.

조의 부모는 번갈아 가며 아이 곁에 앉아 문제 푸는 것을 도와주고 이해할 때까지 자세히 설명해 주었다. 첫날 저녁, 세 번째 문제를 풀고 난 뒤 무척 낙담이 된 조는 "더 이상은 못하겠어요. 아빠나 하세요" 하고 말했다. 아빠는 "그럼 좋아. 아빠가 너 대신 나머지 문제를 풀어 줄게. 하지만 아빠가 제대로 하는지 지켜봐야 해. 풀이 과정을 큰 소리로 얘기할 테니까 잘 들어 보렴" 하고 말했다. 조는 아빠 말대로 집중해서 들었다.

그 다음 날 저녁에는 엄마의 도움을 받아 문제를 거의 다 풀었고 마지막 남은 한 문제만 엄마에게 대신 해달라고 했다. 셋째 날에는 부모의 도움을 받으면서 모든 문제를 스스로 풀어냈다.

몇 달이 지나자, D였던 수학 점수가 B로 껑충 뛰었다. 그 다음부터는 누가 도와주지 않아도 저녁식사 후 혼자 수학 숙제를 했다. 뿐만 아니라 숙제를 다 할 때까지 꼼짝하지 않고 집중해서 했다. 조는 필요할 때면 언제나 스스럼없이 부모에게 도움을 청했다. 부모는 조에게 보상을 약속하는 대신 수학을 잘하게 될 때 어떤 기쁨을 맛보게 되는지 스스로 느끼도록 격려해 주었다. 조는 수학 성적이 향상된 것에 뿌듯해했고, 성적을 올리고 싶은 마음이 들도록 도와준 부모에게 고마워했다.

내적 불행을 가진 아이를 보살피는 지침들

* 스스로 불행하다는 생각에 사로잡혀 있고 성격이 까다로운 아이들도 행복하고 충족된 경험을 원한다. 이 점을 늘 염두에 두자.
* 언제든 열려 있고 격려해 주는 자세로 대하자.
* 아이에게 건설적인 기쁨과 긍정적인 동일시 경험을 할 수 있도록 기회를 주자.
* 어떤 아이든 즐거운 경험 앞에서 부정적인 반응을 보일 수 있다는 사실을 이해하자.
* 부정적인 영향을 끼치지 말자.
* 사랑의 규제를 사용하자.
* 벌주지 말자.
* 보상을 약속하지 말자.

인류의 행복은 부모에게 달려 있다

스마트 러브로 다가간다면 아이들은 자기가 지닌 잠재력을 최대한 발휘하게 될 것이며, 그 과정에서 행복을 경험하게 될 것이다. 인류의 삶의 질은 사물의 본질에 대한 눈부신 발견이나 기술 혁신 때문에 향상되는 것이 아니다. 가장 위대한 진보는 세대를 거듭하면서 부모들이 저마다 사랑과 직관으로 아이들에게 지속적인 내적 행복을 가져다 주고, 그 아이들이 다른 사람에게 사랑을 베풀 줄 아는 유능한 개인으로 성장할 때 비로소 이루어진다.

육아 능력은 지식이나 교육, 부에 좌우되는 것이 아니라 아이들의 성장 욕구를 충족시켜 주기 위해 부모가 얼마나 섬세한 손길로 보살펴 주는가에 달려 있다. 부모의 보살핌을 받으며 자라난 아이들은 성인이 되어서도 반사회적인 행동이나 탐욕, 자기 중심주의, 자학에 빠지지 않는다. 그들은 이미 어떤 상황에서도 흔들리지 않는 내적 행복과 자기 능력에 대한 확신을 가지고 있기 때문에 다른 사람을 행복하게 하고 세상을 더 안전하고 유쾌한 곳으로 만들어 나갈 것이다.

4장

첫 돌까지의
아이와 스마트러브

갓난아기들이 자기 자신 이외에는 아무것도 모른 채 세상에 태어나는 것은 아니다. 모든 아기들은 인간 관계에 대해 낙천적인 태도를 지니고 세상에 태어난다. 아기들은 태어나면서 본능적으로 부모를 사랑하고, 부모를 닮고 싶어하며, 자기가 무척 사랑스러운 존재여서 언제든 필요할 때마다 부모가 사랑과 관심으로 대해 줄 것이라고 확신한다. 아기들은 부모가 모든 걸 경험하게 해준다고 믿으며, 그 경험들이 모두 이상적이라고 여긴다. 보살핌을 받고 싶어할 때 부모가 사랑으로 대해 주면, 아기들은 부모가 베푼 대로 먹고 느끼고 보고 지각한다. 매 순간 아기의 욕구에 긍정적으로 대한다면, 아기는 태어나면서 본능적으로 기대해 왔던 이상 세계가 현실과 잘 조화된다고 느낀다. 아기는 행복하고 소중한 삶으로 나아가는 여정의 첫발을 무사히 내디딜 것이며, 고통스러운 경험에 시달리고 싶어하지 않는다.

출생 후 며칠, 또는 몇 주 동안 부모는 아기가 천성적으로 타고난 낙천적 기질이 현실에 튼튼하게 뿌리내릴 수 있도록 도와주어야 한다. 이는 아이를 알아 나가기 시작하는 첫걸음이며, 이 과정에서 아기를 행복하게 만드는 일에 능숙해지게 된다. 모든 아기들은 부모에게서 무조건적인 사랑을 받을 수 있다고 믿으며, 저마다 다른 보살핌을 통해 편안함을 느낀다. 어떤 아이는 엄마 어깨 너머로 세상을 내다보기 좋아하는가 하면, 또 다른 아이는 엄마 품에 안겨 행복해하고 즐거워한다. 아기를 편안하고 기쁘게 해주는 법을 알아 가면서 부모도 자기 능력에 대해 확신하게 되며, 자신의 욕구를 반영하여 원하는 방향으로 아이를 돌볼 수 있다고 믿게 된다.

아이에게 울음은 어떤 의미인가

스마트 러브로 대한다면 갓난아기가 타고난 낙천적 기질을 잃지 않도록 보살펴 줄 수 있다. 부모와의 관계에서 즐거움을 느낀다면, 아기는 가장 효과적으로 불편과 욕구 불만을 이겨낼 수 있다. 심각한 육체적 고통에 시달리지 않고 성장 욕구가 제대로 충족된 영아들은 생후 2~3주가 되면 그리 자주 보채지 않는다. 이 시기 아기들의 눈물은 도움이 필요하다는 신호다.

갓난아기들이 불편함을 느낄 때는 즉시 부드럽고 긍정적인 태도로 보살펴 주어야 한다. 그럼에도 그 중요성을 잘 모르는 부모들은 불편한 느낌

(배가 고프거나 외부로부터 강한 자극을 받았거나 지치는 등)이 들어도 울어서는 안 된다고 무심결에 아기에게 가르치려 든다. 하지만 칭얼거리는 아기를 번번이 무관심하게 내버려둔다면 아기는 고통스런 순간에도 도움을 받을 수 없다는 생각에 불행한 느낌이 들 것이며, 그때마다 더 강렬하게 숨이 넘어갈 듯이 울어댈 것이다.

아기가 칭얼거리며 보채는데도 아무런 보살핌을 받지 못한다면 결국 소극적인 성격으로 자라날 수밖에 없다. 아기는 부모가 자기에게 고통을 주고 싶어하므로 불행이 더 바람직한 것이라고 믿게 되는 것이다. 소화불량이나 감기, 이갈이 등은 부모도 어쩔 도리가 없는 경험들이다.

그러나 흔히 하는 말처럼 "실컷 울게 내버려두라"는 충고를 따를 경우, 아기들은 치유되기 힘든 감정적 고통을 겪게 된다. 울도록 내버려진 아기들은 무력감에 시달린다. 갓난아기가 왜 우는지 이유를 정확하게 알 수 없을 때에도 언제나 변함없는 사랑으로 대해 준다면, 일상생활에서 어려움을 겪더라도 아기의 내적 행복만은 다치지 않을 것이다. 아기는 언제든 부모의 다정한 보살핌을 받을 수 있기 때문이다.

칭얼거릴 때마다 안아서 어르고 달래 주다 보면 아기들이 감정적으로 너무 민감해져서 욕구 불만을 이겨내지 못하게 되며, 울기만 하면 관심을 받을 수 있다고 생각할 거라고 걱정하는 사람들이 많다. 그러나 아기가 숨이 넘어갈 정도로 울어대는데 '아이를 위한답시고' 마냥 내버려두는 것이 얼마나 가슴 아픈 일인지 경험해 본 부모라면 누구나 안다. 일부러 무관심하게 대하면 아기에게 도움이 되기는커녕 해만 될 것이라는 말을 들을 때, 오히려 마음이 편해질 것이다.

갓난아기들이 우는 이유는 크게 두 가지다. 첫째, 아기들은 배가 고프거나 졸리거나 놀라거나 아프거나 외부로부터 강한 자극을 받았을 때 칭얼거린다. 둘째, 아기들은 부모가 자기의 고통을 알고 있으면서도 오히려 자기를 고통스럽게 만들고 싶어한다고 여길 때 울음을 터뜨린다.

그러나 부모가 달래 주면, 아기는 부모가 자기를 행복하게 해주고 싶어한다고 느끼게 된다. 부모가 늘 자상하게 대해 준다면, 그 아기는 자라나면서 어떤 어려움에 부딪치더라도 자부심과 자기 확신에 의지하여 극복해 나갈 수 있다. 어릴 적 울음을 터뜨릴 때마다 사랑스럽게 자기를 감싸주던 부모의 모습을 따라하면서 이런 능력을 키워 가게 되는 것이다. 아기는 상실감이 아닌 풍부한 사랑을 경험하면서 쾌활한 아이로, 그리고 성인으로 성장하게 된다.

우는 아기를 편안하게 해주기 위해 늘 자상하게 돌봐주는 것, 그것이 바로 스마트 러브다. 아기는 아직 미성숙하므로 칭얼거리거나 울음을 터뜨리는 것 말고는 달리 불행한 감정을 표현할 길이 없다. 아기가 성가신 요구를 해대면서 부모를 제 마음대로 부리려 들더라도, 마치 "엄마, 아빠의 도움이 필요해요"라고 또박또박 말하는 것처럼 여기면서 우는 아기를 보듬어주자. 부모가 최선을 다해 아기를 행복하고 편안하게 해주면, 아기 역시 자기를 소중하게 대할 것이다.

이처럼 부모가 늘 자상한 태도로 대해 주면 아기가 불행해지고 싶다는 욕구에 휩싸이지 않도록 도울 수 있으며, 아기의 감정을 다치지 않게 보살필 수 있다. 아기를 위해 부모가 선사해 준 내적 행복은 육체적·사회적·지적 발전 수준을 향상시킨다.

그러므로 처음에 정해 놓은 대로 엄격하게 대하라거나, 너무 애정을 베풀면 아이 버릇만 나빠진다고 걱정하는 따위의 충고들에 귀기울이지 말자.

서구 사회에서는 아이들이 천성적으로 반사회적이어서 교화될 필요가 있다는 생각이 오랫동안 지배적이었다. 하지만 아이들은 사회적 기질을 갖고 태어난다. 태어날 때부터 관계를 통한 기쁨을 추구한다는 것이다. 갓난아기와 단 둘이서만 보내는 시간이 많으면 걱정스런 마음이 들기도 할 것이다. 하지만 아기가 부모를 동경하고 신뢰하는 마음을 처음부터 안고 세상에 태어난다는 사실을 안다면 마음이 놓일 것이다. 부모들은 도무지 갓난아기를 달랠 길이 없어 당황하는 때가 한두 번이 아니다.

그러나 아기는 일부러 부모를 화나게 하거나 제 뜻대로 해보려는 의도에서가 아니라 불편함 때문에 울음을 터뜨리는 것이다. 이 사실을 알고 있다면 아기를 늘 편안하게 해주고 불행이나 실패에 노출되지 않도록 끊임없이 노력해야 할 것이다.

상담사례

도무지 달랠 길 없는 아이

6주 된 아기를 둔 젊은 부부가 우리에게 조언을 청해 왔다. 아기는 하루에도 서너 번씩 심하게 짜증을 부리며 도무지 달랠 수 없을 정도로 격하게 울어댄다고 했다. 엄마가 젖도 물려 주고 트림도 시켜주고, 기저귀도 살펴보고, 안아 올려 흔들어 주면서 자장가도 불러 주었지만, 그 어느 것도 소용이 없다는 것이다. 걱정이 되어 아기를 소아과에 데려가 보았지만, 의사는 아무 이상이 없다고만 말했다. 아기는 잠도 충분히 자고 먹기도 잘 먹으며, 정상적으로 성장하는 중이었다.

답답해진 부모는 책도 사서 읽어 보았지만, 그 책에 따르면 그들의 아기는 태어날 때부터 성을 잘 내는 기질을 타고났기 때문에 그대로 내버려두는 수밖에 달리 방법이 없다는 것이었다. 젊은 부부는 자기들의 무력함에 참담한 기분이 들었고, 아무리 달래도 울음을 멈추지 않는 아기에게 화가 나기도 했다. 우리는 계속 울어대는 아기를 달래기 위해 그동안 애써 온 부모에게 찬사를 보냈다. 아기 부모는 주위 사람들로부터 "울게 내버려두라"는 충고를 자주 들었지만 그 말을 따르지 않았다. 아기의 불행을 달래 주기 위해 아낌없는 노력을 기울였고, 아기가 불편한 느낌이 들면 언제나 부모가 사랑스런 태도로 원하는 것을 채워 줄 테니 안심해도 된다는 것을 아기에게 보여주었다.

두 시간 동안 그 부부가 아기 돌보는 모습을 지켜보면서 우리는 이 부부가 갓난아기에게 너무 마음이 사로잡힌 나머지 아기를 지나치게 자극한다는 것을 알아차렸다. 잠자는 아기를 깨워 계속 말을 붙이는가 하면 공중에 번쩍 들어올리고, 연신 옷매무새를 고쳐 주었다. 첫아기를 가진 부모들이 대부분 그렇듯, 이 엄마와 아빠도 아기가 사랑스러워 어쩔 줄 몰랐고, 아기를 즐겁게 해주고 싶은 마음에 마냥 놀아주고 싶어했다.

그러나 아기가 실컷 자고 일어났을 때는 아기를 바로 들어올리지 말고 몇 분 동안 깨어 있는 걸 즐기도록 가만 내버려두는 것이 좋다. 또한 아기를 안고 있는 동안에는 아래위로 흔들지 말아야 한다. 되도록 아기를 움직이지 말고 아빠 등 너머로 주위를 둘러보게 하거나 한쪽에 덮개가 달린 요람에 뉘어 놓는 등 안정된 자세를 유지시켜 주는 것이 좋다. 아기들은 부모가 자기를 사랑해 준다는 믿음을 가지고 태어나므로 부모가 끝없는 사랑과 관심으로 느긋하게 대해준다면, 그 믿음을 고이 간직하면서 세상에 대해 자신감을 가지게 될 것이다.

2주 후 아기 부모가 다시 우리를 방문했다. 그들은 놀랍게도 아기가 이제 더 이상 심하게 울거나 보채지 않는다고 말하며 기뻐했다. 아기는 언제나 흡족한 상태를 유지했고, 부부 역시 바라던 대로 아이 키우는 것을 즐길 수 있게 되었다. 몇 달 후 다시 만났을 때, 아기는 웃기도 잘 하고 낯도 가리지 않았으며 자신감 있는 모습이었다. 그 부부 역시 아기의 욕구를 이해하고 보살피는 일이라면 이제 전문가가 다 되었다며 뿌듯해했다.

◦◦◦ 부모를 마음대로 다루고 싶어 우는 게 아니다

아기들이 부모를 제 마음대로 다루고 싶어서 우는 게 아니라는 사실을 늘 염두에 두어야 한다. 사랑으로 대하면 흔히 걱정하듯 고집쟁이가 되는 것이 아니라 올곧은 성격으로 자라게 할 수 있다. "제 마음대로 다루고 싶어 한다"는 말은 아기들에게 적용되는 표현이 아니다. 아기들은 괴로운 감정이 들거나 부모의 사랑 어린 보살핌을 받을 수 없다고 생각할 때 울음을 터뜨릴 뿐이다. 우는 아이에게 화를 내거나 무관심한 태도를 보이면, 아이는 불행한 느낌이 들 때에도 부모를 찾지 않을 것이다. 또한 성인이 되어서도 불행한 느낌이 들 때 그 누구 하나 자기를 사랑해 주는 사람이 없다는 생각에 슬픔과 실망감에서 헤어 나오지 못할 것이다.

어린아이의 행복이 부모의 손에 달려 있다는 사실을 늘 기억하자. 애정 어린 관심을 마음껏 쏟는다면, 아이는 평생 동안 행복한 감정을 간직할 것이며, 실망과 좌절의 순간이 오더라도 잘 이겨낼 수 있다.

아기 돌보는 일이 힘겨울 때, 부모들은 아기 달래는 방법들을 찾아본다. 한 예로 많은 부모들이 갓난아기를 목욕시키느라 애를 먹는다. 아기들이 물 속 깊이 가라앉는 느낌을 싫어하기 때문이다. 이때 아이를 최대한 행복하게 만들어 주는 것이 스마트 러브다. 목욕을 즐길 수 있을 만큼 자라기 전까지는 굳이 물에 담그고 씻기지 않아도 된다. 촉촉한 아기용 물수건과 마른 수건으로 얼굴과 엉덩이 부분을 닦아 주면, 아기를 울리지 않고도 얼마든지 깨끗하게 해줄 수 있다.

아이는 수유를 통해 기쁨을 주고받는다

수유 경험은 아기에게 부모에 대한 믿음과 확신을 주며, 부모와 함께 있고 싶어하는 욕망을 키워 준다. 부모 또한 수유를 통해 완전한 기쁨을 경험할 수 있다. 아기는 태어나자마자 젖이나 젖병 빠는 요령을 익히게 되는데, 부모가 먹을 것을 주고 자기 곁에 있어 주는 것에서 즐거움을 느낀다. 아기는 수유 시간 내내 엄마 얼굴을 뚫어져라 바라보면서 웃고 옹알거리고 꼬무락거린다.

부모들은 수유를 통해 아기와 충만한 기쁨을 주고받을 수 있다. 수유 시간에는 큰 아이들의 싸움을 말리거나 손님을 접대하거나 고객에게 전화를 거는 등의 일은 삼가는 것이 바람직하다. 아기에게 젖을 너무 자주 물리는 게 아닌가 하고 걱정할 필요는 없다. 아기가 배가 고파 우는 게 아니더라도 젖을 물린다고 해서 해로울 것은 없다. 배고플 때가 됐다고 생각해서 아기에게 젖병을 물려주었는데도 계속 울기만 한다면, 다른 이유를 찾아보아야 한다. 아기가 감기에 걸렸을 수도 있고, 트림을 하고 싶거나, 졸리거나 자세를 바꾸고 싶어할 수도 있다. 아기가 배가 고파 우는데 먹을 것을 주지 않는다면, 아기는 배고픈 욕구를 충족시키지 못해 무력감을 느끼게 된다. 이 무력감으로 인해 아기는 자기 자신을 가치 있고 유능한 존재로 여겨 왔던 낙천적 믿음을 포기하게 될 것이다.

다음 수유 시간이 될 때까지 아기를 마냥 울도록 내버려두라는 충고는 못 들은 척 무시해 버려야 한다. 배고파서 아기가 울음을 터뜨리는 것은 두 가지 이유에서 불행을 느꼈기 때문이다. 첫째는 배고픈 고통이 불편하고, 둘째는 부모가 자기를 불행하게 만들고 싶어한다는 생각 때문에 고통스러워서 우는 것이다. 아기가 울 때 젖을 물려 주면 아기의 배고픈 고통도 가실 것이며, 부모가 자기를 행복하게 해주고 싶은 마음이 들 만큼 자신이 사랑스러운 존재라고 생각하게 될 것이다.

갓난아기들에게는 배고픔을 채우는 것과 함께, 사랑하는 부모가 자기의 욕구를 충족시켜 주고 싶어한다는 믿음이 필요하다. 아기들은 태어날 때부터 부모가 완벽하게 자기를 돌봐준다고 믿는다. 그러므로 배가 고파 우는 아기를 마냥 울게 내버려둔다면, 부모가 자기를 불행하게 만들고 싶어한다고 생각하게 된다. 계속 그런 경험이 쌓이다 보면, 아기들은 자기 스스로 불쾌한 경험을 하고 싶다는 욕구를 발전시켜 나갈 것이다. 성인들이 자신도 모르는 사이에 불행한 상황에 자기를 빠뜨리는 것은 전적으로 부모가 보살펴 준 방식을 그대로 모방하려는 데서 비롯된 것이다. 부모가 어떤 방식으로 대해 주었든 간에 그 보살핌이 완벽했다고 믿기 때문이다.

••• 이유(離乳)는 아이의 성장 속도에 맞춰라

이유 시기는 문화에 따라, 그리고 생각하는 방식에 따라 조금씩 다르다. 어떤 문화에서는 엄마의 젖이 가장 영양소가 많고 깨끗하기 때문에 늦게까지 젖을 먹고 자란 아이가 더 건강하고 튼튼하다고 생각한다. 반면에 영양분이 풍부하고 안전한 식품들을 얼마든지 구할 수 있는 문화에 살고 있는 사람들이나, 매일 오랜 시간 다른 사람에게 아기를 맡겨야 하는 맞벌이 부부들은 일찍 젖을 떼야 한다고 생각한다.

일반적으로 한 살 미만의 아이들은 한 살에서 두 살 반 시기의 아이들보다 훨씬 적응력이 뛰어나다. 따라서 11개월쯤 되었을 때가 이유 시기로 가장 적당하다. 이때부터 모유를 먹어 온 아기들은 서서히 엄마 젖을 떼기 시작하고, 우유를 먹어 온 아이들은 젖병 대신 컵에 우유를 따라 먹이는 것이 좋다. 한 살이 지난 후에도 엄마 젖을 달라거나 젖병을 달라고 요구하는 아이들이 있지만, 새로 산 예쁜 컵을 보여주면 금세 마음이 끌릴 것이다.

이유 시기를 언제로 정하든 아이의 성장 속도에 맞춰 서서히 진행하는 것이 중요하다. 잠에서 금방 깨어나서도 기분이 좋고 말똥말똥한 눈으로 주변을 둘러보는 아기라면, 아침 시간에 젖이나 젖병 대신 컵에 우유를 따라줘 보자. 이런 아이들은 해질 무렵이 되면 몹시 지치게 마련이므로 편온하게 잠들 수 있도록 보살펴 준다. 그런가 하면 아침잠이 많고 눈뜨자마자 부모에게 안아 달라고 칭얼거리는 아기들도 있다. 이런 아이들은 엄마 젖이나 젖병을 어서 물려 주었으면 하고 바라는데 엄마가 컵을 들이민다면 왈칵 울음을 터뜨릴 것이다. 이런 아기들에게는 오히려 점심 시간이나 저녁 시간을 택해 시도해 보는 것이 좋다.

주위에서 "일단 젖을 떼고 컵에 담아줘 보세요. 처음엔 울겠지만 얼마 지나지 않아 컵을 받아들이게 될 거예요"라고 충고할 수도 있다. 그러나 이런 충고는 아이의 감정을 무시한 채 어떻게 아이를 길들일 것인가에만 역점을 둔 것이다. 이처럼 억지로 컵에 길들이려 하면, 아이는 성장하는 것 자체가 고통이며, 부모가 자기를 불행하게 만들고 싶어한다고 여길 것이다. 그러나 아이가 자연스럽게 컵을 받아들일 때까지 기다려 준다면 아이는 부모와의 관계에서 친밀감을 계속 유지할 것이며, 성장하면서 점점 더 자신감을 갖게 되고 명랑해질 것이다.

••• **고형식(solid food) 맛있게 먹이기**

아이에게 고형식을 먹일 때는 특정 음식으로 아이 배를 채워 주겠다는 마음이 아니라, 고형식도 맛있게 먹을 수 있다는 걸 보여준다는 마음으로 임해야 한다. 그러나 부모들은 이를 잊어버리기 일쑤다. 아이들은 저마다 좋아하는 음식이 있게 마련이다. 아기가 비타민에 맛을 들여 비타민을 척척 받아먹는다면, 설령 다른 음식을 밀쳐 버린다 해도 크게 걱정할 필요가 없다. 음식을 먹일 때 즐겁고 자유로운 분위기를 만들어 준다면, 아이는 고형식을 먹을 때에도 긍정적인 태도를 보일 것이다. 그러면서 아이는 자연스럽게 다양한 맛을 즐길 수 있게 된다.

손으로 음식을 집어먹을 수 있을 정도가 된다면 아이에게 항아리 속에 음식을 가득 담아 내밀어 보자. 평소에 갈아 만든 콩 음식을 싫어하거나 부모가 콩을 숟가락으로 떠먹일 때 거부감을 보이던 아이들도 손으로 완두콩을 집어올려 입 속에 쏙 집어넣으면서 재미있어할 것이다.

아이 행복하게 잠재우기

안타깝게도 아이가 잠투정을 부리며 울 때 제풀에 지쳐 잠들 때까지 내버려두라고 말하는 사람들이 많다. 흔히 아이들이 밤에 성가시게 굴어서는 안 된다고 생각하지만, 그것은 어디까지나 비현실적이고 위험한 생각이다. 더 위험한 생각은, 아이가 잠투정을 할 때 부모가 늘 곁에서 달래 주다 보면 아이가 이를 이용하여 점점 더 제 뜻대로 하려 들 것이라고 보는 것이다.

울다 지쳐 잠이 들게 되면, 아이들은 자기가 사랑스럽지 않아서 부모가 자기를 달래 주지 않는 것이라고 결론지을 것이다. 이것은 아이가 좀더 자라났을 때에도 마찬가지다. 울음을 터뜨려도 부모가 관심을 보이지 않는다면, 아이는 잠이 오지 않거나 불행한 느낌이 들 때마다 자기 자신이 미워질 것이다. 그 누구의 도움도 받을 수 없다는 생각이 들면, 아이는 자포자기가 되어 울음을 그치기는 할 것이다.

그러나 아이가 스스로 잠드는 습관을 익힐 때까지 울도록 마냥 내버려 두라고 권하는 사람들은 아이에게 미치는 악영향을 간과하고 있다.

아이가 서서히 잠들 수 있도록 졸린 기색을 보일 때 침대에 미리 눕혀 주자. 울음을 터뜨린다면 아이가 평화롭게 잠들 때까지 곁에 앉아 정성껏 달래 주자.

처음 한 해 동안은 요람을 흔들어 주고, 물을 주고, 등을 쓸어 주느라 아이 곁에서 많은 시간을 보내야 할 것이다. 그런 부모 모습을 보면서 아이는 원하면 언제든 부모의 도움을 받을 수 있고, 혼자서도 기분 좋고 만족스러운 상태로 잠들 수 있다는 것을 알게 된다. 그러다 보면 어느새 아이의 잠투정도 말끔히 가실 것이다. 처음 한 해 동안 꾸준히 정성을 기울인 덕분에 부모도 평화로운 수면을 즐길 수 있게 될 것이다.

수면 부족에 시달리는 부모라면 아이가 울다 지쳐 잠이 들도록 내버려 두고 휴식을 조금이라도 더 취하고 싶을 때가 많을 것이다. 아이 돌보는 일이 얼마나 힘든지 경험해 본 사람이라면 누구나 잘 알고 있다.

그러나 지금 아이에게 관심을 조금만 더 기울인다면, 나중에 훨씬 수월해진다. 아이는 부모가 피곤에 지쳤는지, 조용하고 편안하게 쉬고 싶어하는지 알지 못한다. 그러므로 울다 지쳐 잠이 들도록 내버려둘 경우, 아이는 부모가 일부러 자기를 불행하게 만들고 싶어한다고 믿게 된다. 배고픔을 느낄 때와 마찬가지로 부모가 원하는 이상적인 상태가 바로 불행한 상태라고 믿게 되는 것이다. 아이는 자라면서 부모의 태도를 모방하여 스스로를 불행하게 만들 것이다.

아이의 잠투정은 일시적인 것이며, 우는 아이를 그대로 내버려둘 경우 아이에게 부정적인 영향을 미치게 된다는 사실을 알고 있는 부모라면, 아무리 피곤해도 아이가 편안하게 잠들도록 도와주려고 애쓸 것이다.

성장의 지표 : 아이가 엄마를 보고 웃어요

중요한 성장의 지표 중 하나는 아이가 부모와 함께 하는 기쁨을 소중하게 여긴다는 것이다. 3개월쯤 되면 아이는 엄마 얼굴을 뚫어져라 바라보며 환하게 미소짓는다. 아이는 2~3주 무렵부터 부모의 애정 어린 관심을 받고 싶을 때나 행복하다고 느낄 때면 언제나 미소를 조금씩 머금는다. 그러다가 3개월이 지나면 특정 얼굴을 알아보면서 크나큰 기쁨을 느낀다. 특히 엄마나 아빠에게만 보이는 황홀한 웃음은 부모와 함께 있는 즐거움, 부모의 사랑을 이끌어낸 자기 자신에 대한 만족감의 표현이다.

성장의 지표 : 낯가림

8개월쯤 되면, 아이는 일시적으로 낯가림을 한다. 낯가림을 한다는 것은 곧 다른 사람들보다 부모의 얼굴을 더 좋아하고 잘 알아보는 새로운 능력을 갖게 되었다는 뜻이다. 따라서 낯가림 또한 성장의 지표가 될 수 있다. 아이는 자라면서 자연스럽게 외향적인 성격을 갖게 되고, 낯선 사람들과도 잘 어울린다. 하지만 아직 이 시기에는 낯선 얼굴을 보면 아랫입술을 파르르 떨거나, 부모의 사랑스런 얼굴이 보일 때까지 계속 울어댄다. 아이의 반응을 어른들 기준에 맞춰 잘못 이해한다면 부모는 당혹스러운 나머지 상대방에게 "이가 날 때라 그래요", "지쳐서 그래요" 등 사과를 하거나, 아이에게 그만 하라는 표시로 껴안은 팔에 힘을 꾹 주기도 할 것이다. 심지어는 아이가 너무 부모에게 의존하는 게 아닌가 하는 염려가 들어 앞으로는 특별한 경우가 아니면 아이를 혼자 내버려두어야겠다고 결심하기도 한다.

그러나 아이가 낯선 얼굴을 보고 못마땅하다는 듯한 반응을 보일 때, 부모는 오히려 무한한 기쁨과 자부심을 느낄 수 있다. 부모의 관심 어린 사랑 덕분에 아이는 부모와의 관계에서 가장 큰 기쁨이 생겨난다는 것을 인식하게 된 것이다. 아이는 늘 부모를 찾으며, 부모에게 가장 밝고 화사한 웃음을 지어 보이고, 부모와 함께 있을 때면 좋아서 어쩔 줄 모른다. 가끔 다른 사람에게서 즐거움을 느끼기도 하지만, 그때 역시 부모를 통해 얻는 기쁨을 그리워한다. 아이는 아직 판단력이 미숙해서 부모가 늘 곁에 있다는 사실을 잊을 때가 많으며, 영원히 부모 얼굴을 잊어버리게 될까 봐 두려워한다. 결국 아이는 부모와 단절될까 봐 두려워 울음을 터뜨리는 것이다.

이처럼 아이가 다른 사람에게 불편한 기색을 보이는 것은 그 또래 아이들에게 나타나는 일시적이고 자연적인 현상일 뿐이다. 그 사실을 잘 알고 있는 부모라면 아이가 낯가림을 할 때 즉시 다가가 안심시켜 주는 것이 얼마나 중요한 일인지 알 것이다. 이런 반응을 통해 아이는 부모가 자기를 행복하게 해주고 싶어하며, 어떠한 불행이 닥치더라도 부모의 도움을 받을 수 있다는 본능적인 믿음을 지켜 나갈 수 있다. 부모가 늘 아이를 안심시켜 주려고 노력한다면, 아이는 부모의 사랑과 위로를 받기 위해 점점 더 부모에게 친근하게 다가갈 것이다. 그 덕분에 아이는 스스로를 위로하기 위해 자기 담요에 집착하거나 사람들을 멀리하거나 심하게 울어대는 등의 행동을 하지 않게 된다.

그러다 한두 달이 지나면 아이는 낯선 사람과 마주쳤을 때에도 부모의 존재를 인식하면서 편안함을 느끼게 된다(물론 낯익은 얼굴을 기대하고 있다가 낯선 사람과 마주치면 여전히 주눅들어 하지만). 역설적이게도 아이들은 이러한 성숙 과정을 거치면서 낯가림이 더 심해진다. 부모의 존재 또는 부재에 더 민감해지는 동시에 분리 불안(separation anxiety)이라는 다른 유형의 불안에 휩싸이게 되는 것이다.

성장의 지표 : 분리 불안

낯가림과 분리 불안을 혼동하는 경우가 종종 있다. 그러나 이 둘은 서로 다른 시기에 각기 독특한 양상으로 나타난다. 앞에서 언급했듯이, 낯가림은 8개월쯤에 시작된다. 낯익은 부모의 얼굴을 기대하던 아이가 낯선 사람의 얼굴을 발견하고 충격에 휩싸일 때 낯가림은 시작된다. 한편 분리 불안은 12개월이 다 지나갈 무렵에 생겨난다. 이 시기 아이들은 부모가 자기 곁을 떠나려고 하면 마치 이 세상의 모든 안정과 평온이 깨져 버리기라도 하는 것처럼 반응한다. 아이들은 부모가 방에서 나가기만 해도 분리 불안에 휩싸이며, 잠시 낯익은 주위 어른들에게 맡겨질 경우에도 마찬가지다. 아이들은 부모에게서만 얻을 수 있는 기쁨을 점점 더 소중하게 여기므로 그만큼 더 쉽게 분리 불안에 휩싸인다. 낯가림 시기 아이들은 부모가 잠깐 자리를 비울 때, 예를 들어 욕실에 가거나 다른 방으로 잠시 사라지거나 할 때에는 부모의 부재를 거의 알아차리지 못했다. 그러나 분리 불안 시기에는 아이의 지적 능력이 한층 성숙하여 부모가 단 몇 초만 자리를 비워도 이내 알아채고 울음을 터뜨린다.

어른의 기준에서 아이를 바라보는 부모라면, 아이가 부모의 부재를 참지 못해서 버릇없이 굴고 불안해한다고 결론지을 것이다. 부모들은 아이가 필사적으로 욕구를 표출할 때 어찌할 바를 몰라 당황하기도 하고, 아이가 너무 부모에게 집착해서 독립심을 가질 가망성이 없어 보인다고 선불리 결론짓기도 할 것이다. 아이가 앞으로도 계속 소심하고 의존적인 상태에서 벗어나지 못할 거라고 생각하는 부모들은 좀더 큰 아이들을 대할 때와 마찬가지로 아이를 놀리거나 강압적인 태도를 보이거나 창피를 주려 할 수도 있다. 그러나 꼭 알아두어야 할 것은 아이들의 분리 불안은 일시적인 현상일 뿐이며, 그 나이 또래 아이라면 누구나 분리 불안 시기를 거치게 마련이라는 사실이다.

아이가 분리 불안에 예민해지지 않도록 부모가 사랑으로 보살핀다면,

아이의 내적 자질을 강화시킬 수 있다. 아이가 극도로 예민해져 있을 때에는 잠시 자리를 비울 때라도 "엄마 부엌에 가서 물 마시고 올게. 함께 갈래?" 하고 말을 걸어 주는 것이 좋다. 이렇게 계속하다 보면, 두세 달 후에는 부모가 잠시 다른 방에 가 있더라도 아이에게 불행한 느낌을 주지 않게 될 것이다.

> **상담사례**
>
> ### 한 순간도 떨어지지 않으려는 아이
>
> 우리와 알고 지냈던 엄마들 중에 목욕보다 샤워를 더 좋아하는 엄마가 있었다. 그러나 엄마가 아이에게 물이 튈까 봐 샤워실 불투명 유리문을 닫으려고 하면 11개월 된 아이는 울음을 터뜨렸다. 그럴 때마다 엄마는 아이가 더 가까이 다가와 엄마 모습을 잘 볼 수 있도록 욕조로 옮겨가곤 했다. 아이는 엄마가 목욕하는 동안 욕조 옆에 놓인 깔판 위에 앉아 장난감을 가지고 즐겁게 놀았다. 아이를 울리면서까지 계속해서 샤워를 고집하기보다는 아이를 안심시키려고 욕조를 택한 덕분에 엄마도 훨씬 느긋하게 목욕을 즐길 수 있었다.

아이가 분리 불안에 민감하게 반응한다면, 자주 보모를 바꾸거나 바깥 활동을 늘리지 않는 것이 좋다. 아이가 원할 때 가능하면 언제든 부모의 사랑 어린 관심을 베풀어 준다면, 아이의 성장을 앞당길 수 있다. 이것은 모든 부모들이 꼭 염두에 두어야 하는 스마트 러브다. 부모의 정성 어린 태도가 행복하고, 낙천적이며, 자기 확신에 차 있고, 생산적이며, 자애로운 인간을 만들어낸다는 사실을 잊지 말자.

••• 어른의 눈으로 아이의 행동을 평가하지 말자

앞서 말했듯이, 많은 사람들이 아이들도 어른들처럼 자기 자신을 통제할 수 있다고 잘못 생각한다. 아이들은 분명 육체적·사회적·지적·정서적인 면에서 어른들보다 미성숙한 상태인데도 많은 사람들이 아이들에게 어른들의 도덕적 기준과 사회적 책임감을 기대한다는 것은 놀라운 일이 아닐 수 없다. 부모들은 아기가 혼자서 길을 건너거나 가전 기구의 전원을 켤 수 있다고는 생각하지 않는다. 그런데도 종종 어린아이들이 어른들처럼 이타주의나 자기 규제 능력을 가지고 있다고 생각할 때가 많다. 아이 돌봐주는 사람들도 아이들이 변덕스럽고 충동적이며 의존적이고 지나치게 공격적인 행동을 할 때 아이들에게 도덕적인 책임을 물을 때가 많다. 그런 행동들은 아이들의 미숙함에서 생겨나는 것일 뿐인데도 말이다.

생후 3개월이 넘은 아이가 울음을 터뜨릴 때마다 즉시 반응하다 보면, 아이들이 점점 더 까다로운 요구를 하게 될 것이라고 말하는 사람들이 많다. 최근 날개 돋친 듯 팔려 나갔던 한 육아 서적을 예로 들어 보자. 엄마가 직장에서 돌아오는 그 순간부터 7개월 된 아이가 심하게 까탈을 부린다면, 그 책에서는 다음과 같이 하라고 조언한다.

같은 또래 아이들과 마찬가지로 당신의 아이도 이미 부모 다루는 법을 터득했군요. 훌륭한 여느 엄마들처럼 당신도 아이가 놓은 덫에 제대로 걸려든 셈입니다. 아이는 엄마가 집에 도착했을 때 더 많은 사랑과 관심을 끌기 위해 버림받고 내버려진 희생자인 양 행세하는 것이 가장 좋은 방법이라는 걸 이미 터득했습니다. 어린 나이지만 그 정도는 알아차릴 만큼 영리하지요. 아이는 엄마의 불안감을 이용하고 죄의식을 불러일으켜 자기가 원하는 걸 획득하게 된답니다.

그러나 그 아이는 엄마를 자기 뜻대로 다루려는 게 아니다. 아이는 하루 종일 얼마나 불행했으며, 얼마나 오랫동안 엄마를 기다렸는지 엄마에게 표현하고 싶어한 것일 뿐이다. 아이에게 약삭빠른 동기가 있었다고 보는 저자의 주장은 "영아들은 불행을 가장할 수 없다"는 과학적 근거와도 위배된다. 우리는 이 엄마에게 아이가 제 뜻대로 하려 한다는 느낌을 받게 하거나, 아이에게 냉담한 태도를 보여야 한다고 부추기지 않을 것이다. 오히려 더 따뜻하고 애정 어린 사랑으로 아이를 보살펴 주라고 북돋아 줄 것이다.

일하는 엄마도 세 살까지는 아기 곁에 있어야

첫 아기를 가진 부모라면 두 사람 모두 일을 다시 시작해도 되는지, 그리고 복직한다면 시기는 언제가 적당한지 하는 문제가 가장 마음에 걸릴 것이다. 부모들 중에는 이 문제를 꺼내놓고 토론하기를 꺼리는 이들도 있다. 그러나 우리는 일을 다시 시작하고 싶어하는 부모들, 그리고 아이들이 지속적인 내적 행복을 발전시키도록 도와주어 잠재력을 충분히 발휘하도록 이끌어 주고 싶어하는 부모들을 위해 지침을 제공해야 한다고 생각한다.

아이가 세 살이 될 때까지는 부모 중 한 사람은 늘 아이 곁에 있는 것이 좋다. 그렇지 않고 부모가 모두 전업을 가진다면, 아이는 소외감을 느끼거나 기능 장애를 겪게 될지도 모른다. 그러나 둘 중 한 사람이라도 일하는 시간을 줄일 수 있다면 큰 효과를 거둘 것이다.

••• 아이들에게는 질적 시간만큼 양적 시간도 필요하다

질적 시간(quality time)이란, 부모가 아이와 늘 함께 보낼 수 없는 경우라 하더라도, 아이에게 집중적으로 강렬한 관심을 쏟는다면 함께 보내지 못한 시간을 보상할 수 있다고 보는 관점이다.

이 관점이 일반적으로 받아들여지고 있긴 하지만, 그렇다고 해서 질적 시간이 아이들의 삶의 질까지 높이는 것은 아니다. 아이들에게는 5분이라는 시간이 영원처럼 느껴질 수도 있다. 세 살 미만의 아이들은 부모의 직접적인 행동을 통해서만 부모의 의도를 파악할 수 있다. 그러므로 부모가 모두 아침 일찍 직장에 나갔다가 밤 아홉 시나 그 이후에 퇴근한다면, 세 살 미만의 아이들은 부모가 자기를 사랑하는지, 자기와 함께 있고 싶어하는지 확신을 가지지 못한다. 부모가 보고 싶어질 때마다 아이들은 불행을 경험하며, 부모가 자기에게 그런 느낌을 주고 싶어한다고 느낀 나머지 불행한 느낌을 바람직한 상태로 알게 된다. 다른 사람이 대신 장시간 아이를 돌볼 경우, 세 살 미만의 아이들은 자기를 행복하게 만들지 못해 생겨나는 불안감이나 불행을 내적 행복의 이상적인 상태로 받아들이게 된다. 물론 다른 방식을 통해 자기를 행복하게 만들 수도 있지만, 그 경우에도 아이들은 불쾌감이 곧 내적 행복이라는 잘못된 판단에 사로잡혀 내적 불행을 경험하고 싶은 욕구를 발전시킨다.

부모가 늘 관심과 사랑으로 대할 때, 아주 어린 아이들은 올바르게 자기 가치를 세우게 된다. 부모만이 아주 어린 아이들의 내적 행복을 지켜 줄 수 있으며, 불행에 빠지고 싶은 욕구로부터 보호할 수 있다.

하지만 부모가 자신의 선택과 무관하게 다시 일을 시작할 수밖에 없는

경우가 있게 마련이다. 대부분의 부모들은 출산 후 얼마 지나지 않아 직장에 복귀해야만 한다. 많은 부모들이 갓난아기와 함께 집에 머물기를 간절히 바라지만, 어쩔 수 없이 아기 곁을 떠날 수밖에 없는 실정이다. 이러한 사정은 우리 사회와 문화가 빚어낸 심각하고 파괴적인 결함이다. 세 살 미만의 아이라면 누구나 부모 중 어느 한 명과 하루 대부분의 시간을 보낼 수 있도록 사회 여건을 개선해야 한다. 프랑스나 스칸디나비아권 나라들에서는 이미 영아를 둔 부모에게 생활 보조금을 지급하거나 육아 휴가를 주고 있다. 이 같은 정책을 실행하는 데는 엄청난 비용이 든다.

그러나 우리는 실의에 빠진 사람들을 치유하기 위해 얼마나 많은 대가를 치러야 하는지도 잘 알고 있다. 인간의 본성과 육아에 대한 폭넓은 이해를 바탕으로 아이들을 위해 현 상황을 개선해야 한다고 생각하는 사람들과 부모들의 확고한 노력이 없는 한, 우리 사회에 육아 휴가 제도가 정착되기는 어려울 것이다.

부모들 대부분은 자기 의사와 무관하게 일을 선택할 수밖에 없다. 그러나 세 살 미만의 아이를 둔 부모들 중에도 스스로 맞벌이를 선택하는 경우가 많으며, 심지어는 과중한 사회 활동과 다양한 취미 활동을 위해 집을 비우는 부모들도 있다. 이런 부모들도 자신들의 선택이 어떤 결과를 낳게 될 것인지 깨닫는다면, 더 많은 시간을 아이와 함께 보내려 할 것이다.

••• 아이의 욕구와 일에 대한 욕구를 균형 있게 유지하라

몇몇 부모들을 낙심시킬 수 있다는 걸 잘 알고 있지만, 우리는 아이들을 위해 용기를 내어 말한다. 몇 년 동안 경력을 쌓기 위해 온 시간을 바쳐 온 부

모들은 아이들과 많은 시간을 보낼 경우 성공이 늦어지거나 지장을 받게 될까 봐 두려워한다. 분명 많은 부모들이 일에 흥미를 붙이고 일을 통해 도전을 경험하며, 일에 바치는 시간을 줄이고 싶어하지 않는다. 사람들은 대부분 부모가 모두 전업을 가지더라도, 아이들은 불행을 경험하고 싶다는 욕구에 휩싸이지 않은 채 안정된 내적 행복을 가진 자신만만한 성인으로 성장할 수 있다고 믿는다.

우리는 분명 가사와 육아가 전적으로 여성의 책임이라고 생각하지 않는다. 세 살 미만의 아이를 둔 가정이라면, 부모 중 한 명은 아이에게 확고한 내적 행복과 자신감을 심어 주기 위해 처음 3년 동안만이라도 일하는 시간을 줄이라고 권하고 싶다. 일시적으로 자기 생활을 속박해야겠지만, 인생 전체를 내다본다면 3년은 결코 긴 시간이 아니다. 처음 3년은 쏜살같이 지나갈 것이며, 온통 온화하고 즐겁고 사랑스러운 순간들로 채워질 것이다. 이런 추억들을 놓치고 만다면 안타까움만 남을 뿐이다.

••• 세 살 미만의 아이를 둔 직장인 부모를 위한 지침들

* 부모가 모두 직장에 다닌다 하더라도 아이는 얼마든지 행복해질 수 있다고 말하는 사람들의 말을 믿지 말자. 부모와 함께 보내는 시간만큼 아이에게 더 좋은 것은 없다.
* 세 살 미만의 아이를 둔 부모라면 부부 중 한 명은 풀타임으로 일해야 하는 직장에 다니지 말자.
* 경제적 능력이 있거나 직장을 가지기 전, 혹은 어느 정도 직장 생활의 기반이 잡힌 후에 아이를 낳은 부모라면, 상당한 휴가 시간을 갖는다. 공동 경영자가 있거나 대신 다른 사람을 고용할 수 있는 능력이 있거나 유급·무급 휴직을

낼 수 있을 만큼 경력이 쌓인 사람들을 예로 들 수 있다.
* 가정 생활을 존중받을 수 있고 업무 시간을 자유롭게 선택할 수 있는 직장을 선택하거나 집에서 할 수 있는 일을 찾는다. 아이가 잠자고 있을 때 일을 처리할 수 있다면, 아이에게 한층 더 큰 기쁨을 줄 수 있다.
* 주위에 있는 부모들을 조직하자. 그리고 첫째 고용주들에게 계속해서 육아 휴가의 중요성을 인식시키고, 관대한 정책을 실시할 경우 사원의 작업 능력과 생산성에 미치는 긍정적 효과를 강조하자. 둘째, 이미 많은 나라들에서 시행되고 있는 '사회 모든 영역에 걸친 탄력적 휴가 제도'의 필요성을 대중들에게 알려 나가자. 아이들은 우리의 미래다.
* 경제적인 이유로 계속해서 전업에 종사해야 한다고 생각한다면, 2~3년 동안 절약하면 그럭저럭 생활을 유지해 나갈 수 있는지 곰곰이 따져 보자. 아이들은 화려한 옷이나 큰 마당, 새 차, 값비싼 장난감, 사치스러운 휴가보다는 부모와 함께 더 많은 시간을 보내고 싶어한다.
* 부부가 모두 전업에 종사한다면 업무 시간대를 서로 엇갈리게 배치해 보자. 그러면 두 사람이 번갈아 가면서 아이와 함께 시간을 보낼 수 있을 것이다.
* 여유가 있다면 아이를 집에서 대신 돌봐줄 수 있는 보모를 찾아본다. 부모가 집에 없더라도 한 사람이 계속 안정적으로 돌봐준다면 아이를 안심시킬 수 있다. 이때 아이의 욕구를 가장 잘 충족시켜 줄 수 있는 사람을 찾는 것이 중요하다. 꼼꼼히 살펴본 후에 결정해야 한다. 만약 집안일까지 맡기는 경우라면 세탁이나 요리, 청소보다 아이 돌보기가 최우선이라는 점을 확실하게 해둔다. 또한 최소한 3년 동안 아이를 꾸준하게 돌봐줄 수 있는 사람을 찾는다. 일단 누군가를 고용한 다음에는 아이에게 걱정될 만한 변화가 생겼는지 유심히 살핀다. 갑자기 격한 반응을 보이는지, 음식 투정이나 잠투정을 하는지, 연신 고개를 끄덕이거나 머리카락을 잡아당기는 등의 퇴행적인 행동을 보이는지, 예전보다 웃음이 줄어든 건 아닌지 잘 살펴본다. 위험한 징조가 보인다면 서둘러 다른 사람으로 바꿔야 한다. 그래도 좋아지지 않는다면, 잠시 직장을 쉬면서 아이를 돌봐주어야 한다.
* 부부가 전업에 종사하고 있고 집안에서 양질의 보살핌을 제공하지 못한다면, 보모의 이직률이 낮고 보모당 아이수의 비율이 좋은 놀이방을 찾는다. 보모의

자격 요건을 살펴보고, 다른 부모들의 추천도 받아보고, 직접 방문해서 둘러본다. 등록 후에는 아이의 감정이나 행동에 심각한 변화가 생기지 않는지 주의 깊게 본다. 행동의 변화가 생긴다면, 다른 곳으로 옮겨야 한다.
* 아이가 세 살 미만인데도 부모가 모두 꼭 일을 나가야 한다면, 아이와 보내는 시간을 최대한 활용하여 아이에게 스마트 러브를 해주자.

••• 일하는 부모들이 아이들과 보내는 시간을 최대한 활용하는 방법

출근 시간에 아이가 부모에게 다가오려 하지 않거나 떨어지지 않으려고 심하게 매달린다면 무척 실망스러울 것이다. 게다가 퇴근해서 돌아왔더니 아이가 부모를 본 척 만 척하거나 대뜸 울음을 터뜨리는가 하면 잠자리에 들기 전까지 내내 까다롭게 행동할 수도 있다. 그러나 아이가 부모의 사랑과 관심을 받기 위해 화를 내기도 하고 무심한 척하기도 하고 울음을 터뜨리기도 한다는 것을 잘 이해하고 있는 부모라면 죄의식이나 무력감 대신 자신감 있고 효과적인 태도로 아이에게 다가갈 수 있을 것이다.

부모가 직장에서 돌아오면 아이들은 하루 종일 자기 기분이 어땠으며, 얼마나 부모가 돌아오기를 기다렸는지 알리고 싶은 마음에서 부모에게 화를 내거나 무관심한 태도를 보이고 울음을 터뜨리는 것이지, 부모를 제 뜻대로 하려고 하는 게 결코 아니다. 아이가 어떤 행동을 하더라도 다정하게 이해하는 태도로 대한다면, 아이는 부모에게서 애정 어린 보살핌을 받을 수 있다는 사실을 알게 되고 그 속에서 행복을 경험하게 된다.

그러므로 집에 돌아왔을 때, 아이가 불행한 마음을 표현하더라도 아이를 놀리거나 창피를 주거나 야단치지 말아야 한다. 부모가 화를 내거나 기분 나빠하고 아이의 반응에 관심을 기울이지 않는다면, 아이는 부모가 자

기를 불행하게 만들고 싶어한다고 믿게 된다. 반대로 부모가 직장에 나가지 말고 자기와 함께 있어 주었으면 하고 바라는 아이의 감정을 이해한다면, 아이들에게 사랑과 관심을 표현할 수 있을 것이다. 이런 부모들은 아이들의 욕구를 채워 줌으로써 얻게 되는 만족감이 어떤 것인지 알게 된다.

스마트 러브로 만드는 행복한 귀가 시간

상담사례

직장을 다니는 그렉 아빠는 18개월 된 아들과 점점 멀어지고 있다는 느낌이 들었다. 아빠는 기나긴 하루 일과를 마친 후 아들과 놀아주고픈 마음에 서둘러 귀가했지만, 아들이 자신의 얼굴을 쳐다보지도 않고 아빠가 돌아왔는지 안 왔는지 도무지 무관심한 태도를 보이자 무척 실망스러웠다. 그러면 마음이 상해서 "아빠랑 놀기 싫구나. 그럼 아빠는 신문이나 읽어야겠다"고 말하곤 했다. 마침내 아이가 아빠 곁에 다가와 뭔가를 보여주려 했지만, 아빠는 처음에 보였던 아이의 무심한 반응을 잊지 못해 마음이 풀리지 않았다.

아이 때문에 자꾸만 감정이 상하자, 그렉 아빠가 우리에게 상담을 청해 왔다. 우리는 그렉이 아빠를 열렬하게 반기지 않는 것은 아빠를 거부해서가 아니라 오히려 아빠의 사랑과 이해를 받고 싶어서라고 말해 주었다. 우리와 상담을 계속하면서 아빠는 집에 돌아올 때마다 아이 곁에 앉아 그날 하루 동안 그렉이 어떤 놀이를 하고 지냈는지 자상하게 물어 보았다("어디 보자. 우리 그렉이 탑 그림을 멋지게 그렸구나" 등). 그렉이 대꾸를 하지 않더라도 아빠는 계속해서 "우리 아기, 아빠가 얼마나 보고 싶었는지 알지?" 하고 말했다.

그러자 그렉은 평소처럼 아빠를 꼭 껴안아 주었다. 2주 동안 그렉의 모습을 쭉 지켜본 아빠는 그렉의 소극적인 반응은 하루 종일 아빠를 그리워했던 마음의 표현이며, 아빠의 사랑과 관심을 받고 싶다는 말없는 간청이었다는 것을 깨닫게 되었다. 아들의 행동을 새롭게 이해하게 되면서 그렉 아빠는 오랜 시간 떨어져 지내서 생기는 악영향을 최소화할 수 있었으며, 함께 있는 동안 아이를 최대한 즐겁게 해주고 아낌없이 관심을 쏟게 되었다.

스마트 러브로 만드는 행복한 출근 시간

직장에 다니는 한 엄마는 아침마다 30개월짜리 아들 맥스를 놀이방에 떼어놓고 온 것 때문에 일터에 가서도 마음이 편치 않았다. 맥스는 놀이방 문 앞에만 도착하면 날카로운 비명을 질러 댔고, 그때마다 엄마는 아이를 억지로 차에서 내려놓아야 했다. 맥스는 엄마가 안고 가는 내내 발길질을 하며 고함을 질러 댔으며, 막상 놀이방에 도착해서는 강력 접착제처럼 엄마에게 딱 붙어서는 숨이 넘어갈 듯이 울어댔다. 놀이방 선생님은 엄마가 가고 나면 아이도 울음을 멈춘다고 말하면서 아이를 떼어냈다.

엄마는 직장에 가서도 울며불며 매달리던 아들의 얼굴을 지울 수가 없었다. 친구들은 하루 종일 자기를 놀이방에 맡겨놓는 엄마에게 분풀이를 하느라고 맥스가 일부러 그런 행동을 하는 것이라고 말했다. 그러면서 그녀가 맥스의 응석을 받아주었기 때문에 아이가 어느새 울음으로 엄마를 다룰 줄 알게 된 것이라고 주장했다. 그러나 엄마는 분명 다른 방법이 있을 거라고 생각했다. 매일 비참한 느낌이 반복되면 아이의 감정 발달에 심각한 악영향을 미치게 될 것이라고 믿은 엄마는 우리에게 상담을 청하기로 결심했다.

맥스는 엄마와 늘 같이 있기를 이 세상 그 어느 것보다 간절하게 원하지만, 그것이 불가능하다는 것을 알게 되자 의지할 데 없이 막막한 기분이 들었던 것이다. 엄마는 직장에 나가야 했고, 업무 시간을 줄일 수도 없는 형편이었다. 아이는 엄마의 끊임없는 사랑과 관심을 받을 수 있을 만큼 자기 자신이 사랑스러운 존재라고 믿고 싶어한다. 우리는 엄마가 아이의 그런 욕구를 따뜻하게 보살펴 준다면, 얼마든지 아침 시간을 변화시킬 수 있다고 말해 주었다.

맥스 엄마는 하루 휴가를 내 놀이방에서 아이와 놀아 주었다. 그 방문을 통해 엄마는 놀이방 운영에 대해 믿음을 가질 수 있었고, 아이도 놀이방에서 엄마와 함께 보내는 즐거운 경험을 하게 되었다. 맥스는 처음에는 엄마가 떠나 버릴까 봐 걱정하고 불안해했지만, 이내 엄마의 손을 꼭 잡고 놀이방을 구경시켜 주었다. 맥스는 자신만만한 태도로 그림을 그려 엄마에게 주었고, 엄마한테 자기와 친구에게 책을 읽어 달라고 부탁하기도 했다.

그 후로 맥스 엄마는 좀더 일찍 맥스를 깨워서는 출근하는 길에 놀이방에 들러 아이와 한 시간 정도 함께 시간을 보냈다. 맥스는 엄마가 자기 욕구를 충족시켜 준다는 확신과 안도감이 들어서인지 엄마와 떨어지는 것이 한결 쉬워졌다. 한 시간이 다 지날 즈음이면 맥스는 노느라고 바빴고, 그러기를 일주일이 지나자 엄마에게 작별의 입맞춤을 해주기까지 했다. 엄마는 아들이 마음의 평정을 되찾게 된 것에 안도했고, 당연히 직장 생활도 더 행복하고 생산적으로 하게 되었다. 2~3주가 지나자 엄마가 놀이방에서 아이와 함께 보내는 시간도 15분으로 훌쩍 줄어들었다. 엄마가 자기의 욕구를 채워 주기 위해 노력한다는 것을 알게 된 아이는 훨씬 더 행복해졌으며, 집에서 엄마와 함께 있는 시간에도 더 친근하고 재미있게 보내게 되었다.

성장의 지표 : 아이가 말을 해요

갓난아기들은 태어날 때부터 사람의 목소리를 친근하게 느끼고 좋아한다. 아기가 내는 소리를 주의해서 잘 들어 보면, 한 달이 못 되어 아기와 대화를 할 수 있게 된다. 아기는 특히 젖을 먹을 때 만족스럽다는 듯한 소리를 낸다. 엄마가 이 소리를 흉내내면, 아기는 더 자주 그런 소리를 낸다. 엄마와 아기가 진정한 대화를 나누게 될 때까지는 서로 그 소리를 주고받게 될 것이다. 그런 과정을 통해 아기는 엄마와 신나고 유쾌한 대화를 나누는 능력을 갖추게 될 것이며, 엄마도 특별하고 만족스러운 육아 경험을 하게 된다. 뿐만 아니라 아기가 엄마와 서로 소리를 주고받는 데서 즐거움을 발견하게 되면, 앞으로 점점 더 많은 소리를 내고 싶어할 것이다.

아이가 사물마다 다른 이름을 가지고 있다는 사실을 알게 되면, 엄마는 아이에게 세상을 소개해 주면서 점점 더 대화의 범위를 넓혀 나간다. 어떤 부모들은 아이에게 알파벳은 물론이고 주변에 있는 모든 사물의 이름을 다 가르쳐 주고 싶어한다.

그러나 아이의 내적 행복과 자신감을 높이는 것을 최우선으로 두고, 그 다음에 특정한 교육 목표를 정하는 것이 바람직하다. 이것이 바로 스마트 러브다. 아이의 열의와 자신감을 증대시키는 방향으로 교육 목표를 맞춘다면, 아이가 지적 잠재력을 충분히 발휘할 수 있도록 효과적으로 도울 수 있다. 숫자나 색깔같이 어떤 특정한 지식을 가르치려 들기보다는 주변을 탐구해 보고 싶어하는 아이의 욕구를 충족시켜 주려고 노력하자. 아이가 특히 관심을 보이는 사물에는 이름을 붙여 준다. 8개월 된 아이의 시선을 따라 "예쁜 강아지구나? 강아지 쓰다듬어 볼래? 재밌니? 다시 한 번 쓰다듬어 볼까?" 하고 말을 건넨다. 아이의 관심에 정성껏 반응해 준다면, 10개월을 넘긴 후부터는 차차 '강아지', '쓰다듬다', '다시'라는 말을 써보려고 애쓰면서 재미를 느끼기 시작할 것이다.

아이의 호기심을 자극하는 것은 좋지만, 아이가 얼마나 집중하는지 보자는 식으로 시험해서는 안 된다. 아이가 막 사물을 가리키기 시작하면 부모들은 아이에게 "어떤 게 차야?", "어떤 게 파란색이지?"와 같은 질문을 자주 던지면서 아이가 꾸준히 발전하고 있는지를 확인해 보고 싶어한다. 이런 질문을 받으면 아이들은 난처한 기분에 빠지며, 부모가 원하는 답을 모르거나 또는 답하지 않으면 사랑하는 부모를 화나게 만들 거라고 느끼게 된다.

아이가 충분히 대답할 수 있는 질문, 그리고 아이가 대답하기를 즐길 것 같다고 판단되는 질문만 하려고 노력하자('네 바구니는 어디 있지?', "우유 먹을까?" 등). 아이가 대답을 하지 않는다면, 아이가 무력감을 느끼지 않도록 즉시 답을 제시해 주는 것이 좋다("어머, 여기 바구니가 있네. 만져 볼까?").

그렇다고 해서 아이와 깍꼭놀이(peekaboo)나 숫자세기 놀이를 하지 말야야 한다는 것은 아니다. 아이에게 알맞은 놀이는 아이를 시험하는 것과 다르다. 아이들은 놀이에서 진정한 재미를 경험하며, 즐거운 방법을 통해 배우게 된다. 놀이는 아이들에게 건설적인 기쁨을 맛보게 할 수 있다.

아이는 실패를 통해 배운다

8개월 된 아이가 실패할 게 뻔한데도 둥근 블록을 네모난 구멍 속에 넣으려고 시도한다면, 걱정이 된 나머지 얼른 끼어들어 아이 손 위치를 바로잡아 주는 부모가 많다. 도움을 주면 아이가 헛된 노력에 집착하지 않도록 도울 수 있으며, 단번에 성공하지 못해 실망감에 빠지는 일이 없도록 도울 수는 있다.

그러나 가능하면 아이가 만족할 때까지 노력하도록 두는 것이 바람직하다. 아이가 실수를 되풀이해도 느긋하고 편안한 자세로 기다려 주는 것이 좋다. 그러면 아이는 자기가 노력해서 성공적으로 뭔가를 해낼 때와 마찬가지로, 실패하는 순간에도 부모가 긍정적이고 관심 있는 태도로 지켜봐 준다는 것을 알게 된다. 어른의 기준에서 보면 실망을 안겨 줄 뿐인 헛된 노력으로 보일지라도, 아이 스스로 노력을 기울이고 있을 때는 간섭하지 않는 것이 바람직하다. 이것이 바로 스마트 러브다.

간단하게 들릴지 모르나, 어른들은 아이가 목표를 성취하려고 애쓰는 모습을 보면 조마조마한 마음이 들어 학습 과정을 간섭하고 싶어한다. 하지만 아이가 딸랑이를 쥐기 위해 열심히 팔을 뻗고 있을 때 부모가 아이 손이 미치게끔 살짝 밀어 주기만 하는 것도 아이의 자신감 형성에 방해가 된다는 걸 명심할 필요가 있다.

그러나 아이가 도움이 필요하다는 신호를 보낼 때에는 즉시 도와주는 것이 좋다. "다시 해봐"라든가 "혼자서도 얼마든지 할 수 있잖아" 하고 말하면서 아이를 기다리게 해서는 안 된다. 아이가 좌절감을 경험하지 않도록 보호하기만 하면, 아이가 자라나면서 현실 세계에 적응하지 못하게 되지 않을까 걱정하는 부모들도 있다. 스마트 러브를 따른다면 부모는 아이의 타고난 행복과 자신감을 보존하고 강화시켜 줌으로써, 아이가 현실 세계에 적응할 수 있도록 미리 대비할 수 있다. 아이가 도움을 청할 때 부모가 다정하게 대해 준다면, 아이는 스스로 노력을 기울이는 데서 즐거움을 찾을 수 있고, 또 도움이 필요할 때면 언제든 부모에게 의지할 수 있다. 다시 말해 아이는 부모가 유능해지고 싶어하는 자기 욕구를 존중해 주고, 싫증을 내도 불행하고 무력한 상태로 내버려두지 않으리라는 것을 깨닫는다. 그렇게 신뢰가 쌓여 가면 아이는 스스로 효과적인 해결책을 찾을 수 있고, 한 가지 일에 더 오래 집중할 수 있으며, 실망감이 들 때에도 참을 수 있게 된다. 또한 도움을 요청할 때에도 낙천적이고 편안한 느낌을 가지게 된다.

성장의 지표 : 아이가 몸을 움직여요

부모는 가만히 누워 있는 갓난아기를 보면 안도감을 느낄 것이다. 그러나 태어난 지 몇 개월이 지나 아이가 조금씩 몸을 움직이기 시작하면 부모의 걱정도 시작된다. 아이는 뒤집고 기고 아장아장 걷게 될 것이다. 이렇게 막 움직이기 시작하는 아이를 대할 때에도 갓난아기를 대할 때와 마찬가지 태도를 가져야 한다. 아이가 행복하고 자신 있는 상태를 유지하도록 도와주고, 불편해서 울음을 터뜨릴 때는 정성껏 달래 주며, 되도록 충돌을 피한다.

또한 아이가 마음놓고 이곳저곳 탐색할 수 있도록 아이의 주변 환경을 안전하게 해준다. 아이를 늘 따라다니며 보살필 수 없는 형편이라면, 아이가 마음껏 가지고 놀 수 있도록 아이 주변에 장난감을 잔뜩 흩어놓자. 어떤 부모들은 "거실에 있는 물건들을 모두 다른 곳으로 치울 수는 없어요. 골동품이나 사진, 꽃다발을 다 치워 버리고 나면 집안 분위기가 너무 밋밋해질 거예요. 아이들도 때로는 만질 수 없는 물건이 있다는 걸 배워야 해요"라고 말할 것이다. 이런 부모들은 깨지기 쉽고 위험한 물건 쪽으로 아이가 다가가려 하면 명령조로 "안 돼!" 하고 말한다.

부모가 이런 태도를 취한다면, 집 안 물건은 물론이고 아이의 안전도 보장할 수 없다. 그렇게 되면 아이는 점점 더 자신감을 잃고 낙천적인 태도를 버리게 된다. 아이는 아직 미숙해서 어떤 물건이 깨지기 쉽고 위험한지 스스로 판단할 수 없다. 그러므로 부모가 큰 소리로 못하게 막으면, 아이는 부모가 몹시 변덕스럽다고 여길 것이며, 불안과 자기 회의에 사로잡혀 독창성을 발휘하지 못하게 될 것이다.

따라서 아이가 안전하게 모험을 즐길 수 있도록 다른 방법을 찾아보아야 하며, 명령조로 "안 돼!" 하고 말하는 것은 피하는 것이 좋다. "안 돼!"라는 말을 들으면, 아기들이나 걸음마 단계 아이들은 사랑하는 부모가 이유 없이 화를 내고 실망스러운 태도를 보인다고 생각한다. 아이를 위해 주위 환경을 안전하게 만들어 주거나, 아이가 위험한 물건 쪽으로 다가갈 때 자상하게 다른 방향으로 관심을 갖게 하는 것이 더 좋은 방법이다.

아이를 따라다니면서 일일이 보살펴 주다 보면 멀찌감치 떨어져 앉아 말로만 제재를 가할 때보다 체력이 더 많이 소모될 것이다. 하지만 노력을 기울인 만큼 보람을 얻게 되고, 아이도 자기 삶을 행복하고 사랑스런 태도로 바라보게 될 것이다.

••• 이제 막 움직이기 시작한 아이 돌보는 지침들

아이가 위험하고 깨지기 쉬운 물건에 손대고 싶어한다고 해서 아이에게 책임을 물어서는 안 된다. 이때 스마트 러브로 아이의 자신감을 지켜 주고 호기심을 채워 줄 수 있다.

* "안 돼"라고 말하지 말자.
* 아이가 마음껏 집 안을 탐색할 수 있도록 주위 환경을 안전하게 만들어 주자.
* 아이가 모래를 먹으려 한다면, 모래가 먹을 만한 것이 아니라는 사실을 스스로 깨닫기 전까지는 해변이나 모래 상자 근처에 가지 않는다.
* 아이가 누나 컴퓨터를 장난감으로 여긴다면, 누나 방의 문을 늘 닫아 두자.
* 늘 아이 곁에 머물면서 위험으로부터 아이를 보호하자. 그러면 아이가 위험한 물건에 가까이 가더라도 번쩍 들어 안아 줄 수 있다.

부모가 이런 지침에 따라 아이를 돌본다면, 어떤 물건이 위험하고 깨지기 쉽고 건강에 해로운지 분간할 만큼 자라난 아이들은 부모의 단호한 목소리에 놀라서가 아니라 스스로 자신을 안전하게 지키기 위해 위험한 물건들을 피하고 싶어한다.

부모가 스마트 러브로 보살핀다면, 아이는 생후 12개월을 넘기면서 '끔찍한' 두 살이 아니라 '멋진' 두 살로 성장하게 될 것이다.

내적 불행을 가진 영아를 위한 스마트 러브

생후 첫 주, 또는 첫 달 동안 영아들은 행복을 경험하지 못하는 순간에 부딪칠 수 있다. 부모가 온 정성을 기울여 보살펴도 영아의 감정적 욕구가 충족되지 않을 수도 있고, 육체적 질병과 같은 다른 이유들로 인해 욕구 불만을 경험하기도 한다. 그런 영아들은 자기도 모르는 사이에 불쾌한 경험을 하고 싶다는 욕구를 발전시킬 수 있다. 영아들은 일단 내적 불행을 갖게 되면 회복하기가 무척 어렵다. 내적 불행을 가진 아이들은 누가 자기를 들어올려 안으려 하면, 몸을 비틀면서 목이 터져라 소리를 지른다. 내적 불행을 가진 아이를 둔 부모라면, 아이가 부모의 사랑과 관심에 대해 부정적인 반응을 보일 때 아이를 화나게 하거나 낙심시키기보다는 부모와의 관계에서 기쁨을 경험할 수 있도록 이끌어 주어야 한다.

> **상담사례**
>
> ### 심각한 질병 때문에 내적 불행을 가진 아이
>
> 태어날 때부터 장염으로 아팠던 아기를 둔 부모가 걱정이 되어 우리를 찾아왔다. 바비 부모는 아이가 고통스러운 장 수술을 받는 내내 병원에 함께 있었다. 부모는 언제든 아이의 감정적 욕구를 보살펴 줄 준비가 돼 있었지만, 제

또래 아이들이 으레 그러는 것처럼 바비 역시 자기가 겪은 육체적 고통이 부모 때문에 생겨난 것이라고 결론지었다. 그 결과, 자기도 모르는 사이에 불쾌한 경험을 하고 싶다는 욕구에 사로잡혔다. 다행히 바비의 부모는 하루 종일 아이 곁에 머물면서 한결같은 사랑으로 아이를 보살폈다. 그 덕분에 아이는 긍정적인 인간 관계를 지향하는 본능적인 욕구를 고이 간직할 수 있었다.

생후 3개월이 된 바비는 장염 치료가 끝나자 퇴원해서 집으로 돌아왔다. 그러나 그 후에도 심한 수면 장애를 겪었고, 먹기만 하면 곧 탈이 났던 경험 때문인지 잘 먹지 못했다. 무엇보다 걱정스러운 것은 자주 보채고 불행해한다는 것이었다. 안아 주면 잠시 잠잠한 듯하다가도 이내 울음을 터뜨렸다. 잘 웃지도 않았고, 오히려 요람에 혼자 누워 있을 때 가장 만족해하는 것 같았다.

우리는 부모에게 다가올 몇 주나 몇 달이 바비에게 가장 중요한 시기이니 특히 주의하라고 일렀다. 아이가 심한 감정적 고립 상태에 빠지지 않았다면, 부모와의 관계에서 경험할 수 있는 기쁨을 통해 내적 행복을 갈망하도록 부모가 도와주어야 한다. 부모는 보살핌을 받는 기쁨이 어떤 것인지 바비에게 보여주기 위해 온갖 노력을 다했다. 아이가 부모의 보살핌에 부정적으로 반응할 때에도 아이를 지나치게 자극하거나 낙담하는 태도를 보이지 않았다. 바비 부모는 신중하고 느긋한 태도로 다가가면서 바비가 자연스럽게 부모와의 관계에서 즐거움을 찾을 수 있도록 도와주려고 애썼다. 바비는 아침에 막 잠에서 깨어났을 때 부모가 안아 주기만 해도 인상을 찌푸리며 자지러질 듯이 울어 댔다. 그러나 엄마나 아빠가 조용히 아이 곁에 다가가 몇 분 동안 팔과 다리를 부드럽게 문질러 주고 토끼 인형을 보여준 뒤 살며시 들어올려 안아주자, 평온하고 긍정적인 반응을 보였다. 또한 까다롭게 보챌 때 웃으면서 달래 주자, 어느 날부터인가 그 웃음에 반응을 보이기 시작했다. 부모는 아이를 어루만져 주면서 부드럽게 얘기도 걸고 웃어 주기도 했다. 그러나 불편한 기색을 보이면 얼른 침대에 눕혔고, 아이가 잠시 주변을 둘러보는 동안 잠자코 아이 곁에 앉아 있었다. 그러다가 다시 다정한 목소리로 말을 건네곤 했다.

여전히 바비는 가끔 불행한 기색을 내비치기는 하지만, 부모가 10개월 동안 아낌없는 사랑을 베푼 결과 놀랄 정도로 변화되었다. 바비 부모는 이 사실에 만족했다. 첫돌을 맞을 무렵, 바비는 먹기도 잘 먹고 잠도 잘 자고 곧잘 웃었으며, 자신감과 안도감에 찬 태도를 보였다.

••• 잠투정이 심한 영아

내적 불행을 가진 영아들은 쉽게 잠들지 못하거나 자다가 중간에 깨는 경우가 많다. 아이가 울다 지쳐 잠이 들도록 내버려두지 말아야 하는 이유에 대해서는 이미 앞에서 설명했다. 이는 특히 불행해지고 싶은 욕구에 휩싸인 영아들에게 중요한 문제다. 내적 불행을 가진 영아들을 울도록 내버려둔다면 결국엔 아이도 제풀에 지쳐 잠이 들 것이다.

그러나 그 경우 아기는 무력감과 자포자기 상태에서 잠드는 것일 뿐 만족스러운 기쁨을 경험하지는 못한다. 사람들의 충고에 따라 아이가 우는데도 제풀에 지쳐 잠들도록 마냥 내버려둔다면 아이만 더 불행하게 만들 뿐이다. 중요한 것은 '어떻게 하면 아이를 잘 재울 수 있을까'가 아니라 '어떻게 하면 아이를 더 행복하게 해줄 수 있을까'이다.

잠을 못 자는 이유가 무엇이든 간에 아이가 언제든 부모에게 의지할 수 있다는 기쁨을 만끽하면서 잠들 수 있도록 도와주어야 한다. 불행한 상태로 아이를 방치해 두어서는 안 된다. 졸린 기색을 보일 때 아이를 눕혀 놓고 노래를 불러 주거나 등을 쓸어 주거나 아이가 좋아하는 담요를 찾아 덮어 주면서 아이를 달랜 후 살그머니 방에서 나와 보자. 아이가 다시 울음을 터뜨리면, 아이 방으로 되돌아가 아이가 편안하게 잠들 때까지 곁에서 보살펴 주자. 그렇게 하다 보면 아이는 언제든 부모의 도움을 받을 수 있다고 느끼게 되어 머지않아 편안하게 잠들 수 있을 것이다.

잠투정을 부리는 아이에게 스마트 러브로 다가가기가 그리 쉬운 일은 아니다. 울도록 내버려두라는 일반적인 처방에 비해 훨씬 성가시며 시간도 많이 걸린다. 그러나 아이가 행복하게 잠들 수 있도록 정성껏 보살펴 준다면, 그만큼 보람도 클 것이다. 아이가 감기에 걸렸을 때 한밤중에 일어나 아이에게 약을 주고 체온을 재는 것과 마찬가지로, 아이가 울음을 터뜨릴 때에도 치료해 준다는 마음으로 정성껏 보살펴야 한다. 부모들은 한밤중에 일어나 아이를 돌보는 일을 당연하고 또 해야만 하는 일로 받아들여야 한다.

••• 잘 웃지 않는 영아

자기 자신이나 부모, 세상에 대한 아이의 느낌이 어떤지 가장 정확하게 진단할 수 있는 척도가 바로 아이의 웃음이다. 3개월에서 9개월 사이 아이가 잘 웃지 않는다면, 아이의 일상생활을 유심히 살펴볼 필요가 있다. 아이들은 웃고 싶을 때에만 웃는 것이 아니다. 익숙한 분위기에서 낯익은 사람들과 함께 있거나 장난감을 가지고 놀 경우, 몸이 아프거나 몹시 지친 상태가 아니라면 아이들은 잘 웃는다.

따라서 아이가 늘 심각한 표정을 짓고 있다면, 부모들 스스로 다음과 같은 질문을 던져 볼 필요가 있다.

* 아이가 건강한가? 소아과 의사에게 진단을 받아 보자.
* 간지럼을 너무 많이 태우거나 심하게 들어올렸다 놨다 하는 등 아이에게 심한 자극을 주지는 않았는가?
* 아이가 웃어도 안아 주지 않은 채 오랫동안 혼자 놀도록 내버려두지는 않았는가?
* 아이가 울음을 터뜨릴 때 즉시 아이에게 반응을 보여주었는가?
* 하루 종일 보모와 함께 있거나 놀이방에 다닌다면, 아이가 어떻게 하루를 보내는지 알고 있는가?

아이들은 무척 쾌활하다. 일상생활의 어떤 측면 때문에 아이가 선천적으로 타고난 열정을 스스로 포기하려 하는지, 그리고 어떻게 문제를 해결해 나가야 하는지 잘 알고 있는 부모라면, 머지않아 아이의 해맑은 웃음을 다시 볼 수 있을 것이다.

한 살에서 세 살까지의
아이와 스마트 러브

한 살에서 세 살 사이에 일어나는 변화들은 부모와 아이 모두에게 감격적이면서도 도전적이다. 가장 중요한 성장의 성과는 안정된 일차적 행복이 자리를 잡았다는 것이다. 일시적으로 부모가 자기의 욕구에 반응을 보이지 않더라도 부모의 애정이 결코 줄어든 게 아니라는 것을 깨달을 때, 아이는 안정된 일차적 행복을 획득하게 된다.

이 시기에 아이는 걷기와 말하기를 통해 세상을 경험하면서 매우 빠르게 성장한다. 부모라면 누구나 알고 있듯이, 이 시기 아이들은 확고한 결단력을 가지고 있으며, 자신은 강력한 존재이기 때문에 무엇이든 할 수 있고 가질 수 있다고 확신한다. 아이들은 심하게 상처를 입을 수도 있다는 생각을 추호도 하지 않으며, "하고 싶어"와 "싫어"라는 말을 가장 많이 사용한다. 이 시기는 흔히 '끔찍한 두 살'로 알려져 있지만, 얼마든지 부모와 아이에게 '멋진 두 살'이 될 수 있다고 우리는 믿는다. 스마트 러브를 적용한다면, 부모는 아이가 더 행복하고 명랑하게 자라나도록 도울 수 있다.

성장의 지표 : 흔들림 없는 일차적 행복

한 살에서 세 살 사이 아이들은 전체 성장 과정에서 가장 중요한 지표, 즉 지속적인 일차적 행복의 수립을 향해 나아간다. 세상에 태어날 때부터 모든 아이들은 성장의 욕구가 생길 때면 언제든 부모의 애정 어린 관심을 받을 수 있다고 확신하며, 바로 그 확신에서 일차적 행복이 생겨난다. 세 살 무렵까지는 늘 부모가 곁에서 돌봐주기를 바라며, 그 강렬한 욕구에 부모가 어떻게 반응하는가에 따라 일차적 행복이 결정된다.

그러나 부모가 늘 즉각적으로 아이에게 반응을 보일 수는 없기 때문에 이 시기의 일차적 행복은 불안정한 상태다.

부모가 한결같이 사랑 어린 관심으로 아이의 성장 욕구를 충족시켜 주었다면, 세 살 이후부터 아이는 부모로부터 무조건적인 사랑을 효과적으로 이끌어낼 수 있다는 확신을 가지게 된다. 아이의 행복은 더 이상 부모의 관심을 끌어낼 수 있는 순간순간의 능력에 의존하지 않는다.

우리는 처음으로 이 장에서 일차적 행복 수립을 위한 성장의 지표를 소개하려 한다. 이 성장의 지표에 이르기 직전에 일시적으로 아이들은 부모의 보살핌을 더 강렬하게 요구하게 될 것이다.

첫돌 무렵 아이는 더 강하게 매달린다

아이가 첫돌을 맞이할 즈음, 분리 불안이 계속되면서 동시에 부모와 늘 함께 하고 싶다는 욕구가 한층 강렬해진다. 그 때문에 아이는 부모에게 더 강하게 매달릴 것이다. 아이는 방바닥에서 작은 물건을 주워 올릴 때마다 일일이 부모에게 보여주고 싶어할 것이다. 뿐만 아니라 자신이 새로운 몸 동작을 반복할 때마다 부모가 매번 칭찬을 해주고, 책장에 꽂힌 책들을 모두 읽어 주기를 원한다. 부모와의 직접적인 관계를 열렬하게 소망하는 것은 곧 아이가 성숙해지고 있다는 표시이기도 하다.

아이는 부모의 보살핌(말을 걸어주고, 이야기책을 읽어 주고, 요구에 응해주는 등)에서 얻는 행복이 얼마나 소중한 것인지 깨닫고 있는 중이다. 엄마가 전화 통화 할 때 혼자서 그림을 그리는 등 혼자 하는 놀이도 재미있기는 하겠지만, 부모와 같이 놀 때 더 큰 만족감을 느낀다. 부모의 보살핌에서 얻는 행복이 그 무엇보다 소중하다는 것을 깨닫게 되면서부터 아이는 부모가 개인적인 활동보다는 자기를 보살피는 일에 관심을 더 쏟아달라고 요구하게 된다("아빠, 나랑 같이 그림 그려요" 또는 "나 뛰는 것 좀 봐요, 엄마").

부모의 관심을 바라는 아이에게 애정 어린 태도로 즉각적인 반응을 보여준다면, 아이는 스스로를 행복하게 만들 수 있는 능력이 자기에게 있다고 믿게 된다. 또한 부모와 함께 하는 데서 오는 기쁨의 소중함을 깨달은 아이는 무슨 일이든 부모와 함께 하고 싶어한다(예를 들어 아이는 엄마와 함께 자동차 놀이를 하고 싶어한다. 그러나 아이에게 블록을 주면서 엄마가 집안일을 하고 있는 동안 혼자 탑쌓기 놀이를 하고 있으라고 하면 달갑게 여기지 않는다).

아이가 부모의 집중적인 관심과 보살핌을 갈수록 선호하게 되는 것은 성장 과정의 중요한 성과 중 하나다.

아이가 부모에게 끊임없이 자기에게만 관심을 쏟아 달라고 요구하는 것은 그 나이 또래에 일시적으로 나타나는 정상적인 행동이다. 만약 이를 이해하지 못하는 부모라면, 혼자 힘으로는 영영 아무것도 할 수 없는 의존적인 아이가 되어 버리는 게 아닌가 하고 걱정할 것이다.

그러나 아이의 그런 행동 때문에 놀랄 필요는 없다. 또한 아이가 부모를 제 마음대로 조정하려 한다거나, 건전하지 못한 의존성을 발전시키고 있다고 걱정하지 않아도 좋다. 물론 아이의 끝없는 요구를 계속 들어준다면, 결국 만족할 줄 모르는 욕망 덩어리를 만들어내게 될 것이라고 경고하는 사람들도 많다. 부모로부터 독립하는 것이 한 살부터 세 살 사이 아이들에게 가장 중요한 성장 과제이므로 아이를 부모 품에서 떼놓아야 한다고 충고하는 이들도 흔히 볼 수 있다. 뿐만 아니라 아이의 독립성을 길러 주기 위해 부모들은 아이들을 혼자 놀게 버릇을 들이거나, 부모가 늘 원하는 것을 들어줄 수는 없다고 아이에게 말해 주라고 충고하는 이들도 있다.

그러나 이 무렵 아이가 부모의 관심을 통째로 받고 싶어하는 것은 아주 정상이다. 부모의 지속적인 보살핌은 만족감과 성취감에 찬 아이로 키울 것이다. 아이는 부모가 다른 곳에 관심이 팔려 있는 동안 자기 혼자 경험하게 되는 기쁨보다는, 부모가 긍정적인 관심으로 함께 해줄 때 느끼는 그 친근함이 훨씬 만족스럽다는 것을 이미 알았다. 그런 까닭에 아이들은 자연스럽게 더 만족스러운 기쁨을 선호하게 되며, 그 기쁨을 최대한 누리고 싶어한다. 이러한 성장의 도약을 중요하게 받아들이는 부모라면, 부모와 더 깊은 관계를 맺고 싶어하는 아이의 욕망을 만족스럽게 지켜봐 줄 수 있을 것이다. 부모는 개인적 일들은 잠시 접어두고 가능하면 아이의 열렬한 욕구에 관심을 갖고 응답해 주는 것이 중요하다.

부모가 소설을 읽고, 전화 통화를 하고, 집안 정리 정돈을 하는 등의 개인적인 일들을 접어두고 아이의 요구에 애정 어린 관심으로 응답한다면, 아이는 부모도 자기와 함께 하는 기쁨을 더 소중하게 여긴다고 생각할 것이다. 자기의 욕망을 효과적으로 성취할 수 있다고 확신하게 되는 것은 곧 아이가 흔들림 없는 내적 행복을 성취했다는 것과 같은 의미다.

상담사례

"엄마, 나랑 얘기해요"

두 살 반 된 페기가 아침밥을 먹고 있을 때 엄마는 설거지를 하고 있었다. 밥을 다 먹은 페기가 "엄마, 여기 앉아서 내 말 좀 들어 봐요"라고 웃으며 행복한 목소리로 말했다. 엄마는 "설거지 얼른 마쳐 놓고 갈게. 그동안 색칠놀이 하고 있으면 안 되겠니?"라고 웃으며 대답해 주었다. 그러나 페기는 "싫어요, 엄마. 당장 와서 나랑 얘기해요. 그게 훨씬 재미있어요"라고 말했다.

엄마는 아이가 혼자서 색칠놀이를 하고 싶어하지 않는다는 걸 깨달았다. 아이는 그 어떤 것보다 엄마와 함께 하는 것에서 기쁨을 찾고 싶어하며, 그 욕구가 충족되지 않는다면 엄마와의 관계에 대해 실망감을 느끼게 되리라는 사실을 알았다. 엄마는 아이에게 긍정적인 태도로 응답해 준다면, 아이는 흔들림 없는 일차적 행복을 얻게 될 것이며, 그때 비로소 중요한 성장 지표에 도달할 수 있다는 사실을 상기했다. 설거지는 얼마든지 뒤로 미룰 수 있는 일이라고 판단되었다. 엄마는 일을 끝내지 않은 채로 내버려두는 것이 마음에 걸리긴 했지만, 아이를 탓하기보다는 기꺼이 아이와 놀아주기로 마음먹고 아이 곁에 바짝 다가앉아 "네 말이 맞아. 우리 무슨 얘기 할까?"라고 말했다.

부모가 언제든 기꺼이 개인적인 욕망을 뒤로하고 아이의 성장 욕구에 응답해 준다면, 부모의 무조건적인 사랑과 관심을 받을 수 있다는 아이의 확신은 점점 더 확고해질 것이다. 만약 음식물이 타지 않도록 옆에서 지켜보아야 할 때처럼 일을 멈출 수 없는 상황이라면, 아이에게 "엄마도 네게 책을 읽어 주고 싶단다. 그것만큼 재미있는 일은 없지. 잠깐만 기다려. 엄마가 이거 마저 끓여 놓고 얼른 가서 책 읽어 줄게"라고 하면 된다. 부모가 늘 아이의 욕구를 충족시켜 주려고 노력해 왔다면, 일시적으로 욕구 충족이 불가능해진 상황에서도 부모의 애정 어린 관심을 받을 수 있다는 아이의 확신만은 흔들리지 않을 것이다.

••• 진정한 관심을 보여준다면 아이를 망치는 일은 없다

　　아이가 부모의 관심을 받고 싶어한다고 해서 마냥 아이의 욕망을 채워 준다면, 아이가 현실 세계에 제대로 적응하지 못하게 될 거라고 경고하는 이들이 있다. 그러나 부모가 아이의 요구에 늘 긍정적인 반응을 보인다면, 아이의 강렬한 욕망은 얼마 지나지 않아 누그러질 것이다. 아이의 욕망을 충족시켜 준다고 해서 아이가 자기 중심적이고 참을성 없는 존재가 되는 것은 아니다. 부모가 무조건적인 사랑과 관심으로 아이의 욕구를 충족시켜 줄 때, 부모의 집중적인 관심을 바라는 아이의 욕구는 서서히 사라지게 될 것이다.

　　반대로 지나친 관심은 오히려 해가 될 것이라고 생각하여 아이에 대한 관심을 조절하려 든다면, 아이는 결코 부모로부터 자기가 바라는 기쁨을 얻어낼 수 있다는 확신에 도달하지 못할 것이다. 부모로부터 무조건적인 관심을 받을 수 없다는 사실을 깨달은 아이는 처음에는 더욱더 강렬하게 부모의 관심을 요구할 것이다. 그럼에도 부모가 응답해 주지 않는다면, 아이들은 부모와의 관계에서 만족을 찾으려 하지 않을 것이며, 더 이상 친밀한 관계를 원하지도 않게 될 것이다.

반대로 부모가 되도록 아이의 욕구를 충족시켜 주려고 노력한다면, 아이는 오래도록 변치 않을 자신감과 내적 행복을 획득할 수 있게 된다. 아이의 성장 욕구를 충족시켜 준다면 결코 아이를 망치는 일은 없다. 오히려 아이는 행복하고, 유능하며, 사회 속에 잘 어우러지는 성인으로 자라날 수 있다. 아이는 부모가 보여주는 스마트 러브를 통해 부모로부터 애정 어린 관심을 받을 수 있다고 확신하게 될 것이며, 그 믿음은 곧 다른 사람에 대한 배려와 사랑으로 발전할 것이다.

••• 개인적 욕구를 뒤로 미룰 수 없을 때

하지만 부모의 개인적 욕구나 욕망을 뒤로 미룰 수 없을 때가 있게 마련이다. 주전자에 물이 끓어 넘치기 직전이거나, 직장 상사가 다급하게 찾을 수도 있다. 이런 때에는 "엄마도 너랑 책을 읽고 싶단다. 정말 좋은 생각이야. 이 일부터 우선 끝내 놓고 난 뒤에 얼른 가서 책 읽어 줄게"라고 말한다. 아이도 어느 정도는 엄마의 말뜻을 알아들을 수 있으며, 이제까지 엄마가 늘 진심을 다해 자기에게 관심을 보여 왔다는 사실을 알고 있다. 잠시 엄마가 다른 일에 관심을 쏟는다 하더라도, 엄마가 자기의 욕구에 진심으로 반응하고 싶어한다는 사실을 알게 될 것이다.

아이는 무슨 놀이를 하든 부모와 함께 하면 신나 한다. 그러므로 일상적인 일들을 아이와 함께 해보면 좋다. 마루 걸레질을 할 때 아이에게도 작은 걸레를 쥐어 주면서 엄마 일을 도와달라고 할 수도 있다. 장을 볼 때도 아이에게 물건 고르는 일을 돕게 하면 즐거운 시간이 될 것이다. "이리 와서 엄마랑 함께 일할까?"라는 말은 어느 연령의 아이에게나 매력적으로 들리지만, "혼자 힘으로 해봐"라고 하면 부모가 사랑을 거두고 갈등과 반발을 만들어내려 한다고 여길 것이다.

• • • 형제간의 터울은 세 살이 좋다

세 살 미만의 아이들은 흔들림 없는 일차적 행복이 수립되기 전까지는 부모의 사랑을 독차지하고 싶어한다. 그러므로 아이가 세 살이 될 때까지 기다렸다가, 부모가 동생에게 관심을 쏟더라도 경쟁심을 느끼지 않을 때쯤 동생을 가지는 것이 좋다.

그러나 대부분은 큰 아이가 세 살이 되기 전에 아기를 낳게 되는 경우가 많다. 더욱이 인공 수정이 늘어감에 따라 쌍둥이를 낳는 일이 점점 많아지고 있다. 만약 세 살 미만인 아이가 둘 또는 그 이상이라면, 각각의 아이들과 단 둘이 보내는 시간을 벌기 위해 가족이나 친구 또는 보모에게 도움을 청하는 것이 좋다. 그렇게 한다면 아이들 한명 한명이 모두 부모가 베푸는 보살핌을 통해 충분한 기쁨을 경험할 수 있게 될 것이다. 만약 다른 사람의 도움을 받을 수 없다면, 한 아이가 잠을 자거나 친구와 놀이를 할 때 나머지 아이와 둘이서만 보내는 시간을 찾아볼 수도 있다. 하루에 단 30분이라는 얼마 안 되는 시간 동안만이라도 아이가 특히 좋아하는 놀이를 찾아 즐길 수 있다면, 아이의 일차적 행복을 고양시킬 수 있다. 아이들 각자가 부모와의 특별한 관계를 통해 사랑을 확인할 수 있다면, 동기들에 대한 경쟁심도 누그러질 것이다. 각각의 아이와 따로 보내는 시간이 많아질수록, 아이들은 서로를 적이나 경쟁자가 아니라 친구나 동지로 여기게 될 것이다.

성장의 지표 : 이차적 행복의 출현

앞에서 살펴보았듯이, 아이들은 부모로부터 무조건적인 관심과 애정을 끌어낼 수 있다고 확신할 때 지속적인 일차적 행복을 발전시키게 된다. 지속적인 일차적 행복을 발전시켜 온 세 살짜리 아이가 그 다음으로 거쳐야 하는 단계는 무엇일까? 아이는 아직 혼자 힘으로 세상에 나갈 준비가 되어 있지 않다. 아이는 청소년기가 끝날 즈음에야 비로소 안정된 형태의 이차적 행복을 획득하게 된다. 일차적 행복은 부모와의 관계를 통해 생겨나는 것이지만, 이차적 행복은 블록을 쌓거나 달리기를 하거나 그림책을 보는 등의 일상 활동에 참여하는 과정에서 형성된다.

이차적 행복을 주는 활동을 세 가지로 나누어 보면 다음과 같다. 우선 지적 욕망은 배우고, 알고, 이해하고, 창조하고, 부정하고, 차이를 인식하고, 여행을 하면서 얻는 기쁨과 연관된다. 다음으로 사회적 욕망은 다른 사람과 관계를 맺으면서 얻게 되는 기쁨에 초점을 둔다. 마지막으로 심리적 욕망은 심리적인 기쁨과 연관되며, 먹고 숨쉬는 등의 기본적인 육체적 욕구는 물론 그네 타기나 자전거 타기와 같은 부수적인 육체적 목표를 만족시키는 것까지도 포함한다.

물론 이들 욕망이 서로 중첩되어 나타나기도 한다. 예를 들어 농구팀에 참가하겠다고 결심한 아이는 농구 경기를 하고 싶은 욕망은 물론 새로운 친구들과 사귀고 싶다는 욕망에서 그런 결심을 했을 것이다. 경기 전략을 짜다 보면 지적인 욕망도 충족될 수 있을 것이다. 예술 분야에 관심이 많은 아이들도 지적·사회적 욕망을 함께 충족할 수 있으며, 무용의 경우에는 육체적인 만족까지도 충족할 수 있을 것이다.

일차적 행복과 마찬가지로, 이차적 행복 또한 뚜렷한 성장 변화 과정에서 수반되는 것이다. 일차적 행복은 부모의 집중적인 관심을 받지 못할 때면 흔들리게 마련이므로 처음에는 불안정한 상태다. 이차적 행복 역시 어린아이의 경우 원하는 것이면 무엇이든 충족할 수 있다는 능력에 전적으로 의존하므로 처음에는 불안정한 상태에서 시작한다. 즉, 어린아이는 다른 아이의 곰 인형을 갖고 싶어하거나 강아지가 물고 있는 공을 빼앗으려 하는 등 자기가 원하는 것을 충족했을 때 비로소 만족감을 느끼게 된다.

사춘기가 끝나갈 즈음 아이들의 이차적 행복은 건설적으로 선택하고, 그 선택한 바를 훌륭하게 추구할 수 있는 기쁨에 의존하므로 안정된 상태를 유지하게 된다. 성장의 욕구가 충족된 아이들은 일상생활의 성공이나 실패와 완전히 분리된다. 스마트 러브를 통해 아이들이 흔들림 없는 일차적 행복을 발전시키도록 도와주었던 것처럼, 영원히 변치 않을 이차적 행복을 발전시키는 데도 도움을 줄 수 있다.

••• 첫 번째 단계 : "내가 원할 때 원하는 것을 갖고 싶어"

아이들의 이차적 행복은 처음에는 자기가 원하는 것을 얻을 수 있는 능력에 전적으로 의존한다. 두 살 난 아이가 친구의 장난감을 가로채려 할 때 부모가 말리려 들면, 아이는 장난감을 손에 넣을 때까지 계속 고집을 피우며 눈물을 흘릴 것이다. 아이들이 '내가 원할 때 원하는 것을 갖고 싶어'라고 생각하는 것은 그 나이 또래 아이에겐 누구나 일시적으로 나타나는 현상으로 극히 정상적인 반응이다. 이 사실을 알고 있는 부모라면 걸음마 단계 아이가 강한 욕심을 보이더라도 다정하게 대할 수 있을 것이다.

••• 아이의 관점 : "나를 막을 수는 없어"

걸음마 단계 아이들의 이차적 행복은 원하는 것이면 무엇이든 가질 수 있다는 전능한 자아의 환상에 의존하고 있으므로 불안정한 상태다. 원하는 것을 충족할 때마다 전능한 자아의 환상은 점점 더 확고해진다. 아이들은 전능한 자아의 의기양양한 주장을 당연한 것으로 받아들이며, 원할 때 원하는 것을 가지고 싶어하는 자기의 바람을 어떤 방법으로든 성취할 수 있다고 믿는다. 물론 아이들은 욕망이 충족되지 않는 경우도 있다는 것을 알고 있다(엄마가 사탕을 사주지 않는 경우). 그러나 아이의 전능한 자아는 얼마든지 원하는 것을 획득할 수도 있었으며, 다음에는 그 욕망을 꼭 충족하고 말 것이라고 믿으면서 만족감을 유지한다.

••• 버릇처럼 "싫어"라고 말하는 아이를 대하는 법

스스로 전능한 자아라고 믿는 아이는 유독 "싫어"라는 말에 집착하는데, "싫어"는 곧 '거부 단계'를 특징짓는 말이다. 유아들이 "싫어" 한다고 해서 이를 심각하게 받아들여 벌써부터 우리 아이가 반항하기 시작하는 게 아닌가 하고 꾸짖으며 바로잡으려 할 필요는 없다. 유아들이 "싫어"라고 말하는 것은 어디까지나 자신이 주변 환경을 거뜬히 통제할 수 있다고 믿는 데서 나오는 말이다. 이 시기 유아들은 자칫 이차적 행복을 상실하기 쉬운데, 자기가 원하는 때에 원하는 대상을 갖지 못할 때마다 이차적 행복의 상실을 경험하게 되므로 자신의 전능한 자아를 믿는 이러한 환상이 심각한 문제가 될 수도 있다.

두 살배기 아이가 점심을 먹기 싫어해서 번번이 애를 먹는다고 하자. 식탁에 아이를 앉혀놓고 "자, 밥 먹자" 하면, 아이는 대번에 "싫어! 안 먹어" 한다. 그러면 곧 "네가 제일 좋아하는 거야. 어서 맛있게 먹자" 또는 "지금 점심 바로 안 먹으면, 저녁때까지 아무것도 못 먹어" 하고 얘기하려 들겠지만, 오히려 이때는 아이와 맞겨루기를 피하는 것이 훨씬 좋다. 아이는 정말 좋아하는 것이 앞에 놓여 있어도 누구의 통제를 받고 있다고 생각하면 "싫어"라고 말하는 것이다. 따라서 이때는 수긍하는 태도로 접근하면서 아이의 생각을 변화시킬 만한 여지를 제공하는 것이 좋다. "그래, 좋아. 하지만 곰돌이는 이걸 정말 좋아할걸. 이거 곰돌이 먹여도 괜찮지?"

그래도 아이가 또다시 "싫어" 하면, 이번엔 아이 앞에 앉아서 보란 듯이 음식을 먹기 시작한다. 배는 고파지고 싫다고 해도 아무런 보상이 돌아오지 않으면, 이리저리 기웃거리다가 제 스스로 점심을 먹게 될 것이다. 계속해서 점심을 먹지 않겠다고 투정을 부린다면 아예 음식을 냉장고 안에 넣고는 아이가 제풀에 꺾여 "나 배고파" 할 때까지 기다린다. 바로 그때 아이는 자신이 먹는 것과 관련해서는 통제받는 입장이라는 걸 느끼게 되어 부모가 마련해 준 맛난 음식을 한층 더 감사하게 여길 것이다.

"싫어"라는 말을 일시적으로 즐겨 쓰는 아이의 경우에는 "점심 먹자"라고 말하는 대신 아이 스스로 선택할 기회를 주는 것이 바람직하다. 이를테면 "우유 마실래? 오렌지 주스 마실래?" 혹은 "곰돌이 푸우 그릇에 담아 먹을까? 아니면 인어공주 접시에 담아 먹을까?" 하고 물어 본다.

엄마가 준비한 점심 메뉴 대신 아이가 땅콩 버터젤리 샌드위치를 달라고 할 경우, 어떻게 해야 하는지 상담해 온 부모가 있었다. "엄마는 즉석 요리사가 아니라고 가르쳐야 하나요? 아니면 그냥 준비한 걸 먹으라고 해야 하나요?"라는 질문에 점심을 준비하기 전에 먼저 아이가 무엇을 먹고 싶어하는지 물어 보라고 조언했다. 역시 그 방법이 효과가 있었다. 아이는 메뉴 선택에 자기 의견이 많이 반영되었다고 느꼈고, 그 덕분에 앞에 놓인 음식을 무조건 거부하지 않게 되었다. 준비된 음식 대신에 다른 음식을 먹고 싶어한다면, 되도록 아이를 배려해 주자. 엄마가 선뜻 메뉴를 바꿔 주면, 아이는 더 맛있게 먹으면서 엄마의 따스한 온정도 함께 느낀다. 그렇지 않고 무조건 먹으라고 강요한다면 먹을 것을 앞에 두고 엄마와 아이 사이에 한판 소동이 일어나며, 둘 사이에 괜한 반감만 형성된다.

이밖에도 부모들은 아이에게 건강과 안전 규칙을 따르게 할 때, 그리고 아이가 즐겨 하는 놀이를 못하게 할 때, 걸음마 단계나 취학 전 단계 아이들과 일상적으로 부딪치게 된다. 차츰차츰 아이를 변화시킬 수 있는 최선의 방법을 찾아 계획을 세우고 노력해 보자. 좋은 결실을 거두지 못하고 오히려 아이만 혼란스럽게 만들었다면, 결국에는 아이가 지게 될 게 뻔한 대결이니 길게 끌 필요가 없다. 아이의 자존심을 지켜 주고 언제나 아이가 부모의 통제 아래 있다는 걸 느끼도록 이끌어야 한다.

안전띠를 매지 않으려는 아이

피터 아빠는 18개월 된 피터에게 안전띠를 채우려면 매번 전쟁을 치른다고 말했다. 그는 전날 있었던 사건 때문에 몹시 당황한 듯 보였다. 피터 아빠는 피터에게 안전띠를 매주려고 온갖 방법을 다 동원했다고 했다. 그러나 피터를 억지로 차 안에 밀어넣고 안전띠를 매주려 하자, 어찌나 심하게 발길질하며 발버둥쳤던지 결국 아이에게 매를 들고 말았다고 한다. 평소 체벌을 믿지 않던 아빠였는데도 말이다. 더 이상의 반응은 없었지만, 피터는 차에 타고 가는 내내 큰 소리로 울었다고 했다.

우리는 피터와 대화를 나눠 보라고 조언했다. "아빠는 언제든 피터가 하자는 대로 해주고 싶지만, 피터의 건강과 안전을 위해서는 절대 포기할 수 없었단다", "아빠는 피터가 안전띠를 매지 않을 경우엔 절대 차를 움직일 수 없어. 다른 사람들도 모두 차 속에서는 안전띠를 맨단다" 등 친근한 어조로 짤막하게 얘기한 후, 아이가 심하게 반항하거나 아빠가 자제력을 잃기 전에 안전띠를 매주는 것이 좋다. 물론 이때도 강제로 피터를 차에 앉히는 것이긴 하다. 그러나 끝까지 다정하고 너그러운 어조로 대한다면 적어도 피터의 일차적 행복을 해치지는 않으며, 훨씬 더 수월하게 차 안에 앉힐 수 있다.

"집에 안 갈래"

부모 역할에 대해 상담을 해왔던 애브리 엄마는 30개월 된 애브리와 함께 공원에서 놀고 있었다. 이제 그만 가자며 아이를 어르고 달래 보았지만, 애브리는 고집스럽게 "싫어"라고 대꾸하고는 공원 저편으로 휑하니 도망치고 말았다. 엄마는 어찌할 바를 모르고 애브리를 쫓아다닐 뿐이었다.

다른 부모들은 이 광경을 재미있다는 듯이 바라보면서, 엄마가 '말 안 듣는' 아들을 어떻게 다룰지 지켜보았다. 애브리 엄마는 아이를 나무랄 필요 없이 얼마든지 긍정적이고 느긋하게 대처해도 되겠다는 걸 깨달았다. 애브리는 엄마에게 대들 생각으로 일부러 도망 다니는 게 아니라, 언제든 자기가 원하는 대로 할 수 있다는 걸 과시하려는 전능한 자아 때문에 그런 행동을 보인 것이었다. 애브리는 자기가 바라는 대로 일이 진행되지 않을 때 감정적 고통을 느끼며, 그 고통에서 자신을 지켜내기 위해 이리저리 도망 다녔던 것이다.

엄마가 아들을 따라잡았을 때, 멋대로 행동했다는 이유로 애브리를 야단치지는 않기로 했다. 그 나이 또래 아이에겐 지극히 정상적이고 당연한 행동일 뿐이니, 그 때문에 애브리에게 화를 내지는 말아야지 하며 자제했다. "너 정말 달리기 일등이구나! 저기, 네 유모차까지 다시 뛰어가 볼까? 틀림없이 네가 또 이길 거야." 애브리는 엄마가 걸어오는 도전에 순순히 응했다. 유모차에 다시 다다랐을 때, 엄마는 애브리가 공원을 떠나고 싶은 마음이 들도록 유도하기 위해 집에 가는 길에 애브리가 하고 싶어하는 게 뭘까 생각해 보았다. "유모차 속에 물총이 있네. 길가에 자란 풀에 물뿌리기 놀이 하면 재밌겠다. 그렇지?" 애브리는 행복하게 웃으며 유모차에 올라탔고, 길을 지나면서 풀 위에 물총을 뿜어 댔다.

건널목을 건널 때 손을 잡고 건너거나 안전벨트를 매는 일은 꼭 지켜야 하는 일이지만, 공원 산책은 꼭 정해진 시간에 끝내야만 하는 것이 아니다. 그러므로 아이가 충분히 공원에서 놀게 해주는 것이 좋다. 이제 집으로 돌아가야 할 시간이라고 말한 후에, 얼마든지 더 놀게끔 여유를 줄 수 있다. 그 사이 아이 마음속에서 '나도 얼마든지 내 뜻대로 할 수 있는데, 엄마가 시키는 대로만 할 수는 없어'라는 생각이 자연스럽게 누그러질 것이다.

"저희 어렸을 때에는 무조건 어른들에게 고분고분해야 한다고 믿으면서 컸어요. 제 아이가 하라는 대로 하지 않고 '싫어' 하면, 전 그 애를 올바르게 인도하기 위해 순종하는 법부터 가르쳐야 한다고 생각해요"라고 말하는 부모들이 많다.

그러나 아이들의 전능한 자아가 힘을 과시하면서 간섭당하지 않으려 들면, 부모들은 어른들의 행동 기준에 아이를 맞춰 놓고 과잉 반응을 보이기 일쑤다. 아이들이 버릇없이 대들거나 고분고분하게 행동하지 않으면 울화통이 치밀 것이다. 상황이 그쯤 되면 부모들은 곧잘 격한 반응을 보이곤 한다. 언성을 높여 화를 내면서 아이를 방으로 밀어넣거나, 좋아하는 놀이를 못하게 하거나, 심하게 꾸짖는다. 심지어 손찌검까지 한다.

한 살에서 세 살 사이 아이들은 자신이 부모의 간섭으로부터 자유로운 존재임을 스스로 증명하고 싶어하는 일시적인 단계를 거친다. 부모들은 이 사실을 꼭 기억해야 한다. 아이 때에는 스스로 전능한 자아라고 느끼는 데서 행복을 찾는다. 아이의 기를 꺾어야 한다고 판단되는 그 순간 부모가 이해심을 가지고 대화를 통해 접근한다면, 아이는 보다 쉽게 자신에 대한 환상에서 벗어날 수 있다. 반대로 아이에게 능력의 한계를 직시하도록 강요한다면 오히려 역효과가 날 것이다. 침울하게 반응하는 아이가 있는가 하면, 어떤 아이들은 자신이 결코 굴하지 않는 존재라는 환상에 훨씬 더 강하게 집착할 것이다.

전능한 자아가 아이의 자신감을 키운다

전능한 자아는 주변 환경을 통제하려 한다. 그러나 그것이 꼭 부정적인 것만은 아니다. 전능한 자아는 아이의 자신감을 지켜 주는 소중하고 발전적인 역할을 한다. 아이들은 학습 과정에서 좌절의 순간에 부딪치게 마련이지만, 전능한 자아 덕분에 다시 새로운 활동에 도전할 수 있다. 유아기 아이들은 포크로 음식을 집어올릴 수 있을 때까지 거듭 포크질을 한다. 반면에 어른들은 계속 실패하게 되면 대체로 그만 두고 만다. 전능한 자아는 유아가 새로운 노력을 기울여야 할 때 자신감과 희망을 북돋아 준다.

이 시기 아이에 대한 사랑의 규제

"우리 아이에게 사랑과 이해가 필요하다는 건 알아요. 하지만 아이가 친구를 때리고 들어온다면, 잠을 재우지 않거나 문 밖으로 내쫓아야 하는 게 아닌가요?"

어린아이들은 자기가 원하는 것을 얻을 때에만 이차적 행복을 만끽하게 되는 시기가 있다. 이 시기 아이들은 잠시도 기다릴 수 없다는 듯 참을성 없이 행동한다. 아이들은 고집스럽게 "지금 줘!" 하고 보챈다. 만약 이때 어른들의 기준에 아이의 행동을 끼워맞추려 한다면 어떻게 될까? 지금 당장 고분고분하고 참을성 있는 아이로 만들어 놓지 않으면, 만족할 줄 모르고 자기 중심적인 아이로 성장하고 말 거라는 그릇된 결론에 도달할 것이다.

어린아이들의 이차적 행복은 결과에 의존한다. 즉, 자기가 갖고 싶어하는 새 장난감을 손에 넣었거나, 운동장에서 계속 뛰어놀거나, 빵집 진열대에서 보았던 과자를 먹게 되는 것에서부터 이차적 행복이 시작된다. 정서적인 욕구 불만은 일시적으로 생겼다 사라진다. 이 사실을 인지하고 있다면 좀더 다정다감하게 아이를 대할 것이고, 하다못해 아이의 행동을 참을성 있게 받아줄 수 있을 것이다. 부모들은 언제나 다정다감하고 애정 어린 태도로 사랑의 규제를 적용해야 한다. 그러면 원하는 것을 손에 넣지 못하더라도 아이의 이차적 행복만은 지켜 줄 수 있다. 이런 경험이 쌓여 가면 아이가 성인이 되었을 때 예기치 못한 불행을 당하더라도 내적 행복만은 흔들리지 않을 것이며, 다시 새롭게 일어설 수 있다.

19개월 된 아이가 크레용을 입에 넣으려 한다면, 부드러운 목소리로 "크레용은 씹어먹는 게 아니란다"라고 일러 준 뒤 다정하고 애정 어린 태도로 크레용을 치우는 것이 좋다. 그런 다음 먹을 걸 주거나 입에 넣어도 해롭지 않은 장난감을 준다. 크레용이 몸에 해롭다는 것을 가르치려고 큰 소리로 "안 돼!" 하고 혼내거나 벌을 준다면, 아이도 보고 들은 대로 똑같이 자기 자신이나 타인에게 함부로 대하려 들 것이다. 큰 소리로 야단맞거나 벌받은 적이 없는 아이라면, 나이가 들어 가면서 자연스럽게 위험한 행동을 고칠 것이다.

아이가 뜨거운 물건에 손을 대려 할 때 소스라치며 "안 돼!"라고 소리치지 말고, 우선 뜨거운 물건을 멀리 치운 뒤 다정하게 얘기한다. "이건 장난감이 아냐. 너무 뜨거워서 상처가 날 거야. 우리 같이 저쪽에 갖다 놓자." 큰 소리로 야단치면 겁만 잔뜩 먹을 뿐이며, 아무 때고 큰소리치는 부모의 모습을 그대로 보고 배우게 될 것이다. 큰 소리로 야단만 맞았을 뿐인 아이는 여전히 뜨거운 물건의 특성이나 위험성은 모르는 채로 남겨진다.

아이가 계속 고집을 부리면 "우리 네 방에 가서 곰 인형 가지고 노는 게 어때?" 하고 말해 본다. 아이가 울면 부엌에서 데리고 나와 새로운 놀이에 관심을 가지도록 유도한다. 떼쓰며 우는 아이를 제 방으로 밀어넣어 버리는 게 아니라, 끝까지 함께 있으면서 기분이 좋아질 때까지 돌봐주는 게 바로 스마트 러브다. 원하는 걸 갖지 못하게 되면 우선 실망감을 느끼겠지만, 자기를 행복하게 해주기 위해 엄마가 곁에서 돌봐주는 모습을 보면서 결국엔 오래도록 변치 않을 행복감에 젖을 것이다.

아이 혼자 방 안에 밀어넣고 한동안 밖으로 나오지 못하게 하면, 아이의 실망감만 더 커져 갈 뿐이다. 우선 아이는 하고 싶어하던 놀이를 못하게 되었다. 그리고 혼자 방 안에 갇히는 벌까지 받았다. 그러면 아이는 제가 보고 받은 대로 똑같이 하려 들 것이고, 엄마가 자기를 미워한다는 생각에 스스로도 자기 자신이 미워지게 될 것이다. 방에 가두는 벌을 반복하면, 아이의 내적 행복에 나쁜 영향을 미친다. 그러다 보면 아이는 점점 더 외적인 만족감에 집착하게 되고, 결국엔 좌절감을 참을 수 없는 지경에 이른다.

상담사례

"아직 감기가 심하니 썰매는 다음에 타자꾸나"

세 살 난 마이크는 눈이 오면 썰매를 태워 주겠다던 아빠의 약속 때문에 들떠 있었다. 그러나 감기에 걸려서 썰매를 탈 수 없다며 아빠가 약속을 어기자, 울상이 되었다. 이때도 사랑의 규제를 적용할 수 있다. 아빠는 "네가 얼마나 썰매를 타고 싶어했는지 잘 알아. 눈이 내리긴 하지만, 넌 열이 나잖아. 바깥 바람을 쐬면 감기가 더 심해질 거야. 아빠 무릎에 앉아서 이야기책 읽는 게 어떠니?" 하며 달랬다. 그래도 마이크는 계속 울어대기만 했다. 이때 "울음 그치지 않으면 내일도 썰매 안 태워 줄 거야"라든가 "울음 그칠 때까지 5분 동안 네 방에 가 있어", "간식 못 먹을 줄 알아" 하고 말한다면, 아이의 마음만 더 상할 뿐이라는 사실을 아빠는 잘 알고 있었다. 마이크 아빠는 아이가 우는 걸 가만히 지켜보았다. 잠시 후 마이크는 울음을 멈추었고, 다음 순간 아빠 말대로 금붕어 먹이 주는 일을 돕겠다며 마음을 돌렸다.

유아의 전능한 자아가 타인의 간섭을 강하게 거부할 때, 부모들은 어른들의 행동 기준에 비추어 곧잘 아이에게 과민 반응을 보인다. 아이가 당신 얼굴을 겨냥해 공을 던지려 한다고 가정해 보자. 이때 "내 얼굴에 던지지 말고 강아지에게 공을 굴려 보는 게 어떻겠니?"라며 다른 방향으로 유도할 수 있다. 그래도 고집을 피우며 공을 던지려 한다면, 단호한 어조로 "공 던지면 안 돼. 엄마 다치잖아. 공 던지면 그 공 이제 멀리 치워 버릴 거야" 하고 말한다. 전능한 자아의 마술에 흠뻑 빠져 있는 아이라면, 당신 말에는 아랑곳없이 재미있어하면서 정면으로 공을 던질 것이다.

아이들을 제대로 이해하지 못하는 부모라면, 아이가 짓궂게 반항하거나 고분고분하게 행동하지 않을 경우 화부터 치밀 것이다. 이때 부모들은 곧잘 격한 반응을 보이기 일쑤다. 언성을 높여 화를 내면서 아이를 방 안으로 밀어넣거나, 좋아하는 놀이를 못하게 하거나, 크게 꾸짖으며, 심한 경우에는 손찌검까지 한다.

아이들은 아주 잠깐 이런 시기를 통과하게 되는데, 이때 분명 규제가 필요하긴 하나 화를 내면서 아이를 꾸짖으면 도움은커녕 오히려 역효과만 날 뿐이다. 아이의 짓궂은 행동을 엄격하게 꾸짖기만 한다면, 아이 또한 합리적이고 효과적으로 자신을 규제할 수 있는 능력을 발전시키지 못하게 된다. 아이들은 부모와 거리감을 느끼게 되며, 내적 행복을 가로막는 행동들, 이를테면 손가락을 빨거나 대들거나 아예 의기소침해지거나 하는 행동들을 보일 것이다. 또한 아이들은 부모를 사랑하고 또 부모를 닮고 싶어 하므로 자기도 똑같이 자기 자신이나 다른 사람에게 함부로 대하려 들 것이다.

그러나 사랑의 규제를 따른다면, 부모에게서 고립되고 소외되어 마음의 상처를 입은 아이들을 어루만질 수 있다. 위에서 든 예처럼 "사람 얼굴에 공을 던지면 위험하다고 말했던 거 기억하지? 안전하게 갖고 놀지 않으면 그 공 멀리 치워 버릴 거야. 알았지?"라고 한 후, 보이지 않는 곳에 공을 감추면 된다. 아이가 계속 공을 내놓으라고 떼를 쓰면 "기분 상했지? 엄마 얼굴로 공 던지지 않겠다고 약속하면, 조금 있다가 공 꺼내서 놀게 해 줄게. 잠깐 동안 엄마랑 풍선 가지고 놀자꾸나"라고 해본다. 일단 아이의 행동을 규제한 후에는 아이가 행복감을 느낄 수 있도록 노력해야 한다.

변기에서 곰돌이 인형 목욕시키는 아이

상담사례

잠시 중요한 전화를 받고 있는 사이에 아이가 변기 속에 곰돌이 인형을 담그고 목욕 놀이를 하고 있다. 이때 아이에게 "변기 속이 얼마나 지저분한지 아니? 하지 마!" 하고 큰 소리로 위협하거나 아이를 방 안에 밀어넣고 벌부터 세우려 들면 안 된다. 언제나 사랑의 규제를 잊지 말자. 온화한 목소리로 "변기는 목욕 장소론 좋지 않아. 곰돌이 목욕통에 데려다가 비누로 깨끗이 씻어주자꾸나" 한 후 목욕통으로 데려가면 금방 해결된다.
대부분의 부모들은 아이가 화장실 놀이를 할 때 훈계를 늘어놓거나 심하게 혼내고 벌을 주면 오히려 역효과가 날 뿐이라는 사실을 모르고 있다. 침착하고 부드럽게 아이를 다른 방향으로 유도해 보라. 사랑의 규제를 적용한다면, 아이의 기분을 상하게 하지 않으면서도 자연스럽게 변기에서 떼놓을 수 있다. 변기에 대한 관심은 아이가 자라나면서 자연스럽게 사라진다. 그때까지는 아이가 변기 근처에 가지 않도록 자상하게 돌봐줄 필요가 있다.

아이들은 주위 어른들의 온화한 성품을 보면서 자연스럽게 온순한 아이로 자라난다. "이건 안 돼, 저건 안 돼!"라며 억눌러서 되는 일이 아니다. 사랑과 이해와 존중의 태도를 보여주면, 아이도 자라면서 다른 사람에게 그렇게 대할 것이다. 물론 세 살 전까지는 그런 변화가 발견되지 않을 것이다.

세 살 난 아이가 어린 동생을 때릴 때, 둘 사이를 가로막고 앉아 막무가내로 큰아이를 야단치거나 때려서는 안 된다. "동생을 때리게 그냥 놔둬서는 안 되겠는데" 하고 말해 줄 필요는 있겠지만, 그렇다고 큰아이를 야단쳐서는 안 된다. 남을 먼저 배려해야 한다느니, 어리고 약한 사람을 괴롭혀서는 안 된다느니 하면서 훈계를 늘어놓을 필요가 없다.

규칙을 깨뜨린 이들은 대개 자신의 잘못을 통해 무엇이 옳은 일인지 깨닫는다. 행동 방식에 대해 이런저런 훈계를 듣고 자라난다고 그 아이가 커서 다른 사람의 권리를 존중하리라는 보장은 없다.

게다가 아이들은 어른들의 모습을 그대로 모방하고 싶어한다. 자꾸 훈계를 듣다 보면, 아이는 죄책감과 소외감에 시달리다가 결국엔 친구들이나 동생들을 대할 때 어른들 모습을 흉내내려 들 것이다. 결국 아이의 사회화만 방해하는 결과가 된다.

반대로 사랑의 규제를 몸에 익히면, 혼을 내지 않고도 쉽게 아이의 공격적인 행동을 누그러뜨릴 수 있다. 그 과정에서 아이는 동생이나 친구와의 관계를 어떻게 풀어 나가야 하는지 자연스럽게 이해한다. 사람이든 물건이든, 자기 좋을 대로만 하려 들던 고집은 자라나면서 어느새 사라진다. 그리고 다른 사람의 의견을 존중할 줄 알고 의젓하며 자애롭고 의리 있는 당신의 모습을 닮으려 할 것이다.

••• 이런 표현은 삼가자

징벌과 사랑의 규제를 어떻게 구분하느냐는 질문을 자주 받는다. 우선 징벌할 때 쓰는 표현들을 살펴보자. "X 안 하면, Y 안 줄 거야." Y 자리에는 여러 말이 올 수 있다. 예를 들어 아빠가 아들에게 장화를 신으라는 말을 세 번씩이나 했는데도 아들이 꿈쩍 않으면 "지금 당장 장화를 신지 않으면, 밖에 나가서 아이스크림 안 사줄 거야" 할 수 있다. 사랑의 규제가 몸에 밴 부모라면, 아이를 보호하는 차원에서 꼭 필요할 때만 그런 표현을 쓸 것이다. 세 살 난 아들은 신으라는 장화는 신지 않고 운동화를 신겠다고 고집을 피웠다. 밖에는 눈이 펑펑 쏟아지는데 말이다. 아빠는 아이에게 "그래, 좋아. 그런데 눈 때문에 걸어다니기 힘들걸. 눈길 위에서 걸어다니려면 장화가 필요할 거야. 장화를 신으면 발이 덜 시릴 테니까 말야" 하고 말해 주었다. 그러자 아이는 잠시 곰곰 생각해 보고는 순순히 장화를 신었다.

••• 응석 받아주기는 사랑의 규제가 아니다

응석을 받아주는 것과 사랑의 규제는 거리가 멀다. 응석을 받아주는 부모들은 아이의 위험한 충동을 통제하지 못한다. 그들은 아이가 성을 내고 불만을 나타내면 달랠 길이 없어 난감해하다가, 결국엔 못하게 막아야 하는 일인데도 허용하고 만다. 아이가 울고 소리치는데도 하던 놀이를 계속하려고 응석을 받아주는 부모들이 있다. 일단 하고 싶은 걸 못하게 되면 아이들은 당황하게 마련이므로 당장 원하는 대로 사탕을 주면 우선은 효과가 있을 것이다. 그러나 놀이를 끝내고 낮잠을 자자고 말했을 때 아이가 계속 놀겠다고 고집을 피우면, 부모들은 감당하기 힘겨울 것이다.

응석을 받아주는 부모들은 아이가 원하는 걸 정확하게 파악해서 제공한다고 생각하겠지만, 응석을 자꾸 받아주다 보면 오히려 아이의 내적 행복이 안정적으로 발전되는 것을 방해하는 것은 물론 아이가 갖고 있는 크나큰 잠재력을 간과하기 쉽다. 아이들이 스스로를 조절할 수 없게 되었을 때, 전능한 자아가 전면에 떠오른다. 행동의 제약을 받지 않는 아이들은 바라는 것은 무엇이든 가질 수 있는 힘이 자기에게 있다고 믿는다. 그들의 이차적 행복은 특정한 욕망이 만족될 때에만 생겨나며, 하루하루 제자리걸음만 할 뿐 그 이상 발전되지 못한다. 응석받이 아이들은 실망감에 젖어 불행한 얼굴을 보이기만 하면 부모가 꼼짝 못한다는 걸 알게 되고, 부모는 물론 제 자신도 스스로를 통제할 수 없게 된다.

아이식으로 생각하라

아이들만의 독특한 생각을 이해할 수 있다면, 자라나는 유아의 감성에 상처 주는 행동을 피할 수 있다. 유아의 전능한 자아가 금지된 모든 것들에 반항하고 속박을 깨려고 할 때, 아이에게 안전한 주변 환경을 마련해 주어 실망감과 갈등을 줄일 수 있다. 이 시기 아이들은 손대지 못하게 되어 있는 진열품을 몹시 탐낸다. 걸음마 단계 아이들은 아무리 못하게 해도 전혀 아랑곳하지 않고 어떻게든 진열대 위로 손을 뻗으려 한다. 서점에 갔을 때는 값비싼 양장본 책들을 꺼내 표지를 죄다 벗겨냄으로써 자신이 간섭으로부터 자유로운 존재라는 걸 과시하려 한다. 운동장에서 모래퍼내기 놀이를 할 때에는 한층 더 심해진다.

골동품 가게에 간 아이

골동품 수집이 취미인 부모는 18개월 된 린과 함께 골동품 상점을 둘러보는 일이 결코 즐거운 일이 아니라는 걸 깨달았다. 린은 깨지기 쉬운 물건들을 함부로 끌어당기기 일쑤였다. 엄마 아빠가 밖으로 데리고 나가려 하자, 린은 내려 달라며 소리를 질렀다. 린은 진열된 물건들을 만지고 싶어할 때 직접적이고 강력한 제지에 부딪친다는 걸 경험했다. 부모는 "안 돼!"라고 엄하게 소리치며 손으로 찰싹찰싹 때리기까지 했다. 그래도 린은 계속해서 울며불며 매달렸다. 린의 부모는 처량하게 우는 린 때문에 더 이상 상점을 둘러볼 엄두가 나지 않았다. 그날 밤 아이는 악몽에 시달리는 것 같았다. 가게 안에서 아이를 '얌전하게' 하려면 어떻게 해야 하냐며 린의 부모가 상담을 해왔다.

린은 자칫 잘못하면 물건을 깨뜨릴 수 있는 나이다. 그러나 아직 너무 어려서 어떤 물건이 깨지는 것이고 어떤 물건에 손을 대면 안 되는지 스스로 판단할 수 없다. 그러므로 린이 보기에 부모의 간섭은 일관성이 없고 부당해 보일 뿐이다. 언성을 높여 윽박지르거나 손찌검을 하면, 린은 밑도끝도없이 자기가 나쁜 아이여서 그런다고 생각한다. 당연히 아이는 울음을 터뜨릴 수밖에 없다. 린은 부모를 사랑하고 또 부모도 자기를 아주 많이 예뻐한다고 생각해 왔다. 그러나 상황이 이렇게 되자, 아이는 부모가 자기를 대하는 것과 똑같은 태도로 자신을 대하기 시작했다. 악몽을 꿀 때 아이는 바로 엄마 아빠가 자기에게 보인 못마땅한 감정을 느끼게 되는 것이다.

딸을 제대로 이해하지 못하고 기대치만 높게 설정했을 때 어떤 결과가 오는지 린의 부모는 그제서야 알 수 있었다. 그 후로는 골동품 상점에 갈 때면 언제나 아이 돌봐주는 사람에게 린을 맡겼다. 가족이 함께 외출할 때면, 아이는 박물관이나 시립운동장의 어린이 보호소에 데려다 놓았다. 그곳에선 눈에 보이는 것이면 뭐든 만지며 놀아도 되니 린도 행복해했다. 가족 나들이는 갈수록 즐거워졌고, 불현듯 시작되었던 린의 악몽도 끝이 났다.

부모에게서 무조건적인 사랑을 끌어낼 수 있다고 굳게 믿거나, 원하는 것을 만족스럽게 제공받았을 때에는 평소 아무리 달래도 따르지 않았던 몇 가지 건강과 안전 수칙을 아이도 수용하게 될 것이다. 안전띠를 맨다든지, 약을 먹는다든지, 건널목을 건널 때 얌전하게 엄마 손을 잡는 것 등이 그것이다. 게다가 여유도 생겨서 무턱대고 전능한 자아만 따르면 불행해질 수도 있다는 것을 깨닫게 된다.

상담사례

밥 안 먹고 그림 그리겠다고 떼쓰는 아이

두 살 난 페니는 자기가 하고 싶은 걸 못하게 되면 옆에서 아무리 얘기를 해도 도무지 들으려 하지 않았다. 이 때문에 고민하던 페니 부모가 상담을 청해 왔다. 훈계를 늘어놓을수록 페니는 더 완강해졌는데, 실망감이 들면 더 안달복달하고 상처만 커지므로 부모가 말려도 못 들은 척할 뿐이라고 했다.

몇 주 후 페니는 저녁 먹을 때가 되었는데도 계속 그림을 그리겠다고 떼를 썼다. 엄마가 못하게 하자, 페니는 이내 울음을 터뜨렸다. 그리곤 '난 언제든 내가 하고 싶은 대로 할 수 있어' 라는 전능한 자아의 환상에 사로잡혀 급기야는 허공에 대고 붓을 이리저리 마구 휘저으면서 그림 그리는 시늉을 했다. 이때 부모는 예전처럼 혼내는 대신, 페니에게 괜한 시늉을 하지 말라고만 조심스럽게 일깨워 주었다. 그리고 아무렇게나 붓을 저어 대는 아이에게 "페니야, 엄마가 하는 걸 보렴. 어때?" 하며 함께 놀아 주었다.

세 살이 되던 생일날에도 페니는 예전처럼 저녁 먹을 생각을 하지 않고 그림 그리기에 열중해 있었다. 그러나 상황은 달라졌다. 엄마가 밥 먹을 시간이라고 하자, 페니 스스로 지금은 그림 그리는 시간이 아니라는 현실을 받아들이고는 기분 좋게 크레용을 내려놓았다.

아이에게 건설적인 방향을 선택하고 그 선택을 잘 따랐을 때 진정한 기쁨이 따른다는 걸 경험하게 해주자. 그러면 아이는 전지전능하다고 믿어 왔던 전능한 자아가 얼토당토않은 일을 충동질해도 조금씩 초연해질 것이다. 그러다가 마침내 자존심 상하는 일 없이도 얼마든지 실패와 실망의 순간들을 잘 이겨낼 것이다.

이 시기 아이들에게는 부모들이 생각하는 것보다 훨씬 더 많은 시간과 관심이 필요하다. 두 살 정도의 걸음마 단계 아이들은 아기티를 조금씩 벗으면서 점차 독립심을 가지게 된다. 이때가 되면 부모들도 '아기' 대접을 하지 않는다. 제 스스로 할 수 있는 일, 이를테면 서랍장에서 양말 꺼내오기, 벙어리장갑 끼기 등은 아이 혼자 하도록 지켜본다.

여기서 스마트 러브를 다시 상기해 보자. 늘 아이의 요구를 존중해 준다면, 아이는 훨씬 더 자연스럽게 부모의 간섭을 받아들일 수 있게 된다. 아이의 요구를 들어줄 수 없는 상황이라면, 아이에게 얼마든지 다른 방법을 택할 수도 있다는 걸 보여준다. 엄마가 다른 일로 바빠서 아이에게 양말을 못 가져다 주면, 누나가 대신 해줄 수도 있다. 딱딱한 피리로 식탁을 내리치면 안 되지만 고무 장난감은 괜찮다. 이렇게 하면 아이는 제 스스로 선택하고 또 재미있게 노는 모습을 부모가 좋아하는구나 하고 생각하게 될 것이다.

이 또래 아이를 둔 부모라면, 아이들이 스스로 선택하는 기쁨을 충분히 만끽할 수 있도록 하루 일과를 짤 수 있다. 아이가 부모의 통제를 받고 있다는 느낌을 받을 수 있도록 자연스럽게 유도해 보자. 예를 들면 다음과 같이 한다.

* 아이가 관심을 다른 곳으로 돌리거나 조급하게 서두르지 않도록 몇 분 안에 거뜬히 해낼 수 있는 심부름을 시킨다.
* 관심을 갖게 하는 일이 쉽지 않다면 우선 대화를 나눈 후, 아이가 만족스러워 할 만한 다른 방향을 제시해 보자. "엄마가 두 번씩이나 얘기했지. 시간 다 됐으니까 지금 당장 가자"라고 말하는 대신, "강아지 보러 집에 가자", "유모차에 타고 건포도 먹을까?" 하고 말을 건다.
* 선택권을 줄 생각이 아니면 아이에게 섣불리 질문을 던지지 않는다. "우유 마실래, 오렌지 주스 마실래?" 정도는 괜찮다. 그러나 혼자 밖에 내보낼 수 없는 게 뻔한데 "밖에 나가고 싶어?"라고 물어 봐서는 안 된다.
* 아이에게 방종을 가르치지 말자. 한 엄마는 12개월 된 아이가 자꾸만 번잡한 인도로 달아나려 해서 무진 애를 먹었다. 이때 정작 문제가 되는 것은, 아이는 따라가기도 싫고 쫓아다니기도 힘든데 엄마가 자꾸만 도로로 걸어가는 것이다. 아이가 안전하게 돌아다녀도 되겠다 싶은 곳까지 유모차에 태워서 갔더라면 그리 애를 먹지 않아도 되었을 것이다.
* 반드시 해야 하는 일에 대해서는 길게 얘기를 끌지 말자. 아이에게 약을 먹일 때는 구슬리거나 다른 약속을 제시하지 말고 약을 먹지 않는다면 감기가 빨리 낫지 않을 거라는 얘기만 해주자. "지금 이 약 먹기 싫어하는 거 알아. 하지만 감기 나으려면 먹어야 되는 거 알지?" 하고 말하면서, 아이의 괴로운 심정을 이해한다는 표현만 해주고 끝내야 한다.

'끔찍한 두 살'과 '멋진 두 살'

스스로 감정을 조절할 수 있는 능력, 참고 기다릴 줄 아는 능력을 자연스럽게 키워 주려면 자기가 원하는 걸 언제나 다 가질 수만은 없다는 사실을 아이에게 가르쳐야 한다. 보통 부모들은 "착한 아이는 기다릴 줄 알아야 해"라거나 "계속 울고불고하면 영영 못하게 할 거야"라고 말하기 쉽다. 그러나 아이의 바람을 단호하게 제지하려 들면 상황은 더 나빠진다. 아이는 처참한 기분이 들어 울음을 터뜨리기도 할 것이다. 게다가 거기서 그치는 게 아니다. 아이는 중요한 일을 못하게 되어 참담한 심정인데, 사랑하는 부모는 자기 마음을 전혀 이해해 주지 않는 것 같아 마음에 상처를 입는다.

부모가 아이의 요구에 정성껏 반응을 보이고 끊임없이 사랑한다는 것을 보여준다면, 아이는 보다 훌륭하게 욕구 불만을 참아낼 수 있다. 이 시기 아이들은 '끔찍한 두 살'이 아니라 '멋진 두 살'이다. 아이들은 희망이 좌절되어 불행하다고 느낄 때 부모의 도움을 간절히 바라며, 이때 부모가 도와주면 금세 쾌활함을 되찾는다. 부모가 사랑으로 대해 주면, 더 이상 텔레비전 앞에 딱 붙어 있거나 마구 먹어 대거나 하면서 고집을 피우지 않는다.

아이들에게 거듭 훈계를 늘어놓거나 엄한 규율로 다스리려 한다면, 무엇인가를 갖고 싶어하는 그 자체가 커다란 상처가 될 것이다. 결국 아이는 보다 더 큰 충동에 휘말려 곧잘 짜증을 내거나, 혹은 자기가 무엇이든 통제할 수 있다는 걸 강하게 보여주기 위해 원하던 걸 하지 않겠다고 우기곤 한다.

운동장에서 신나게 놀고 있는데 엄마가 그만 놀고 집으로 돌아가자고 말하자, 두 살짜리 아이는 울며불며 안 가겠다고 고집을 피웠다. 대부분의 부모들은 이때 아무 소용도 없고 역효과만 날 뿐인데도 부정적으로 반응하게 마련이다. "집에 가야 하는데, 이렇게 자꾸 울면서 고집 피우면 이제 다시는 여기 안 올 거야"라든지, "당장 울음 그치지 않으면 집에 가는 길에 아이스크림 안 사줄 거야", 아니면 "그럼 너 혼자 여기 있어" 하고 소리친다. 이런 얘기를 자주 들은 아이라면 "나 이제 운동장 안 올 거야", "나 아이스크림 먹기 싫어" 하고 반응할 것이다.

하고 싶어하는 걸 못하게 하거나 멀리 떼어놓으면 우선은 조용해지게 마련이다. 그러나 화가 나 있는데도 나무라기만 하는 부모의 모습을 보면서 아이의 욕구 불만은 갈수록 커진다. 아이들은 부모의 모습을 닮고 싶어 하므로 부모의 행동을 그대로 따라할 것이며, 불행한 느낌이 들 때마다 제 자신이 싫어질 것이다. 그러나 부모가 스마트 러브의 지침을 따라 아이의 진정한 마음을 보듬어 준다면, 그 순간에는 실망감이 들겠지만 조금 지나면 쾌활함을 되찾을 것이다.

스마트 러브로 우는 아이 보살피기 *상담사례*

두 살 난 제이크는 한참 신나게 놀고 있을 때 엄마 아빠가 그만 가자고 하면 주먹을 휘둘러댔다. 제이크 부모는 아이가 그럴 때마다 크게 혼을 냈다. 그러고 나면 제이크도 부모도 기분이 몹시 상했다. 이를 걱정한 제이크 부모가 우리를 찾아왔다.

스마트 러브를 알게 된 후, 제이크 부모는 아이에게 다른 태도로 접근했다. 한번은 제이크와 함께 어린이 박물관에서 한 시간 반쯤 놀다 왔는데, 그때는 분명 이전과 달라졌다. 우선 제이크에게 "여기서 더 놀고 싶어하는 거 알아. 하지만 이제 가야 한단다"라고 귀띔을 한 뒤, "이제 점심 먹으러 가자"고 얘기했다. 그러자 제이크가 울음을 터뜨렸다. 부모는 침착한 목소리로 떠나야 할 시간이 되었다고 다시 말했다. "식당에 가서 점심 먹을 때 햄버거에 케첩 뿌리는 건 네가 하렴" 하고 말해 주어도 제이크는 여전히 크게 울어댔다. 제이크 부모는 부드럽게 다가가 제이크를 번쩍 들어올려서는 박물관을 빠져나왔다. 그리고 아이가 진정될 때까지 아무 말도 하지 않다가 5분쯤 지난 후 엄마가 다정한 목소리로 제이크에게 말했다. "박물관에서 노는 거 정말 재미있었지? 네가 떠나기 싫어하는 거 엄마도 알아." 그 말에 제이크는 기분이 좀 나아졌는지 고개를 끄덕였다. 그러고는 금세 평소의 밝은 모습으로 돌아왔.

제이크 부모는 사랑의 규제를 통해 제이크의 고집스러운 행동을 보다 효과적으로 조절할 수 있게 된 것이다. 막무가내로 아이를 가로막거나 훈계를 하거나 벌을 세우지 않은 탓에 아이에게 불행한 느낌을 주지도 않았다.

한 달 후 한참 신나게 놀고 있는 제이크에게 집에 갈 시간이라고 하자, 제이크는 부모를 쳐다보면서 "나, 슬퍼요"라고 말했다. 사랑의 규제로 대한 덕분에 이제 제이크는 집에 가기 싫어하는 자기 감정에 스스로 부담을 느끼게 된 것이다. 그리고 마침내 부모와 자기 감정을 공유하게 되었다. "아빠도 알아. 재미있는 놀이를 그만 둔다는 게 쉽지 않지?" 하고 말하자, 제이크는 눈물 한 방울 내비치지 않고 선뜻 부모를 따라 나섰다.

제이크가 두 살 반이 되었을 때, 친구 생일 잔치에 가서 즐겁게 보내다가 친구들 중 제일 먼저 그 자리를 떠나야 했다. 순순히 부모를 따라나선 제이크는 집으로 가는 도중에 "더 놀고 싶었는데" 하고 털어놓았다. 제이크 부모는 남아서 더 놀고 싶었을 텐데도 고집부리거나 침통해하지 않고 그 자리를 떠나온 제이크가 대견스러웠다. 제이크는 비록 부모 때문에 즐거운 생일 잔치에서 제일 먼저 나와야 했지만, 자기가 원하는 대로 하지 못할 때 내적 행복이 다치지 않도록 자상하게 보살펴 준 부모의 깊은 사랑을 느낄 수 있었다.

악몽 꾸는 아이 보살피기

감기에 걸리듯 아이들은 악몽을 꾸게 마련이다. 앞에서 살핀 대로 욕구가 충족된 아이들은 악몽에 시달리지 않는다. 괴물이나 마녀, 용처럼 무시무시한 상대를 만나 머리카락이 쭈뼛 설 정도로 놀라 깨는 일이 없다. 현실에서 이루지 못한 욕망 때문에 불행한 느낌을 받았던 아이들은 무서운 상황에 부딪치는 것을 그 무엇보다 피하고 싶어한다. 그러나 낮에 화들짝 놀랐다든지 하는 불쾌한 경험이 있었던 아이들은 이따금 원치 않는 꿈에 시달린다. 심한 경우, 끔찍한 꿈을 꾸면서 몸이 아프기까지 한다. 아이가 악몽에 시달리면서 아파할 때는 스마트 러브에 따라 아이에게 따뜻한 관심을 보여주어야 한다.

"침대에 개미가 있어요"

한밤중에 두 살 반 된 딸이 우는 소리가 들렸다. 아이는 꿈속에서 개미들이 자꾸만 자기 몸 위로 기어올라왔다고 말했다. 건성 피부로 고생한 경험이 있는 아이는 몸이 몹시 가려웠던 것 같다.

엄마 : 꿈을 꿨나 보구나. 몸이 가려워서 자면서도 개미가 생각났구나.
에이프릴 : 난 개미가 싫어!
엄마 : 엄마도 알아. 가려운 데 바르는 연고를 바를까?
에이프릴 : 침대에 또 개미가 있으면 어떡해?
엄마 : 이제 가렵지 않으니까 개미 꿈도 안 꿀 거야.
에이프릴 : (잠시 가만있다가) 꿈에 엄마가 나왔으면 좋겠어.
엄마 : 엄마가 꿈에 나오면 훨씬 좋겠다. 그렇지?
에이프릴 : 응.
엄마 : 우리 아기, 잘 자렴.
에이프릴 : 엄마도 잘 자. (다시 잠든다.)

· · · · · ·

"곰돌이가 넘어졌어요"

세 살 난 샌디가 나쁜 꿈에 시달린다며 샌디 엄마가 상담을 해왔다. 샌디는 상처라곤 나본 적이 없었는데, 운동장에서 술래잡기를 하다가 그만 넘어져 다치는 바람에 병원에 가야만 했다. 그날 밤 샌디가 부르는 소리에 갔더니, 꿈속에서 곰돌이 인형이 넘어져 다리가 부러졌다고 얘기했다. 엄마는 샌디를 꼭 안아 주면서 낮에 너무 놀라 나쁜 꿈을 꾼 걸 거라고 얘기해 주었다. 샌디도 엄마 말이 맞다는 듯 고개를 끄덕이면서 자기랑 곰돌이 무릎에 새 반창고를 붙여 달라고 했다. 아이 말대로 반창고를 붙여 주었더니 샌디는 편안하게 잠들었다.

에이프릴은 육체적인 고통 때문에 나쁜 꿈까지 꾸게 된 경우다. 다행히 에이프릴은 겁에 질리지 않았고, 엄마가 곁에서 위로해 줄 거라는 믿음이 있었다. 엄마는 그 후로 잠자리에 들기 전에 꼭 연고를 발라 주었고, 에이프릴은 더 이상 나쁜 꿈을 꾸지 않았다.

아이들은 잠자는 동안 몸이 아프거나 낮에 심하게 놀란 일이 있었으면 종종 나쁜 꿈에 시달린다. 그러나 아이의 잦은 악몽은, 아이가 제 스스로 불행한 상태에 놓이게 해서 도움을 청하고 싶어하는 욕망을 반영하는 것이다. 다음에서는 자주 악몽에 시달리는 아이를 어떻게 대해야 하는지 알아본다.

잠자기 싫어하는 아이 보살피기

아이가 잠을 자려고 하지 않을 때, 아이를 평화롭고 행복하게 잠재우는 가장 효과적인 방법이 바로 사랑의 규제다. 스마트 러브에 따르면 아이를 충분히 쉬게 할 수 있고, 아이와 친밀한 시간을 가지면서 평온하게 잠자리에 들도록 도울 수 있다.

아이는 사랑하는 부모와 행복한 주변 세계에 둘러싸여 있다. 그런데 그 아이가 사랑하는 이 모든 것을 떠나 잠자리에 들고 싶겠는가? 이 시기 아이들은 부모가 잠자리에 들기 전까지는 계속 함께 있고 싶어한다. 아이들이 괜한 고집을 부리거나 부모를 귀찮게 하려는 건 아니다. 이 시기 아이들이 왜 잠자리에 들지 않으려 하는지 그 이유를 제대로 이해한다면, 훨씬 더 침착한 태도로 아이를 대할 수 있을 것이다.

아이가 잠을 자지 않겠다고 버티며 싫은 기색을 보일 때는 다른 보상을 주겠다고 어르거나 벌을 주거나 모른 척하는 등 온갖 방법을 써봐도 소용이 없다. 야단을 치며 겁을 주고, 제 방에서 못 나오게 하거나, 아예 모른 척하면 아이들은 마지못해 포기하고 잠자리에 들기는 할 것이다.

그러나 아이는 사랑하는 부모가 자기를 불행하게 만들고 싶어한다고 결론짓고, 자기 자신을 함부로 대해도 된다고 배운다. 그리고 자라나면서 어려운 상황에 부딪칠 때도 다른 사람에게 쉽게 도움을 청하지 못한다. 부모가 아이에게 늘 다른 보상을 주겠다며 달랜다면 아이는 자기가 더 강한 존재라는 결론을 내리게 되며, 결국 부모는 아이의 요구에 끌려다니게 된다. 그러나 사랑의 규제로 다가간다면, 아이들은 제 시간에 잠자리에 들 것이다. 동시에 부모가 자기를 사랑하고 자기 감정까지 세심하게 배려하며, 자기를 보호하고 있다고 생각하게 된다.

세 살 난 아이가 잠잘 시간이 되었는데도 자꾸만 물을 달라고 하면서 자지 않고 버틴다고 하자. 넉 잔, 다섯 잔까지 준 후에는 이제 충분히 마셨으니까 그만 자라고 말할 것이다. 아이가 계속해서 자지 않겠다고 버티더라도 짜증을 내거나 화를 내서는 안 된다. 아이가 잠을 자야 엄마도 쉴 수 있고 집안일도 할 수 있으니 아이가 어서 잤으면 하고 바라는 건 당연하다. 그렇더라도 아이가 괜한 고집을 피운다는 생각에 냉담한 반응을 보여서는 안 된다. 아이는 깨어 있는 즐거움을 조금이라도 더 끌어 보려고, 유치하긴 하지만 아이 나름대로 기발한 생각을 해낸 것이다. 이때 아이에게 다정한 태도를 보인다면, 이후에 바라던 걸 못하게 되는 상황이 오더라도 엄마는 여전히 자기를 사랑하고 소중하게 여기고 있다는 확신을 잃지 않을 것이다.

아이의 창의력을 인정해 주면서 조금씩 아이의 요구를 줄여 나갈 수 있다. 물을 더 달라는 요구를 들어주지 않아 아이가 울음을 터뜨리면, 울음을 그칠 때까지 우선 아이를 달랜다. 또다시 울음을 터뜨리면, 몇 번이고 다시 아이 방에 가서 다정한 목소리로 이제까지 마신 물로 충분하며 이제 잘 시간이라고 짤막하게 얘기한다. 이를테면 "아직도 재미난 일들이 많은데, 벌써 자야 한다는 게 힘든 일인 줄 엄마도 알아. 하지만 정말 자야 할 시간이야. 자러 가자. 아침이 되면 제일 먼저 물부터 마시렴" 하고 말한다.

궁극적인 목적은 아이를 벌주는 것이 아니라 규제하는 것이다. 그러므로 아이가 울 때 다정하게 달래 주자. 아이는 당장 물을 마실 수는 없겠지만, 기분이 좋아지고 행복해지도록 엄마가 곁에서 보살펴 준다고 생각할 것이다. 애정 어린 태도로 대하면, 참담한 기분에 무력감까지 안은 채 자포자기한 상태로 잠들지는 않을 것이다. 반대로 따뜻한 부모의 정을 느끼면서 잠들 수 있게 된다.

잠을 설치는 영·유아나 어린아이들을 혼자 재워야 할 필요가 있는지 물어 오는 부모들이 종종 있다. 이는 문화적인 문제이기도 하다. 아이와 함께 자는 것은 지극히 당연한 일이다. 몇몇 문화권에서는 아이와 함께 자는 것이 훨씬 좋다고 여긴다. 맹수의 위협이 염려되거나 추위가 극심하여 부모 형제들의 체온으로 아이를 따뜻하게 해주어야 하는 지역이 있다. 이런 곳에서는 온 가족이 한곳에 모여 잠들며, 아이가 부모와 함께 자더라도 성장하는 데 아무런 문제가 없다.

하지만 서구 문화권에서는 불편한 점이 있다. 잠자는 시간을 빼고는 부부가 단 둘이 있을 수 있는 시간이 많지 않아 개개인은 혼자 자는 법을 배워야 한다. 어느 정도 성장하면 부모와 떨어져 혼자 자는 습관으로 바꿔야 하는데 그 변화가 쉽지만은 않다. 부모와 함께 자고 싶다는 생각이 점점 더 강렬해지기 때문이다. 아이들은 성장한 후에는 결국 자기 방을 쓰거나 아니면 형제들과 같이 방을 쓰게 되므로, 이런 문화에서는 어릴 때부터 자기 침대에서 자도록 가르치는 편이 더 낫다. 혼자 자는 습관이 필요하다고 생각하는데도, 아이는 자꾸만 부모 침대로 기어들 것이다. 이때 온화한 태도로 대해 주고, 아이가 잠들 때까지 몇 번이 되었건 아이 방에 가주는 것이 좋다.

스마트 러브는 모든 문화에 적용 가능한 것이다. 그러나 이 책은 21세기 서구 문화의 관점에서 도출된 사례에 기초하고 있다. 하지만 아이들을 행복하게 키우는 데 있어 어느 특정한 문화의 육아법이 더 우월하다고 생각하지는 않는다.

아이가 울 때 모른 척하거나 야단을 치고 벌을 주면, 아이들은 자기도 모르는 사이에 불행한 느낌을 경험하게 된다. 그것은 어떤 문화에서나 마찬가지다. 아이들에게 오랜 기간 불행을 경험하게 하는 문화에서 자라난 성인들 역시 사회적 성공을 거두고 내적 만족감을 느끼며, 자기들의 사회를 정상적인 것으로 받아들인다. 하지만 그런 문화에서는 견고한 내적 행복을 갖춘 성인으로 성장하기란 힘들다.

성장의 지표 :
변기 사용하기

부모들은 자칫 아이의 변기 사용 시기를 잘못 선택하게 될까 염려하며, 그 때문에 '배변 교육'을 할 때 종종 마찰을 빚는다. 아이의 상황을 고려하여 '배변 교육' 시기를 잡아야 한다는 것은 대부분 잘 알고 있다. 그러나 시간이 지나도 계속 기저귀를 사용해야 한다면, 부모는 점점 더 큰 당혹감과 걱정에 휩싸일 수밖에 없다. 그러나 걷기·말하기·자전거타기·읽기 능력이 느린 것은 걱정거리가 될 만하지만, 변기 사용 시기는 좀 늦춰 잡아도 크게 문제될 게 없다. 꼬마 야구단에 참가하고 고등학교를 가고 결혼할 시기가 될 때까지 기저귀를 사용할 리 만무하다는 걸 생각해 보면, 한층 느긋해질 수 있을 것이다. 멀리 내다보면서 아이 스스로 변기 사용의 필요성을 느낄 때까지 시간 여유를 주는 것이 좋다.

변기를 사용하게 되었다는 것은 아이가 기저귀 사용 단계에서 변기 사용 단계로 훌쩍 성장했다는 걸 의미한다. 즉, 이것을 시작으로 아이는 자율성과 이차적 행복을 획득하게 된다. 크레용이나 블록 장난감, 인형을 가지고 놀도록 기회를 주는 것처럼 느긋한 태도로 변기 사용을 유도하면, 아이는 부모에게 떳떳하고 자랑스럽고 친근한 태도를 보이면서 화장실을 선택하게 될 것이다. 유아용 변기를 사용할 수도 있지만, 무엇보다 훌륭한 것은 부모가 느긋한 태도로 이끌어 주는 것이다.

어느 시기까지는 꼭 기저귀를 떼어야 한다고 못박는 것은 잘못된 생각이다. 그 시기에 맞추려다 보면 필경 충돌이 생겨나게 마련이다. 어르고 달랠 필요도 없으며, 변기 사용을 억지로 강요해서도 안 된다. 아이의 잠재

능력을 바른 길로 이끄는 것이 궁극적인 목적이므로 아이 스스로 변기 사용을 자유롭게 선택하도록 한다.

> **상담사례**
>
> *"변기 쓰기 싫어요"*
>
> 18개월짜리 아이를 둔 부모는 아이가 유아용 변기에 앉아 있는 걸 발견하고는 깜짝 놀랐다. 아이 방에 슬그머니 가져다 놓은 것인데, 아이가 사촌이 하는 걸 보고 와서는 그대로 흉내냈던 것이다. 뿌듯한 마음이 들어 친구와 친지들에게 아이가 훌륭하게 '길들여지고' 있다며 실컷 자랑을 했다.
> 하지만 그 후 아이는 전혀 변기에 관심을 보이지 않았다. 대단히 실망스러웠던 부모는 우리에게 상담을 청해 왔다.
> 앞으로도 계속 기저귀를 갈아 줘야 한다고 생각하면 우선은 실망이 클 것이다. 그러나 여기서 중요한 것은 아이가 변기를 사용해 보겠다고 엄두를 내긴 했지만, 여전히 기저귀를 더 좋아한다는 사실이다. 아이가 변기에 다시 관심을 보일 때까지 기다렸다가 차분하게 아이를 격려해 주는 것이 필요하다.

변기를 곧잘 사용하다가 다시 기저귀를 채워야 하는 상황으로 되돌아가면 실망이 이만저만 아닐 것이다. 그러나 이때 변기 사용을 강요하거나 대신 다른 요구를 들어주겠다고 어르다 보면, 서로 고집 피우다가 충돌이 생기게 마련이다. 아이가 참다 못해 옷에다 그냥 똥을 싸게 되면 결국엔 부모가 지게 된다. 더군다나 아이가 부모를 위해 마지못해서, 또는 보상을 바라고 변기를 사용한다면, 그 본래 의도를 놓치게 될 것이다. 즉, 중요 신체 기관을 조절할 수 있게 자신감을 키우고 잠재 능력을 개발하는 것이 진정한 목표다.

두 살 정도 된 아이와 함께 수영이나 체조를 하러 갈 경우, '배변 교육'이 잘 된 아이만 데려갈 수 있다고 생각하는 것이 일반적이다. 그러나 부모가 아이의 '변기 사용'에 대해 느긋한 태도를 보인다면, 아이는 얼마든지 부모와 함께 다양한 활동을 즐길 수 있다. 이를 경험한 부모들은 배변 교육을 서두르는 것이 아이를 위해 과연 바람직한 일인지 궁금해질 것이다.

아이가 스스로 필요할 때 알아서 화장실을 사용하게 되리라는 걸 기억하고 있다면, 얼마든지 아이에게 다음과 같이 설명해 줄 수 있다. "수영장(또는 일일 캠프)에 가고 싶지? 그럼 거기 가면 꼭 화장실을 사용하겠다고 약속해." 일일 캠프에서는 화장실을 사용했던 남자아이가 집에 와서는 다시 기저귀를 찬다는 얘기도 들었다. 다행히 그 아이 부모는 아이의 행동을 잘 이해해 주었다. 만약 그 부모가 아이를 혼냈다면, 아이는 기저귀를 포기하면서까지 그 활동에 참가할 필요는 없겠다고 생각했을 것이다. 그런 선택도 존중해 주어야 한다.

아이가 바깥 활동을 포기하고 계속 기저귀를 차겠다고 하면, 화장실 사용에 구애받지 않으면서 즐길 수 있는 활동을 찾아본다. 아이에게 화장실을 사용해야 한다는 압박감을 주지 않고도 얼마든지 다른 활동을 통해 아이를 만족시킬 수 있다.

아이를 유아원에 보내려 하는데 아이가 자꾸만 변기 사용을 거부한다면, 기저귀를 차고 생활할 수 있는 곳을 찾아볼 수도 있다. 다행히 받아주는 유아원이 있다면, 이제 막 변기를 조금씩 사용하기 시작한 아이에게 일회용 팬티 기저귀를 입혀 보낼 수 있다. 그러다가 아이가 변기 사용에 어느 정도 적응되었을 때 다른 유아원으로 옮긴다.

"아직도 기저귀를 차다니"

세 살 난 론은 아빠와 함께 아빠 친구 집에 놀러갔다. 그 집에도 세 살 난 아들이 있었는데, 그 애는 유아용 변기를 사용하고 있었다. 아빠가 옆에서 론을 변기에 앉히려 하자, 이를 본 친구가 "론은 아직도 아기구나" 하면서 놀려댔다. 아빠는 계속 "론, 이리 와보렴. 아기처럼 기저귀 차고 있지 말고 변기에 누자"고 말했지만 번번이 헛수고였다. 론은 울음을 터뜨리며 집으로 돌아가자고 떼를 썼다. 그전에 론은 곧잘 아빠 친구 집에서 신나게 놀곤 했지만, 그 후로는 그 집에 다시 가지 않으려 했다.

론의 아빠는 악의 없이 내뱉은 어른의 말에 아이가 상처받지 않도록 하려면 어떻게 해야 하는지를 물어 왔다. 부모가 듣는 앞에서 다른 어른에게 혼이 나면, 아이는 대번에 마음이 상한다. "론도 마음의 준비가 되면 변기를 사용하게 될 거야. 론이랑 같은 또래 아이들 중에도 기저귀를 차는 아이들이 많은걸 뭐. 아기들만 기저귀를 차는 건 아니야. 화장실에 가기 싫어하는 아이들은 모두 큰아이용 기저귀를 차잖아"라고 말해 주는 것이 바람직하다.

아이가 기저귀를 어서 뗐으면 하고 바라는 부모들은 장난감을 주거나 가까운 놀이동산에 데려가는 등 보상을 제시하여 동기를 유발하는 것이 과연 옳은 방법인지 궁금하게 여긴다. 그러나 그 방법은 부모가 화장실 사용을 무척 중요하게 여기고 있구나 하는 생각만 심어 줄 뿐, 아이에게는 아무런 동기도 부여하지 못하므로 되도록 피해야 한다. 보상은 아이에게 또 다른 부담을 안겨 주며, 보상을 받고도 여전히 기저귀를 벗고 싶지 않다면 기분이 상하고 무력감마저 느끼게 된다. 실제로 화장실을 사용하게 되어 부모를 기쁘게 해준다 하더라도 아이는 화가 나거나 더 이상 보상을 받지 못하게 될 경우, 자기의 화난 감정을 표현하거나 갖고 싶은 게 생길 때 화장실을 쓰지 않겠다고 고집을 피울 것이다. 반면에 어떤 보상 없이 화장실 사용을 익힌 아이는 성장하면서 관리와 통제 아래 놓이게 되는 때가 오더라도 별 충돌 없이 잘 헤쳐 나갈 것이다. 그렇게 되면 부모는 그 무시무시한 '화장실과의 전쟁'을 피할 수 있다.

공중 화장실은 무서워

> 상담사례

집에서는 곧잘 화장실에 가면서도 공중 화장실은 유독 무서워하는 두 살 반 된 아이가 있었다. 부모는 아이가 산책 나가는 걸 좋아한다고 생각했는데, 아이는 자꾸만 걱정을 늘어놓으면서 집에 가자고 졸라댔다. 집에 들어서자마자, 아이는 화장실로 뛰어들어갔다. 공중 화장실도 집 화장실과 똑같다고 아무리 설득해도, 아이는 말을 들으려 하지 않았다. 어떤 때는 변기 위에 올려놓는 유아용 변기를 가지고 외출할 때도 있었다. 정 급하면 아이도 바지를 적시는 대신 공중 화장실을 선택할 것이고, 공중 화장실도 괜찮다는 생각이 들 게 아니냐고 한 친구가 일러 주었다.

아이가 공중 화장실을 사용했으면 하는 바람이 굴뚝 같았지만, 그렇다고 친구의 조언대로 하자니 영 내키지가 않았는지 부모는 우리에게 상담을 청해 왔다. 아이는 저마다 집에 있는 변기, 때로는 다른 집에 있는 변기가 편하게 느껴지는 때가 있다. 게다가 공중 화장실은 물 내리는 소리가 너무 커서 아이들이 깜짝 놀라는 게 당연하다.

이때 부모는 아이가 멀찌감치 걸어나가고 난 뒤에 물을 내리겠다고 미리 얘기해 주거나, 외출할 때는 기저귀를 차고 가자고 할 수도 있다. 아이가 이제 안마저 거절하더라도 "바지에 쌀 거야? 아니면 그냥 한번 꾹 참고 눌래?" 하면서 강제로 시키려 하지 말고, 아이가 이 시기를 잘 넘기도록 기다려 주거나 되도록 집에서 멀리 데려가지 않는 것이 좋다.

집에서 변기를 사용하는 아이들은 심한 압박감에 시달리지 않는 이상 대부분 3~4개월 안에 공중 화장실을 사용할 수 있게 된다. 이 시기 아이들은 적응력이 생겨서 어디든지 부모를 따라다닐 수 있다. 그러나 아이가 겁에 질려 있는데도 공중 화장실을 사용하라고 계속 강요한다면 아이는 점점 더 안절부절 못하게 될 것이다. 이런 경우라면 외출을 좋아하던 아이라도 밖에 나가기 싫다고 할 때가 종종 생긴다. 그러나 아이들은 밖에 나가기 싫은 이유가 화장실 때문은 아니라고 말할 것이다.

아이에게 친구는 몇 명이나 필요할까

아이의 사회성을 높이기 위해 가능하면 또래 아이들과 많이 노는 것이 좋다는 건 누구나 알고 있다. 하지만 세 살 이전에는 꼭 그렇다고 할 수도 없다. 세 살 미만의 아이들은 부모의 사랑과 관심을 원하며, 또 무엇이든 소유하고 싶어하고 제 마음대로 하고 싶어한다. 아직은 전능한 자아가 강할 때여서 언제나 자기가 원하는 대로 하고 싶어한다. 이 시기 아이들의 욕구는 사회적 관계 형성과는 아무 상관이 없다. 아직은 원하는 것을 참고 남을 배려할 만한 단계는 아니다.

가족들과 자주 어울린다면, 세 살 미만의 아이들도 또래 아이들과 많은 시간을 보낼 수 있다. 아이들에게 늘 친구들과 장난감을 사이좋게 가지고 놀아야 한다거나, 친구 장난감을 갖고 놀고 싶어도 먼저 친구에게 물어 보아야 하고, 자기 순서가 올 때까지 차분하게 기다려야 한다고 강요할 수는 없다. 부모가 기대치를 낮춰 아이에게 느긋한 태도를 취할 수 있고 아이도 친구들과 잘 지낸다면, 또래 아이들과 어울리는 자리를 자주 만들어 주는 것이 좋다.

부모는 자기 물건을 나눠 갖기 싫어하는 욕심쟁이 아이들은 자기 중심적이고 이기적인 성격이라고 단정하면서, 지금 고쳐 주지 않으면 어른이 되어서도 그 성격이 그대로일 거라고 생각한다. 주위 사람들도 지금 당장 아이들에게 서로 나눠 갖고 기다리는 법을 가르쳐야 한다고 귀에 못이 박히도록 얘기한다. 아이가 스스로 자제하지 못하면, 부모들은 곧잘 훈계를 하거나 "셋 셀 때까지 해" 하며 경고하고, 방에 혼자 있게 하는 등의 벌을 주곤 한다.

하지만 "아무도 너랑 나눠 갖지 않으려 하면 네 기분이 어떻겠니?" 하며 아이에게 훈계를 늘어놓거나 "트럭 돌려주지 않으면 벌 받을 줄 알아" 또는 "장난감 같이 갖고 놀지 않으면, 이제 테디 집에 안 갈 거야" 하고 제재를 가하며 위협하면 아이의 기분만 상하게 할 뿐이다. 부모가 자상한 태도로 대해 주면 아이도 부모의 너그러운 태도를 닮으려 할 것이며, 결국 친구들에게도 관대한 태도를 취하게 될 것이다.

인형을 갖고 싶다거나 놀이에서 이기고 싶다거나 하는 일상적 욕구가 만족되어야만 이차적 행복을 느끼는 아이라면, 부모가 꾸준히 사랑 어린 관심으로 이끌어 주는 것이 필요하다. 훈계하거나 잘못을 탓하거나 무조건적인 복종을 요구하면, 전적으로 일상적 욕구에 의존하는 이차적 행복에서 벗어나기가 힘들며, 성인이 되어서야 가능해질지 모른다.

••• 친구랑 장난감 함께 가지고 놀기

아이는 아직 너무 어려서 다른 사람에게 너그럽게 대하는 것이 어떤 것인지 모르는데, 부모가 자꾸만 무엇이든 친구나 동생과 사이좋게 나눠 가지라고 강요한다면 아이는 부모의 요구와 거절 때문에 상처를 받을 수밖에 없다. 이런 아이는 자랄수록 점점 더 소유에 집착하게 되고 욕구 표출을 꺼리게 된다.

반면 부모의 무조건적인 사랑을 받을 수 있다고 믿고 있고, 장난감을 혼자 갖고 놀고 싶을 때 원하는 대로 했던 두 살배기 아이들은 세 살이나 네 살쯤 되면 너그러워지고 친구들도 배려하게 된다. 그리고 네 살이 되면 친구들과의 우정을 그 어떤 것보다 소중하게 생각한다. 늘 친구에게 다정하게 대하는 부모의 모습을 지켜보면서 너그러운 태도로 대하면 친구도 많아지고 더 재미있게 놀 수 있다는 걸 스스로 깨닫게 되면, 누가 뭐라 하지 않아도 아이 스스로 친구와 장난감을 같이 가지고 놀게 될 것이다.

아이가 제 물건을 혼자만 가지려 한다고 다른 아이의 부모가 못마땅한 기색을 보일 때가 있다. 이때 조급하게 서두르면서 강제로 못하게 말리면 아이에게 나쁜 영향만 미칠 뿐이라고 그 부모에게 설명해 주자. 그래도 통하지 않는다면, 각자 자기가 옳다고 생각하는 육아 철학을 존중해 주어야 한다고 얘기하자. 그렇게 얘기하는데도 상대방이 수긍하지 않는다면, 당분간 아이에게 다른 친구를 구해 주거나 아니면 저녁 시간에 따로 어른들끼리만 만나는 방법을 택해야 할 것이다.

아이가 세 살 미만인 경우 형제들과 어울리거나 가족 모임 또는 친목 모임에 갈 때 가장 문제가 되는 것이 바로 나눠주기와 독점하지 못하게 하는

욕심부리는 아이

두 살 된 조의 집에 엄마의 친한 친구가 두 살 반 된 여자아이를 데리고 방문했다. 여자아이가 조의 트럭을 갖고 싶어 다가오자, 조는 달려들어 얼른 낚아채서는 만지지도 쳐다보지도 못하게 했다. 여자아이가 큰 소리로 울음을 터뜨리자, 여자아이 엄마는 조의 엄마가 조의 행동을 바로잡아 함께 트럭 놀이를 하게 했으면 하고 기다렸다. 그러나 조는 엄마가 나무라자, 참담한 기분이 되어 울음을 터뜨렸고 도저히 울음을 멈추려 하지 않았다. 억지로 강요하는 바람에 아이를 화나게 만든 것 같아 맘이 편치 않았던 조 엄마는 우리에게 전화를 걸어 그 상황에서 어떻게 해야 좋은지 조언을 청했다.

조의 엄마 마음이 편치 않은 건 당연한 일일 것이다. 그 순간 아이에게 강요하는 태도로 접근하면, 오히려 조의 도덕 교육만 늦춰질 뿐이다. 우리는 조 엄마에게 다음 번에 또 그런 상황이 벌어지면 여자 친구에게 먼저 양해를 구해 보라고 조언했다. 즉, 조가 친구와 함께 트럭 놀이하는 걸 좋아하지 않으니까 다른 장난감 중에서 맘에 드는 걸로 골라보라고 말이다.

그렇게 말했는데도 여자아이가 자꾸만 고집을 피우면서 울면 어떻게 해야 하느냐고 물었다. 그때는 두 아이와 함께 할 수 있는 놀이를 떠올려 보는 것이 좋다. 예를 들어 풍선을 여러 개 불어서 아이들에게 휴지통에 던져넣기 놀이를 시킬 수도 있다. 다음 번에는 여자아이가 방문하기 전에 트럭을 미리 감춰 놓을 수도 있다. 트럭이 사라진 걸 조가 눈치챘을 때에는 다시 조에게 돌려줘야 한다. 조를 벌주기 위해 빼앗는 것이 아니라 충돌을 최소화하기 위해 트럭을 감추는 것이니까 말이다.

문제다. 세 살 미만 아이 두서넛이 함께 있을 때는 아이들이 좋아하는 장난감을 똑같은 걸로 여러 개 준비하는 것이 좋다. 사정이 여의치 않다면, 아이가 특히 좋아하는 장난감을 미리 감춰두는 것도 한 방법이다.

다른 아이 장난감을 가로챌 때 어떻게 해야 하나

두 살짜리 아이가 다른 아이의 장난감 삽을 가로채자, 상대방 아이가 큰 소리로 울음을 터뜨렸다. 곁에서 그 모습을 지켜보던 사람들은 매서운 눈길로 삽을 빼앗은 아이와 그 부모를 쏘아볼 것이다. 미안한 생각이 든 부모는 "그러면 못써. 하지 마" 하며 강경한 태도로 아이에게서 장난감을 빼앗아 상대방 아이에게 돌려줄 것이다.

하지만 그런 행동은 그 나이 또래 아이에게 일시적으로 나타나는 흔한 행동이므로 부정적인 태도로 대해서는 안 된다. 우선 가지고 있는 물건들 중에서 아이가 가장 좋아할 만한 물건을 찾아 울고 있는 아이에게 줘보자. 만약 그 아이가 다른 장난감을 받아들이면, 부모도 느긋해질 수 있고 아이들도 즐겁게 놀 수 있다.

그러나 그 아이가 다른 장난감을 뿌리치며 계속 화를 낸다면, 두 아이가 함께 할 수 있는 놀이를 찾아본다. 물통에 물을 가득 채운 후, 한 아이에게는 땅을 파게 하고 다른 아이에게는 그 구멍 속으로 물을 붓게 한다. 둘 중 하나는 삽질보다 물붓기를 더 좋아할 것이다.

온갖 기발한 노력을 기울여 봐도 통하지 않으면, 원래 주인에게 삽을 돌려준 후 "어떡하지, 아가야. 저 아이가 삽을 갖고 싶어하는구나. 돌려주렴. 집에 가서 멋진 네 빨간색 삽을 갖고 놀면 되잖아"라고 얘기해 주자. 그 말을 듣고도 아이가 자꾸 고집을 부리면, 살짝 빼앗아서 돌려준다.

그런 후 아이의 심정을 이해한다는 태도로 정성껏 달래 주자. 긍정적인 태도로 대하거나 대신 다른 장난감을 주면, 자기가 갖고 싶은 걸 포기해야 할 경우에도 자기를 달래려고 정성을 다하는 부모의 마음을 헤아리게 된다. 다정하게 대하면서 다른 장난감이나 놀이를 제안하면 곧 아이 마음도 풀릴 것이다. 이렇게 하면 아이는 언제나 부모의 관심을 받고 있으며, 부모가 자기를 행복하게 해주려고 곁에서 돌봐주고 있다는 사실을 깨닫게 된다. 뿐만 아니라 아이는 원하는 걸 갖지 못하는 상황에서도 계속 내적 행복을 간직할 수 있으며, 진정한 성장 목표도 이룰 수 있다.

운동장에 도착했을 때 깜빡 잊고 아이 장난감을 가져오지 않았다는 것을 알게 되었다고 하자. 아이는 틀림없이 다른 아이의 장난감을 가로채려고 모래상자로 다가갈 것이다. 이때 아이를 모래상자에서 멀리 떼어놓거나 그네나 미끄럼틀을 태워 주면, 장난감을 가지지 못해도 신나게 놀 수 있다. 공원 쪽으로 데려가 연못에서 노니는 오리들에게 빵 부스러기를 던져 주거나 민들레 홀씨를 불어 날리는 것도 재미난 놀이가 될 것이다. 한 부모는 대신 다른 장난감을 주면 어떻겠느냐고 해도 상대방 아이가 받아들이려 하지 않자, 자기 아이에게서 장난감을 빼앗아 돌려주었다. 그러나 아이는 또다시 장난감을 가로챘다. 이럴 때에는 아이의 관심을 다른 놀이로 돌려 괜한 유혹을 없애 주는 것이 가장 좋은 방법이다. 부모가 곁에 있으면서 아이를 행복하게 해주려고 애쓰고 있고, 아이와 상호 협력적인 관계를 유지하고 있다면 아이는 실망감에서 금세 벗어날 수 있다.

상대방 아이가 떠나려 하는데도 아이가 계속 그 아이 장난감을 가지고 놀고 있다면, 그 장난감은 지금 상대방 아이와 집에 가야 할 시간이라고 아이에게 설명해 주자. 그 말을 듣고도 여전히 장난감을 내놓으려 하지 않는다면, 다른 활동으로 관심을 돌리게 한다. 그 방법도 효과가 없다면, 아이 손에서 살며시 장난감을 빼서 상대방 아이에게 몰래 돌려준다. 그런 다음 아이를 달래면 된다.

다른 아이가 장난감을 빼앗으려 하는 상황에서도 마찬가지로 스마트 러브를 적용할 수 있다. 아이는 아직 어려서 친구와 장난감을 돌려가며 놀기를 원치 않으므로 장난감을 포기하라고 억지로 강요해서는 안 된다. 부모들은 아이의 관심을 끌 만한 다른 장난감을 찾아볼 수도 있고, 둘이 함께 하는 놀이를 생각해 볼 수도 있다. 그러나 아이가 계속 화를 낸다면, 장난감을 받아서 돌려주어야 한다.

··· 상실감을 경험한 아이에게 꾸준한 보살핌을

이 같은 스마트 러브에 대해 부모들은 "아이가 원하는 대로 다 들어주라는 건가요?" 하고 물을 때가 있다. 모든 걸 다 해주라는 의미는 아니다. 아이는 원하는 대로 다 가질 수는 없지만, 언제나 부모에게서 긍정적이고 사랑 어린 관심을 받을 수 있다. 부모가 아이의 요구를 거절하지 않고 들어준다면, 아이에게 부모와의 관계가 그 무엇보다 소중한 것임을 보여줄 수 있다. 아이는 원하는 걸 가지지 못하게 되었을 때에도 부모가 자기를 이해하고 지지하고 있다는 것을 헤아릴 수 있다.

"늘 우리가 곁에서 아이가 원하는 대로 맞춰 줄 수는 없잖아요. 우리 아이는 실제 세상 속에서 살아가는 법을 배워야만 해요. 늘 울고 실망하는 것밖에 몰라 걱정이에요" 하고 걱정하는 부모들에게 우리는 "댁의 아이는 아직 세 살도 안 됐잖아요. 나이가 더 들면 다른 친구들하고 놀거나 함께 공유하고 싶어할 거예요. 그때가 되면 괜찮아질 거예요"라고 얘기해 준다.

두 살 난 아이가 보다 순조로운 일상을 보낼 수 있도록 주변 여건을 만들어 주면, 굳이 세상 속으로 데리고 나가지 않아도 아이가 미성숙한 채로 남겨지는 걸 막을 수 있다.

심한 감기 때문에 고생하는 것처럼 모든 아이들이 필연적으로 느끼게 되는 불행이 있는가 하면, 하고 싶은 걸 못하게 하거나 벌을 주는 부모의 태도 때문에 느끼게 되는 불행도 있다. 아주 어린 나이의 아이들은 부모의 사랑을 받을 수 있고, 또 언제든 자기가 원하는 것을 가질 수 있다고 생각하기 때문에 제 자신이 무엇이든 할 수 있는 훌륭한 존재라고 믿는다. 욕구가 충족되지 못해 불행해하는 아이에게 깊은 이해와 애정으로 다가간다면 아이에게 큰 힘이 된다. 즉 성장하면서 아이는 원하는 때에 원하는 걸 다 이루지 못하더라도 내적 행복만은 간직하고, 절망에 빠졌다가도 다시 회복하게 된다. 언제든 이 시기 아이가 원하는 대로 해줄 수 있다면, 아이는 너그럽고 사려 깊은 성인으로 자라날 수 있다.

스마트 러브로 가르치고 배우기

자유롭고 즐거운 분위기에서 아이를 교육시키자. 그러면 아이는 개방적이고 낙관적인 자세를 갖춘 학습자, 학생이 되어 학습 잠재력을 최대한 발휘하게 된다. 아는 것과 모르는 것의 차이를 직접 보여주려 하기보다는 간단하게 정보만 제공할 때, 어린아이들은 보다 즐겁고 효과적으로 학습하게 된다. 이를테면 "오호, 우리 아기 빨간 크레용 골랐구나", "비스킷 두 개를 가지고 있구나.

하나를 더 가지면 세 개가 되겠네", "여기 보렴. H가 있네. 네 이름도 H로 시작하지?" 하고 말하면서 부드럽게 정보를 제공한다.

부모는 늘 아이의 학습 과정에 관심을 기울이며, 가끔씩 아이의 학습 정도를 시험해 보고 싶어한다. "이건 무슨 색이니?", "이 그림 속에는 강아지가 모두 몇 마리나 있니?", "네 이름은 무슨 글자로 시작하니?" 등이 그것이다. 이처럼 부모는 아이들이 특정한 사실이나 개념을 꾸준히 배워 간다고 생각하고, 아이들의 학습 정도를 시험해 보려 한다.

그러나 아이들은 대답하기 싫거나 정답을 모를 때가 많다. 이때 아이들은 부모를 실망시켰다고 느낄 수 있으며, 스스로 부모의 사랑을 받을 만한 자격이 있는지 자신이 없어진다. 이런 내적 불확실성 때문에 아이들은 실패를 두려워하고 쉽게 도움을 청하지 못하게 되는가 하면, 호기심이 결여되거나 부모의 관심에 애타게 매달리는 등 학습 과정에서 어려움을 겪게 된다.

이에 반해 학습 압박을 받지 않고 자란 아이들은 스스럼없이 새로 배운 것들을 부모에게 자랑한다. 이런 아이들의 부모는 아이가 대화 속에서 자연스럽게 지식을 얻을 때까지 기다려 주었을 것이다. "아빠, 포도 네 알 더 줘요!", "초록색 크레용 가질래. 아빠는 빨간색 가지면 되잖아요", "가면 안 돼. '멈춤' 표시잖아" 등이 그것이다. 친지나 친척들에게 아이가 터득한 지식을 자랑삼아 늘어놓지 않는다면, 오히려 아이는 자기 학습에 대한 자부심을 키워 나갈 수 있을 것이다.

내적 불행을 가진 이 시기
아이를 위한 스마트 러브

앞에서 설명한 대로 감정적 욕구가 충족되지 못하면 아이들은 부모가 자기를 불행하게 하고 소외시킨다는 느낌을 받는다. 부모의 사랑을 받지 못한 아이들은 부모가 자기를 보살펴 주었던 것과 똑같은 방식으로 자기를 대한다. 이런 아이들은 부모가 자기를 불행하게 만들고 싶어한다고 느끼며, 그 결과 자기도 모르는 사이에 자신을 불행하게 만들고 싶다는 욕망에 휩싸이게 된다.

한 살에서 세 살 사이 아이들은 불행한 느낌 때문에 자기를 비참하게 만들고 싶다는 감당하기 어려운 무의식적 욕구에 사로잡힌다. 이런 아이들은 형제나 또래 친구들, 어른들에게 곧잘 화를 내고, 위험한 일을 자초하는가 하면, 실망스러운 일을 당할 때 발끈 성을 내기도 하고, 심하게 부끄럼을 타거나 남 앞에 나서기를 꺼린다. 정도가 심한 경우에는 모든 것이 만족스러운 상황에서도 부정적인 반응을 보인다. 자기가 갖고 싶다고 했던 선물을 내팽개치는가 하면, 평소 즐겨 하던 놀이에 참가하지 않겠다고 우기고, 보고 싶어하던 영화를 보여주러 데려가도 사소한 일로 트집을 잡는다.

••• 기쁨에 반감을 보이는 아이 돌보기

아이를 행복하게 해주려고 무진 애를 쓰는데도 아이가 자주 화를 내거나 불행한 표정을 지으면, 부모는 애가 타고 허탈해지는 것이 당연하다. 그러나 아이가 내적 불행을 느꼈고 그 때문에 자기가 원하던 걸 가지게 되었을 때도 부정적인 반응을 보인다는 사실을 알고 있다면, 그 부모는 화를 내거나 아이에게 벌을 주지 않을 것이다. 오히려 더 큰 애정과 이해로 아이를 보살필 것이다.

> **상담사례**
>
> "아이가 강아지를 발로 차버렸어요"
>
> 내적 불행을 경험한 적이 있는 두 살 반 된 마이크는 '생일 축하' 노래 소리와 함께 불자동차의 경적 소리와 사다리 움직이는 소리를 들으며 잠에서 깼다. 아이는 기쁨으로 가슴이 설레었다. 그런데 잠시 후 강아지가 달려들어 선물 포장지에 코를 들이대고 킁킁거렸다. 그러자 아이는 강아지를 발로 세게 차버렸다.
>
> 아이가 즐거운 일이 생겼을 때 부정적인 반응을 보이자, 걱정이 된 마이크 부모는 우리가 일러 준 대로 해보았다. 즉 강아지에게 부드럽게 대해야 한다고 단호하게 얘기하면서, 마이크에게 강아지를 쓰다듬어 주고 사과하라고 말했다. 그들은 화를 내거나 아들을 벌주지 않았으며, 멋진 선물을 주지 말 걸 그랬다는 등의 후회하는 표현을 쓰지 않았다. 강아지를 무척 아끼던 마이크는 강아지에게 "정말 미안해" 하고는 꼭 껴안아 주었다. 그러고는 부모에게 새로 선물받은 불자동차를 가지고 함께 놀자고 했다. 마이크 부모는 기꺼이 응했고, 가족이 함께 평화롭고 행복한 아침을 보낼 수 있었다.
>
> 만약 마이크 부모가 화를 내면서 마이크를 제 방으로 밀어넣거나 새 장난감 선물을 빼앗기라도 했다면, 스스로 불행해지고 싶은 마이크의 욕구만 더 강해지고 그런 일들이 계속 반복되었을 것이다.
>
> 하지만 마이크의 부모는 아이가 강아지에게 심하게 했을 때, 나무라거나 벌을 주는 대신 사랑의 규제를 적용했다. 그 덕분에 새 트럭 장난감을 가지게 되어 좋으면서도 스스로 불행해지고 싶어했던 마이크의 욕구를 가라앉힐 수 있었다. 강아지나 자신을 불행하게 만드는 것보다는 강아지에 대한 사랑을 소중하게 간직하는 것이 훨씬 더 즐거운 일이라는 것을 마이크 스스로 깨닫도록 여유를 준 것이다. 그 뒤로도 여러 번 부모가 이해하는 마음으로 대하자, 기쁜 일에 부정적인 반응을 보이던 마이크의 태도가 점차 수그러들었다.

그러나 아이가 왜 원하던 걸 가지자마자 토라지고 불평을 늘어놓는지 이해하지 못하는 부모들은 아이가 고마워할 줄 모른다며 화를 낼 것이다. 그리고 아이의 버릇이 나빠졌다고 생각하면서, 부모의 노력에 감사하도록 가르치기 위해 상실감을 더 경험하게 해야 한다고 결론지을 것이다. 하지만 화를 내거나 상실감을 주면 아이는 점점 더 불행을 자초하려 든다. 그런 반응을 보이면 아이는 부모의 사랑스러운 보살핌에 대한 확신을 잃게 되므로 원하는 걸 가지게 되었을 때에도 반감만 드러내게 될 것이다.

내적 불행을 지닌 아이는 원하던 대로 될 때 오히려 부정적인 반응을 보이곤 한다. 이 사실을 이해하는 부모라면, 납득이 잘 안 되는 아이들의 행동도 이해할 수 있을 것이다. 아이는 욕구 불만 때문에 물건을 발로 차거나 물어뜯거나 내던질 수 있다. 반면에 잠시 전에 일어난 긍정적인 경험에 대한 반발로 통제 불능 상태가 되기도 한다. 부모는 아이 스스로 부정적인 반응과 긍정적인 경험 사이에 어떤 관련이 있는지 포착할 수 있도록 도울 수 있다. "네가 아주 좋아하는 것을 갖게 되니까 괜히 부담스러워서 강아지를 발로 차게 되었던 걸 거야" 하고 얘기해 주면서 말이다.

••• 자기 감정 표출하도록 도와주기

갖가지 감정이 생겨나는 이유가 무엇이며, 또 그 결과는 어떤 것인지에 대해 아이와 얘기를 나누는 데 익숙하지 않은 부모라면, 아이가 자신을 불행하게 만들고 싶어할 때 어떻게 이해시켜야 할지 처음에는 막막할 것이다. 우리는 숱한 경험을 통해 내적 불행을 경험해 온 아이들과 이야기를 나누고, 또 그 부모들과 아이들 사이의 의사소통을 도왔다. 우리의 경험으로 볼 때, 어른들이 아이들의 서로 모순되는 감정을 가라앉히기 위해 다정하고 긍정적이며 관대한 자세를 갖는다면, 아이들은 부모의 사랑과 이해를 느끼며 안도할 것이다.

아이의 감정 이해를 도우려는 우리의 방식은 '정신분석'과 전혀 다르다. 우리는 아이들이 낯설어하고, 결국엔 소외감을 느끼게 될 뿐인 대상에 대해서는 얘기하지 않는다. 이를테면 부모나 형제들에게 상처를 주고 싶어하는 동기가 처음부터 아이 내부에 잠재해 있었다고 말하지 않는다. 그 대신 스스로 당혹스럽게 만든 행동과 감정에 대해 긍정적으로 이해하게끔 아이들을 도와준다. 우리는 부모들에게 스마트 러브를 가르침으로써 부모와 아이 사이의 친밀한 관계를 북돋아 주며, 아이가 스스로 건강하게 자기를 되돌아볼 수 있는 길을 일러 준다. 이는 궁극적으로 행복하고 충만한 삶을 이끌어가는 밑거름이다.

••• 화를 참지 못하고 신경질 자주 내는 아이 도와주기

유아기 아이들이 발끈 성을 내는 일은 흔히 볼 수 있는 현상이다. 그러나 부모가 자기를 잘 이해해 주며 행복하게 해주려 한다고 믿는 아이들은 발끈 성을 내거나 격분에 휩싸이지 않는다. 아이들은 화가 나거나 불행한 느낌에 빠지더라도 부모의 관심 어린 동정을 받게 되면 더없는 기쁨을 느낀다. 하지만 격분에 휩싸여 그 기쁨을 스스로 가로막을 수도 있다.

한편 자라나면서 단 한 번도 심하게 화를 내지 않는 아이들이 있다. 물론 가끔 심술이나 고집을 부리고, 원하는 걸 갖지 못하게 될 때 울음을 터뜨리고 짜증을 내기도 한다. 하지만 이는 당연한 일이다. 그렇다고 모든 아이들이 바닥에 주저앉아 소리를 크게 지르거나 숨이 넘어갈 것처럼 울어 대고, 물건을 깨뜨리거나 다른 사람에게 해를 입히는 것은 아니다.

격하게 화를 내는 행동은 절망의 몸짓이다. 그것은 계산된 행동이 아니다. 만약 아이가 그런 행동을 보인다면, 부모는 아이에게 더 너그럽고 사랑스러운 태도를 취하려고 노력해야 한다. 그러나 불행하게도 주위에서는 정반대로 조언한다. 즉, 아이가 발끈 성을 내면 아예 무시해 버리라거나 아이를 눈앞에서 안 보이게 따로 떼어놓으라고들 말한다. 부모들은 주변에서 흔히 듣는 충고대로 "그렇게 소리지르면 가만 안 둘 거야"라든가 "소리지르는 거 멈출 때까지 다른 방에 가 있을게", "자꾸 소리지르면 이제 사탕 안 줄 거야. 사탕 못 먹을 줄 알아"라고 얘기한다.

아이들이 자기를 표현할 만한 언어 구사력이 부족해서 무턱대고 화부터 내려 든다고 보는 것은 잘못된 생각이다. 문제는 아이의 의사소통 기술이 아니다. 부모의 사랑과 이해를 받을 수 있다고 확신하는 아이들은 효과적으로 언어를 구사하지 못하는 단계에서도 그렇게 성을 내는 일이 없다. 크게 실망하거나 화가 나면 아이들은 울음을 터뜨리고 고집을 피우기도 하겠지만, 결국에 가서는 부모 품에 안겨 자기 바람을 다시 얘기하려 든다. 그러나 부모가 아이를 이해하지 못해 거칠게 몰아붙인다면, 대화의 단절은 아이에게 극복하기 힘들 뿐 아니라 지워지지 않는 마음의 상처로 남게 된다.

아이들은 부모가 화가 났거나 반응을 보이지 않거나 아니면 쉽게 다가갈 수 없는 존재라고 느껴질 때에만 성내고 짜증을 부린다. 그러므로 아이의 욕구 불만이 심해질 때는 긍정적인 반응을 보이면서 가까이 다가가 정성껏 보살펴 주자. 특히 아이가 큰 소리로 울고 있을 때는 아이 곁에서 멀리 떨어져 있지 말자. "많이 화났구나. 엄마가 미안해. 엄마 여기 있어. 어떻게든 널 도와주고 싶구나. 기분이 좀 풀릴 때까지 여기 함께 앉아 있을까"라고 말하며 따뜻하게 껴안아 준다. 아이가 안기려고 하지 않으면, 아이가 원하던 것 대신에 보다 건설적인 대안을 제시해 보자. "오늘은 사탕 그만 먹어야 해. 하지만 엄마가 팝콘 만드는 거 도와주는 건 어떠니?" 등. 아이가 물건을 집어던지거나 부수려고 해서 아이를 제지시켜야 할 때에도 최대한 부드럽고 긍정적이고 사랑 어린 태도로 아이를 말린다. 이때 아이에게 주위 사람이나 사물이 다치도록 내버려둘 수는 없는 일이라고 얘기하고 아이가 침착해졌을 때 손을 놓아 주자.

화를 잘 내고 짜증나는 행동을 하는 아이에게 사랑의 규제를 적용했을 때 생기는 이점은 성인들의 경우와 비교해 보면 더 분명하게 드러난다. 끔찍하고 처참한 상실감에 젖어 눈물을 쏟는 모습을 상상해 보라. 그때 배우자나 절친한 친구가 "네가 울음을 그칠 때까지 옆방에 가서 책이나 읽어야겠어. 네 감정이 가라앉으면 그때 다시 올게"라고 말하는 것과, 이와 달리 사랑하는 사람이 "불행하다고 느끼다니 안쓰럽구나. 내가 따뜻하게 안아 줄게. 어서 네 기분이 풀렸으면 좋겠어"라고 말하는 것 중 어떤 반응을 원하는가? 아이에게 선택권이 있으면 아이도 똑같은 선택을 할 것이다.

••• 휴대용 유아용품에 집착하는 아이 도와주기

고무 젖꼭지나 아이가 좋아하는 담요와 같은 휴대용 유아용품은 어린아이를 데리고 다닐 때 유용하며 걱정거리를 많이 덜어 준다. 외출할 때 자기 담요나 고무 젖꼭지를 집에 두고 나와도 성화를 부리지 않는 아이라면, 두 손으로 마음껏 바깥 세계를 탐색하도록 내버려두는 것이 좋다.

내적 불행이 쌓인 아이들은 틀림없이 휴대용 유아용품을 찾을 것이다. 담요를 움켜쥐거나 고무 젖꼭지를 빠는 행동이 놀이에 방해가 되면, 부모들은 거슬리는 물건을 빼앗으려 하기 쉽다. 하지만 그런 물건들이 눈에 보이지 않아 심하게 성화를 부리는 아이라면 빼앗지 않는 편이 낫다. 그런 아이는 자기가 느끼는 불행이 부모 때문에, 또 부모가 원해서 생긴 거라고 생각하기 때문이다. 아이들은 부모가 자기를 대하는 방식대로 자신을 대하므로 아이가 절실하게 원하는 물건을 빼앗아버린다면 스스로 불행하게 만들고 싶어지는 마음만 더 커질 것이다. 이와 달리 아이가 원할 때 즉각 부모가 아이를 위로해 주면, 아이는 부모의 배려와 이해를 느끼게 된다. 이러한 긍정적인 감정이 쌓이면 쌓일수록 담요나 고무 젖꼭지에 의존하고픈 욕망이 사라질 것이다.

휴대용 유아용품들 중에서 단연 최고는 바로 아이의 손가락으로, 아이들은 특히 자기 손가락에 대해 강한 소유욕을 느낀다. 불행하다고 느끼는 아이들은 끊임없이 손가락을 빨면서, 마음으로는 느낄 수 없지만 다른 방식을 통해서라도 내적 평정을 찾고 싶어한다. 손가락을 빨면 아이의 치아가 고르게 자라지 않을 수도 있다. 아이가 세 살이 지났고 그리 심하게 손가락 빨기에 집착하지 않는다면, 치아에 미치는 나쁜 영향에 대해 치과 의사가 설명해 준 대로 아이를 설득할 수 있다. 그러나 아이가 그 설명을 듣고도 손가락을 계속 빨면, 강제로 못하게 말리지는 않는다. 아이들의 치아는 손가락 빠는 시기가 지나면 다시 자리를 잡기 때문이다.

하지만 아이에게 벌을 주거나 놀리고, 손가락에 쓴 약을 발라서 못 빨게 하거나, 또 다른 보상을 해주겠다고 하여 아이의 감정적 행복이 다치면 바로잡기가 더 힘들어진다.

아이의 입장에서 보면, 손가락은 마음을 행복하고 편안하게 해주는 중요한 대상이다. 아이는 손가락을 빨면서 자기 나름대로 스스로 달래려고 노력하는 것이다. 그런데 어른들이 계속 부정적인 태도를 보인다면, 아이는 당황하고 혼란스러워질 수밖에 없다.

상담사례

"손가락 빤다고 사람들이 놀려요"

내적 불행을 가진 세 살짜리 스탠은 늘 손가락을 입에 물고 다녔다. 다른 아이들과 어른들이 그 모습을 보고 '갓난아기'라고 놀려대자 스탠은 무척 기분이 상했다. 어떻게 해야 할지 몰라 걱정이 된 아이 부모가 우리에게 상담을 청했다. 우리는 일상생활에서 스탠이 어느 때에 중압감·긴장·불편함을 느끼는지, 스탠이 어떤 방식으로 그 감정을 해소하는지 세심하게 살펴보라고 스탠 부모에게 제안했다. 또한 스탠이 중압감을 받지 않으면서 놀 수 있는 시간을 늘려주는 것이 중요하다고 말했다.

부모가 자세히 관찰해 보니, 스탠은 엄마 아빠가 저보다 어린 동생에게 관심을 기울일 때 엄지손가락을 빨고 있었다. 스탠 부모는 아기를 돌보면서 동시에 스탠과 놀아 줄 방법, 예를 들면 아기 기저귀를 갈아주면서 스탠과 함께 노래를 부르는 등의 방법을 찾아보았다. 스탠에게 관심을 기울일 수 없을 때에는 색연필과 색종이를 주었다. 무엇보다도 스탠이 일상생활을 최대한 긍정적으로 할 수 있도록 노력했다. 몇 달이 지나자, 예상했던 대로 스탠의 손가락 빠는 행동이 점점 뜸해졌다.

손가락을 빨지 못하게 하면 할수록 아이는 점점 더 손가락에 집착하고 어떻게든지 손가락을 빨려고 할 것이다. 어떤 아이는 한 손으로 손가락을 가리기도 한다. 결국 그 아이는 손가락을 빨기 위해 두 손을 모두 이용하는 셈이다. 그 아이는 손가락을 빨면 편해지고 즐거운데, 왜 사랑하는 어른들이 못하게 말리는지 전혀 이해하지 못한다.

••• 악몽을 자꾸 꾸는 아이 도와주기

내적 불행을 경험한 아이들은 자기도 모르게 일상생활에서 겪었던 불행이나 불안을 악몽을 꾸며 다시 떠올리곤 한다. 자기 행동에 대해 아무도 반응을 보이지 않았거나, 강요당하는 느낌을 받았거나, 제멋대로 행동하는데도 누구 하나 말리지 않았다거나, 엄한 벌을 받았다거나 하면, 아이들은 그날 밤 꼭 무서운 꿈에 시달린다. 그러나 부모들이 스마트 러브로 접근한다면, 얼마든지 아이의 악몽을 잠재울 수 있다.

상담사례

"침대 밑에 괴물이 있어요"

세 살 난 네이트가 공공 장소에서 갑자기 주저앉아 고집을 피울 때면 네이트 부모는 침착하려고 무진 애를 썼지만 쉽지가 않았다. 그들은 아이를 와락 끌어당겨 엉덩이를 찰싹찰싹 때려주곤 했다. 부모가 강하게 나갈수록 네이트의 이런 행동은 고쳐지기는커녕 점점 더 잦아졌다.
게다가 매일 한밤중에 악몽을 꾸는지 공포에 질려 비명을 지르면서 부모를 깨우기 일쑤였다. 네이트는 숨이 넘어갈 듯 울면서 침대 밑에 괴물이 있는데 그 괴물이 몹시 화가 나 있으며, 자기를 잡아먹으려고 잠자기만 기다리고 있다고 얘기하곤 했다. 그 괴물은 처음엔 발가락을 물어뜯기 시작해서 몸통까지 집어삼켰으며, 만약 자기가 잠에서 깨지 않았다면 머리까지 완전히 씹어 삼켰을 거라고 말했다. 네이트 부모는 어떻게 하면 아이가 악몽을 꾸지 않고 편히 잠들 수 있을까 고민이 되었다.

마침내 네이트 부모는 아이가 그들을 당황시키려고 일부러 짜증내고 고집을 부리는 게 아니라, 자기도 어쩔 수 없는 상황에서 그런 행동이 나온다는 것을 알게 되었다. 그 사실을 안 후로 훨씬 더 침착해질 수 있었던 네이트 부모는 아이가 마음의 평정을 찾을 수 있도록 긍정적인 태도를 취했다. 네이트에게 선택할 수 있는 기회를 더 많이 주고, 또 되도록이면 불편한 상황에 놓이지 않도록 하루 일과를 다시 조정했다. 네이트가 짜증내고 신경질을 낼 때는 남의 이목에 상관없이 아이가 침착해질 때까지 함께 앉아 쉴 수 있는 공간을 찾아 아이를 데려갔다.

한 달 후, 네이트 부모는 네이트가 예전보다 많이 밝아지고 쾌활해졌으며 짜증과 신경질도 줄어들어 가족 나들이가 훨씬 즐거워졌다며 기뻐했다. 부모의 아낌없는 노력과 관심으로 긍정적인 감정을 느끼게 된 네이트는 이제 더 이상 꿈속에서 자기를 처참한 상황에 놓이게 할 이유가 없었다. 침대 밑 괴물은 사라졌고 영원히 돌아오지 않았다.

이 시기 아이들은 부모의 사랑과 보살핌을 받을 수 있다는 확신을 가지게 되면, 자라면서 새로 맞게 되는 기회와 도전에 대비할 수 있다. 아이들은 자기가 원하는 것을 얻게 될 때 이차적 행복을 느끼지만, 일차적 행복이 확고하게 자리잡은 아이라면 기꺼이 참고 기다리고 나눠 가지면서도 이차적 행복을 경험할 수 있다. 자기도 모르는 사이에 내적 불행을 경험하고 싶어하는 아이들도 부모가 스마트 러브로 다가가면서 건설적인 기쁨을 느끼도록 이끌어 준다면, 낙천적이고 자신감 있는 태도로 학교 생활에 적응하고 친구들도 사귀게 될 것이다.

6장

세 살에서 여섯 살까지의
아이와 스마트 러브

　　　　　　　　　　세 살에서 여섯 살 사이 어린아이들은 지속적인 내적 행복과 갖가지 다양한 능력을 갖추어 나간다. 유치원에 다니기 시작하고, 친구들도 사귀며, 필요한 기술들도 익히고, 가정에서도 자기 위치를 인식하게 된다. 변치 않을 일차적 행복 수립을 도와주는 시기는 지났다. 이제 성공과 실패로 가득 찬 일상 세계에서 흔들림 없는 이차적 행복을 성취하도록 도와주어야 할 시기다.

유치원에 가게 되었어요

　　　　　　이 시기 어린아이들에게 가장 큰 사건은 바로 유치

원 입학이다. 요즘은 입학하는 시기가 다 다르다. 이는 곧 부모들이 감당해야 할 일들이 그만큼 폭넓어졌다는 말이다. 유치원에 다니기 전까지 집에만 있던 아이라면, 만족할 만한 지적 자극을 주기 위해 노력해야 한다. 집에 다른 형제가 있다면, 아이들 각자의 독특한 관심과 능력에 맞춰야 한다는 문제가 있다. 반면 두 살이나 세 살에 아이를 놀이방이나 어린이집에 보낸다면, 부모와 떨어져 지내고 다른 사람들을 사귀는 과정에서 문제가 생기기 쉽다.

아이가 잠깐 동안이라도 부모 곁을 떠나서 편하게 지낼 수 있고(아이는 친구 집에 가서 즐겁게 놀고, 이모를 따라 운동장에 가는 걸 좋아한다), 다른 아이들과 어울리는 걸 좋아하며, 변기를 사용할 줄 알고, 조용조용히 앉으며, 20분 정도 앉아서 꾸준히 한 가지 일을 할 수 있고 지시에 잘 따른다면, 유치원에 갈 준비가 된 것이다.

그러나 이들 중 어느 것 하나라도 미흡하다면, 제대로 준비가 될 때까지 일 년 더 기다리는 것이 바람직하다. 언제 입학하는가보다는 아이가 유치원에서 어떤 느낌을 받게 될 것인가가 훨씬 더 중요하다. 아이에게 처음으로 유치원을 소개하는 계기가 될 것이므로 아이가 유치원을 좋아할 것이라는 확신이 들 때까지 여러모로 준비하는 것이 필요하다.

몇 살이 되었든 유치원 입학은 아이의 발달 과정에서 중요한 시점이며, 이때부터 부모와 아이 모두 긴장된 경험을 하게 된다. 아이는 유치원 친구들에게서 배운 낯선 말들을 집에서 쓰기 시작하고, 또래 친구들의 각기 다른 성격 때문에 감정을 다칠 수도 있으며, 학칙과 공공 법규들을 지키려 한다.

••• 유치원 선택하기

유치원을 선택하기 전에 우선 아이를 왜 그곳에 보내는지 생각해 본다. 유치원에 보내는 진정한 목적은 문자나 숫자 따위를 가르치기 위한 것이 아니다. 그보다는 아이들이 유치원 생활을 즐기고 그 속에서 행복과 자신감을 느낄 수 있도록 하는 것이 우선이다. 이러한 목적이 충족된다면, 아이는 낙관적이고 자신감 넘치는 모습으로 초등학교에 입학할 수 있다. 이와 달리 유치원이 싫고 자신의 능력에 대해 자신감을 가지지 못한 채로 유치원을 졸업한다면, 이후 아무리 많은 지식을 쌓는다 하더라도 교육 과정을 따라가는 데 어려움을 겪게 된다.

긍정적이고 자유로운 태도로 아이들을 가르치는 것을 소명으로 삼고 있으며, 서너 살 아이들에게 어른들의 생활 양식이나 예의범절을 강요하지 않고, 행동 방식을 규제하기 위해 벌을 세우지도 않으며, 아이가 부모와 떨어져도 불편함을 느끼지 않을 때까지 부모가 함께 있어 줄 것을 권하거나, 아이들의 행동이나 의지에 대해 긍정적이고 건설적인 관점을 취하는 선생님이 있는 유치원이 있는지 찾아보라고 권하고 싶다.

••• 아이 떼어놓기

유치원에 다닌다는 것은 곧 부모와 떨어져 지내야 한다는 뜻이다. 아주 세심하고 자상한 배려가 있지 않으면 안 된다. 부모와 떨어지는 것을 편안하게 받아들일 수 있을 때까지 부모가 함께 있어 줄 것을 권하는 선생님들이 있는가 하면, "그냥 내버려두세요. 부모님이 함께 계시기 때문에 괜히 저런 행동을 하는 거예요. 가시고 나면 금세 울음을 멈출 거예요" 하고 말하는 선생님들도 있다. 수업이 끝난 후 아이들을 데리러 가면, 그 선생님들은 부모가 가자마자 울음을 멈추고 괜찮아졌다고 말할 것이다. 이런 반응을 보이면, 아이들은 마음은 여전히 엄마 아빠와 함께 있는데 몸만 떨어져 있다고 느끼게 된다. 진정한 목표는 유치원에 대해 긍정적인 태도를 갖도록 도와주는 것이지, 억지로 아이에게 부모와 떨어져 있기를 강요하는 게 아니다. 아이가 부모와 떨어질 마음의 준비가 채 되기도 전에 아이를 떼어놓는다면 오히려 역효과만 낳는다.

중요한 것은 아이가 유치원에 있는 동안에도 긍정적인 내적 충만감을 가질 수 있게 되는 것이다. 만약 부모와 억지로 떨어지는 바람에 유치원 생활에 대해 두려움을 갖게 된다면, 아이는 우울증에 걸리거나 파괴적인 행동을 하고 고집스럽게 담요를 끌어당기려고 하거나 학교에 빠지려 하는 등 적응하지 못하게 될 것이다.

그러나 부모가 몇 시간 또는 며칠 동안만이라도 아이 곁에 있어 준다면, 아이는 부모가 함께 있는 것에 친근감을 느끼면서 훨씬 더 훌륭하게 두려움을 극복해 나갈 수 있을 것이다. 아이가 마음의 준비가 될 때까지 곁에 있어 주겠다고 말하기만 해도, 아이의 자신감을 북돋아 주는 데 놀라운 효과가 있다. 부모가 떠나도 좋다고 느끼게 되면, 아이는 새로운 환경 속에서 긍정적인 관계들을 맺어 나갈 것이다. 우정을 싹틔우고 놀이를 즐기고 선생님과도 돈독한 관계를 맺어 나간다.

아이들이 원할 때는 부모가 유치원에 함께 있어 주라는 것이 바로 스마트 러브의 지침이다. 간혹 부모들 중에는 "일주일 넘게 함께 있어 달라고 하면 어떻게 하죠?"라고 물어 온다. 아이들은 보통 고등학교를 졸업할 때까지 15년 가량 학교 생활을 하게 된다. 그런 점에서 보면 아이의 좋은 출발을 위해 1~2주일 투자하는 것은 그리 대수로운 일이 아니다. 유치원에서 부모가 함께 있어 주는 것을 허용하지 않는다 하더라도 위축되지 말아야 한다. 부모는 당연히 주장할 권리가 있다. "아이들은 저마다 다르잖아요. 부모가 금세 자리를 뜨더라도 잘 적응하는 아이들도 있겠지만, 우리 아이는 제가 필요로 할 때까지 함께 있어 주면 더 잘 적응할 거예요"라고 말한다. 그렇게 했는데도 유치원에서 계속 떠나라고 한다면, 아무래도 유치원을 바꾸는 것이 좋을 것 같다. 예전에 비해 요즘은 아이가 필요로 할 때까지 부모가 함께 있어 주어야 한다고 생각하는 선생님들이 늘어나고 있다.

••• 유치원 규칙에 적응하기

일상생활에서 자유롭게 행동하던 아이들도 일단 유치원에 들어가면 행동의 제약을 받는다. 줄을 맞춰서 걸어야 하고, 얘기할 때도 자기 차례를 기다려야 하며, 좋아하는 장난감도 서로 돌려 가며 놀아야 하고, 간식을 먹을 때도 기다렸다가 다 함께 먹어야 한다. 뿐만 아니라 화장실에 갈 때에도 허락을 받아야 한다.

그런데 유치원에 들어가기 전 아이들은 자신을 전능한 존재로 여기는 비현실적 눈으로 세상을 보아 왔기 때문에 유치원에서 요구하는 수많은 규칙이나 규제를 억압적인 것으로 받아들이며, 다른 아이들에게만 해당될 뿐 자기와는 관련이 없는 것으로 여길 수도 있다.

아이가 교실 문화에 순응하지 않는다고 해서 더 엄하게 대하면 안 된다. 아이는 자기 또래가 가질 수 있는 상대적 자유를 강조하고 싶어하는 것일 뿐이다. 한결같은 태도로 아이를 북돋아 주고 스스로 선택하고 싶어하는 아이의 바람을 배려해 준다면, 유치원의 권위에 억눌리거나 마음이 다치는 일 없이 보다 쉽게 유치원 규칙에 적응할 것이다. 아이들은 유치원에서만 얻을 수 있는 흥미로운 활동에 참가하고 사회적 관계를 맺기 위해서는 성가시긴 하지만 규칙과 규제를 따라야 한다는 것을 곧 알게 된다.

이밖에도 다양한 방식으로 아이가 유치원 생활에 적응하는 것을 도울 수 있다.

* "맛있는 간식을 먹고 싶은데도 참고 기다려야 한다는 게 얼마나 어려운 일인지 알아. 집에선 안 그래도 되는데 말이야. 하지만 유치원에선 언제든 그림물감을 쓸 수도 있고 물장난도 칠 수 있고, 또 햄스터도 있잖니!"라고 얘기해 줄 수 있다.
* 아이가 유치원 규칙에 짜증을 내면, 집에 돌아와서는 최대한 여유를 갖게 해 준다. 그 시간에는 발레 수업이나 그 밖의 체계화된 활동을 계획하지 않는 것이 좋다.
* 유치원에 다니기 시작하고 나서 처음 몇 주 동안 아이가 피곤에 지쳐 시무룩해져 있을 때는, 아이가 감정적으로 부담감을 느끼고 있다는 걸 알아야 한다. 이때 아이들에게 부모가 사랑하고 있다는 것과 이해하고 있다는 것을 마음껏 표현해 준다.

••• 유치원에서 배운 말들을 집에서 쓴다면

가정의 테두리 안에서만 보호받고 자라던 아이가 유치원 친구에게서 배운 말들을 집에서도 쓰게 되면 부모들은 당황하게 된다. 잠잘 시간이라고 말했는데, 아이가 다소 위협적인 어조로 "엄마 싫어. 이제 같이 안 놀 거야" 하고 대답하는가 하면, 단추를 채워 줄 때 조금 더디다 싶으면 "정말 바보 같아"라고 비난하는 것 등이 그것이다. 그러면 아이를 헌신적으로 사랑해 온 부모는 당혹스러울 수밖에 없다.

이때 기억해야 할 것은, 아이들은 자기가 한 말이 부모를 당황시킬 것이라고 생각지 못한다는 것이다. 아이는 자기가 좋아하는 새 친구들을 따라 한 것뿐이다. 아이의 성공적인 발달을 위해 모방은 필수적이며, 모방하는 과정이 유치원 생활에서도 연장되어 소속감이 점점 더 강해진다.

그럴 때는 "음, 유치원에서 친구들은 그렇게 얘기하는구나. 아이들이 별 뜻 없이 한 말일 거야. 하지만 유치원 밖 사람들에게 그런 말을 쓰면 상처받게 될 거야"라고 얘기하면서, 유치원과 집을 구분해 준다. 그리고 또한 가지 다른 어른들에 비해 부모와 이야기할 때 훨씬 더 자유롭게 표현할 수 있다는 점을 분명하게 알려 준다.

아이가 무례한 표현을 쓰더라도 그 속에 담긴 순수한 의도를 파악한다면, 보다 사려 깊은 태도로 아이를 대할 수 있다. 화를 내면서 못하게 말리거나 제재를 가하려 들면 아이만 고립시키고 혼란에 빠뜨릴 뿐이다. 아이에게 그런 말들은 친구들 사이에서 흔히 쓰는 말들로 인식되기 때문이다.

••• 유치원 친구 때문에 속상해요

손위 형제들이나 이웃들에게 따돌림을 당한 경험이 없는 아이라면, 처음에는 다양한 친구들과 뒤섞여 놀다가 감정이 상해서 집에 돌아오는 경우가 잦을 것이다. 부모의 사랑을 받으며 늘 부모가 자기 곁에 있고 싶어한다고 생각하던 아이는 다른 아이들에게 따돌림을 당하면 놀라 당황할 것이며, 그 친구들에게 화가 날 것이다. 아이의 전능한 자아는 다른 사람을 지배할 힘을 가지고 있다고 믿는데, 그 나이 또래 아이는 특히 놀이에서 따돌림을 당할 때 큰 상처를 받는다. 아이가 애처로운 목소리로 "오늘 제니가 나랑 놀기 싫다고 그랬어요. 다시는 나랑 놀지 않겠다고 했어요"라고 말하면 마음이 아플 것이다. 그러나 이런 순간이야말로 아이에게 부모의 사랑과 신뢰를 보여줄 수 있는 절호의 기회다. 아이는 다른 사람들과 충돌하면서 실망감을 느끼게 될 때, 자기에게 이차적 행복을 느끼게 해주던 부모의 모습을 떠올리게 된다.

부모를 대할 때와 친구들을 대할 때 어떤 차이가 있는지 강조해 주는 것도 때로는 도움이 된다. "우린 항상 너와 함께 놀고 싶어하는데, 다른 아이들이 너와 놀고 싶지 않다고 말하면 당혹스럽고 마음이 아플 거야. 하지만 다른 아이들도 가끔은 네가 원하는 걸 하고 싶어하지 않을 때도 있어. 그럴 땐 말이야, 다른 친구들 중에 너랑 함께 놀고 싶어하는 친구가 있는지 찾아보렴. 틀림없이 너랑 놀고 싶어하는 아이가 있을 거야. 전에 사만타랑 노는 게 재밌다고 그랬던 게 기억나는데, 어떠니?" 하고 얘기해 본다. 꾸준히 사랑과 관심으로 대해 주면, 늘 모든 아이들이 자기와 놀아 줄 거라고 믿어 온 환상에서 벗어나 놀이 그 자체에서 얻는 재미를 통해 더 큰 이차적 행복을 찾아낼 것이다.

아이들은 종종 반 친구들로부터 잔인한 말을 들었다고 얘기한다. 한 남자아이는 유치원에 좋아하는 여자아이가 있는데, 그 여자아이에게 결혼하자고 했다고 한다. 그런데 그 여자아이가 "난 절대 너랑 결혼 못해. 네 피부는 너무 까맣잖아"라고 했다는 것이다. 냉정한 대답 때문에 아이 마음이 많이 상했을 것이라는 걸 짐작할 수 있다. 이럴 때는 다른 아이가 실수로 말을 잘못한 것이라고 얘기해 준다. 이를테면 "그 여자아이가 한 말 때문에 속상했지? 하지만 그 애 말이 틀렸구나. 피부색이 아무려면 어떠니? 그리고 사람들은 누구나 자기가 하고 싶어하는 사람과 결혼할 수 있단다" 하고 말해 준다. 이 연령의 아이는 또래 친구들의 판단보다는 부모의 의견을 훨씬 더 중요하게 여기므로, 다른 아이의 비난이 잘못된 것이라고 얘기해 주면 귀기울여 들을 것이다.

아이가 다른 사람들에게 창피를 당할 때 어떤 태도를 취해야 할지 난감할 때가 종종 있다. 옷이 낡았다든지 뚱뚱하거나 안경을 썼다는 따위의 놀림은 집에서 잘 달래 준다면 금세 잊어버린다. 그러나 인종이나 종교, 민족성에 대해 비난을 받거나 심각한 신체장애 때문에 놀림을 당한다면, 선생님에게 피부색이나 종교적·문화적 관습, 신체장애를 가진 사람들의 감정에 대해 교실에서 토론해 볼 기회를 만들어 달라고 부탁해 본다.

••• "친구가 때렸어요"

유치원 문화 적응 초기에 아이들이 예민한 반응을 보이는 또 다른 경우는 "오늘 조지가 날 때렸어요" 하고 말할 때다. 무슨 일이 있었는지 알아본 후, 부모의 가치 판단은 좀 뒤로하고 아이가 어떻게 대응했는지부터 먼저 물어 본다. 아이는 선생님에게 이르거나, 그 아이를 밀쳐 버리거나, 다른 아이들이 노는 곳으로 가는 등의 대응을 했을 수 있다. 아이가 다른 아이의 공격에 성공적으로 대처했고, 또 먼저 덤벼든 것이 아니라는 게 분명하다면 "오늘은 조지가 심술이 났었나 보구나? 조지 기분이 좋아질 때까지 다른 친구들과 재미있게 놀 수 있을 거야"라고 얘기해 준다. 아이가 친구의 행동에 대해 적절하게 대응했거나 또는 그 친구를 계속 나쁘게 말하지 않는다면 그리 염려할 문제는 아니다.

하지만 심각할 정도로 위험한 상황도 있다. 예를 들어 아이가 '바비가 유치원에 칼을 가져왔어요. 칼로 나를 찌를 수도 있다고 말했어요'라고 한다면, 당장 그 아이의 행동을 중지시켜야 한다. 아이에게만 맡겨둘 문제가 아니라 원장 선생님에게 전화를 거는 등 부모가 직접 처리해야 한다. 이때 부모가 자기를 안전하게 지켜 주기 위해 노력하고 있다는 것을 아이가 느낄 수 있도록 한다.

••• 선생님의 의견

선생님들은 아이들 교육에 관한 한 전문가이고 목적 의식이 뚜렷하며 열성적이다. 선생님들은 아이의 유치원 생활 전반에 대해 매우 잘 알고 있으므로 아이의 유치원 생활에 대한 소중한 정보를 제공할 수 있다.

한 선생님은 한 아이가 간식 시간만 다가오면 무척 초조해한다는 걸 발견했다. 배고플 때마다 군것질을 했던 그 아이는 아침밥을 든든히 먹지 않아 간식 시간까지 참기가 힘들었던 것이다. 이런 정보들을 제공할 수 있는 사람이 바로 유치원에서 아이들과 함께 생활하는 선생님이다.

아무리 유능한 선생님이라도 너무 많은 아이들을 돌보다 보면, 각각의 아이에 대해 정확하게 이해하지 못할 수도 있다. 그 점을 잊어서는 안 된다. 만약 선생님이 평소 아이가 한 번도 보인 적이 없는 행동을 지적한다거나, 아이에 대해 부정적인 의견을 말한다면, 무턱대고 선생님의 의견을 받아들이기 전에 선생님이 내린 결론에 대해 곰곰이 따져볼 필요가 있다.

아이의 유치원 생활을 설명하는 선생님의 태도를 통해 과연 아이에게 건설적인 도움을 줄 선생님인지 아닌지 가늠할 수 있다. 서로 다른 두 선생님의 표현을 비교해 보면 좀더 확연해질 것이다.

* "도널드는 교실에서 뛰어다니려고만 해요. 그냥 그렇게 내버려둘 수는 없어요. 수업을 시작해야 하는데 아이들이 모두 이리저리 뛰어다닌다면, 난장판이 되고 말 거예요."
* "몇 분씩 가만히 앉아 있어야 하는 일이 도널드에게 분명 힘들 거예요. 도널드가 참여할 수 있는 활동을 찾아보려고 노력 중이랍니다."

첫 번째 선생님은 교실 질서의 필요성, 그리고 도널드의 행동이 다른 아이들에게 미칠 파급 효과에 대해서만 초점을 두고 있다. 반면 두 번째 선생님은 도널드가 보다 편안하게 유치원 생활에 적응할 수 있도록 도와주기 위해 도널드를 이해하려 애쓰고 있다. 분명 도널드는 두 번째 선생님 반에서 더 행복하고 유치원 생활도 더 잘 적응할 것이다.

유치원 생활이 즐겁지 않다면

아이들은 종종 유치원에 가기 싫을 때가 있게 마련이다. 그러나 아이가 계속해서 유치원에 가기 싫어하고 유치원 갈 시간만 되면 몸이 아프다고 한다거나, 부모와 떨어져 지내기가 힘겨워서 매일 밤 악몽에 시달리느라 밤잠을 설친다면, 과연 그 아이가 유치원에서 선생님과 잘 지내고 있는 건지, 계속해서 유치원에 보내야 하는지에 대해 심각하게 고민해 보아야 한다.

우선 하루나 이틀 정도 수업에 참가하면서 아이를 관찰해 볼 필요가 있다. 선생님이 너무 엄하게 대한다거나 아이에게 싫은 내색을 한다면, 반을 옮길 수 있는지 알아보는 것이 좋다. 아이들에게 보다 긍정적인 태도로 대하는 선생님이 있다면, 그 선생님 반으로 옮겨 주는 것이 좋다.

그러나 선생님이 자상하고 긍정적인 태도로 아이들을 대하는데도 아이가 계속해서 불행한 감정을 내비친다면, 그 아이는 아직 유치원에 갈 준비가 되지 않은 것이므로 한 해 더 기다렸다가 입학하는 편이 낫다. 결정은 전적으로 부모가 해야 하며, 그 결정 때문에 아이에게 부담을 주어서는 안 된다. 아이에게 "올해 입학시키려고 했던 우리 잘못이구나. 내년이 되면 유치원을 더 좋아하게 될 거야. 아직 유치원에 다닐 준비가 되지 않았다는 걸 우리에게 알려 주다니, 그런 네가 오히려 기특하구나" 하고 얘기해 준다. 다른 유치원을 찾는 동안 충분히 노력을 기울인다면, '유치원은 불편한 느낌만 주는 곳'이라고 여겼던 아이 생각이 점점 바뀔 것이다.

아이가 거짓말을 해요

세 살에서 여섯 살 사이 아이들은 종종 일상생활에서 작은 거짓말을 한다. 이때 부모들은 아이가 부도덕하다고 판단해 훈계를 하거나 행동에 제약을 가하거나 벌을 주곤 한다. 이 나이가 되어서도 원하는 때에 하고 싶은 대로 못하게 되는 상황이 오면 아이들의 이차적 행복이 흔들릴 수 있다. 아이들은 원치 않는 방향으로 일이 진행되는 것을 피하고 싶거나, 세상과 자기 자신을 통제하고 있다는 느낌을 유지하기 위해 거짓말을 하는 것이다. 그러나 스마트 러브 관점을 견지하면서 적절하게 대응한다면 거짓말하는 일이 자연스럽게 사라질 것이며, 굳이 벌을 주거나 제재를 가하거나 말다툼을 하지 않아도 된다. 현실을 꾸며대고 싶어하는 이유가 무엇인지 아이 스스로 깨우치도록 느긋하게 도와줄 수 있다.

상담사례

"나무 꼭대기까지 날아갔어요"

네 살짜리 아이에게 풍선이 나무에 걸렸는데, 아무도 그 풍선을 꺼낼 수 없었다는 이야기를 읽어 주었다. 그 아이는 잠시 생각에 잠기더니 "제가 나무 꼭대기까지 올라가서 풍선을 꺼내왔어요" 하고 소리쳤다.
아이가 계속 거짓말을 하려 들지도 모른다는 염려 때문에 대부분의 부모들은 "날지 못한다는 걸 알면서 그러니?" 혹은 "거짓말하면 안 돼. 피노키오 코가 어떻게 됐는지 봤지?"라고 얘기할 것이다. 그러나 그 나이 또래 아이들이 사실을 꾸며대고 싶어하는 게 당연하다는 점을 이해한다면 긍정적인 태도로 다가갈 수 있다. "정말 그 문제를 해결해 주고 싶은 게로구나" 하고 말하면서.

"유치원을 날려 버렸어요"

학부모 회의에 참여하려고 집을 나서는 부모에게 다섯 살 난 아이가 말했다. "제가 유치원을 날려 버려서 유치원에 못 가실 걸요." 우리에게 상담을 받고 있던 그 부모는 아이 말이 거짓인 줄 안다고 얘기할 필요가 없는 걸 알고 있었다. 유치원에 따라가고 싶은데 혼자 집에 남겨지니까 실망해서 그렇게 말한다는 걸 알고 있었기 때문이다.

상담사례

"두 개밖에 안 먹었어요"

어느 날 저녁, 다섯 살짜리 캐빈의 부모는 아이에게 부엌에 가서 후식으로 사탕을 두 개 먹어도 좋다고 말했다. 그런데 아이가 잠들기 전 방에 들렀을 때 보니, 사탕 껍데기가 다섯 개나 있었다. 그래서 아이에게 어떻게 된 거냐고 묻자, 캐빈은 "전 두 개밖에 안 먹었어요. 다른 껍데기는 어제 거예요"라고 대답했다. 캐빈의 부모는 모두 오늘 저녁에 까먹은 것이라는 걸 알았지만 애정 어린 목소리로 "사탕이 무척 맛있어 보였지? 두 개만 먹고 말기가 쉽진 않았을 거야" 하고 얘기했다. 그러자 캐빈이 웃으면서 "맞아요!"라고 말했다.

캐빈의 부모는 더 이상 잘잘못을 따지지 않았고 긍정적인 태도를 보여주었다. 아직은 어려서 제 스스로 사탕 개수를 조절하기가 어려웠을 것이라고 결론짓고는, 다음 번에는 아이에게 직접 사탕을 두 개 집어 주었다.

아이가 다른 어른들에게 거짓말을 했을 때, 그 어른들이 아이 부모에게 불평을 늘어놓으며 아이 교육을 잘 시키라고 말하는 경우가 있다. 이때 아이들의 거짓말은 나이가 들면 자연스럽게 없어지는 것이라고 설명해 주자. 그런데도 그 어른이 아이를 혼내주라고 고집한다면, 그 또래 아이에겐 당연한 행동일 뿐이라고 생각하며, 그 생각대로 아이를 지도할 것이라고 정중하지만 단호하게 말한다.

나이에 맞는 책, 영화, 텔레비전 프로그램 선택하기

어린이 문학이나 만화 관련 작가와 비평가들 중에도 아

이들이 무엇을 바라는지 제대로 이해하지 못하는 이들이 허다하다. 불행한 일이 아닐 수 없다. 그들은 일단 해결하기 어려운 상황을 제시했다가 극적 반전을 일으킨 후 행복한 결말로 마무리짓기만 하면, 비평가들처럼 아이들도 극적인 긴장을 즐길 거라고 착각하고 있다. 또한 아이들에게 꼭 필요한 책과 영화가 무엇인지 나름의 기준을 가지고 접근하는 부모들을 찾아보기가 힘들다. 8~9세 미만의 아이들은 아기사슴 밤비의 엄마나 라이언 킹의 아빠가 죽어도 슬퍼하지 않는다. 밤비와 라이언 킹이 나중에 행복해지기 때문이다.

부모들이 파괴적이거나 무시무시한 내용을 담은 영화나 책을 보여주면, 아이들은 몹시 혼란스러워한다. 안정된 내적 행복을 가진 아이들은 그런 경험을 재미있게 받아들이지 않는다. 그러나 내적 불행을 키워 온 아이들은 부모가 자기를 당황하게 만들고 겁을 주고 싶어한다고 생각하면서, 불행한 경험을 하고 싶다는 욕구가 생겨난다.

물론 책이나 영화를 선택할 때 무턱대고 아이의 선택을 따를 수는 없다. 아이가 원한다고 해서 사탕을 무한정 줄 수 없는 이치와 마찬가지다. 아이들은 친한 친구가 보았다는 둥, 텔레비전에서 멋진 광고를 보았다는 둥 하면서 무서운 영화를 보고 싶다고 조를 것이다. 그러나 가능하면 아이들이 당혹스럽고 무시무시한 경험을 하지 않도록 하는 것이 최선이다. 부모가 불필요한 불행으로부터 자기를 지켜 주고 싶어한다는 걸 알게 되면, 아이의 내적 행복이 탄탄해지고 이후의 삶에서 실제로 상처를 경험하게 될 때에도 훌륭하게 극복해 나갈 수 있다.

"라이언 킹 아빠는 죽어도 상관없잖아요"

네 살짜리 세스가 유치원이 끝난 뒤 친구 집에 놀러갔을 때, 친구 엄마가 라이언 킹 비디오를 틀어 주었다. 세스는 집에 돌아오자마자 "아빠, 라이언 킹 보고 왔어요" 하고 말했다. 세스 아빠는 평소 아이에게 혼란을 줄 만한 내용의 책이나 영화를 보여주지 않으려고 무척 애쓰는 편이었다. 아빠가 세스에게 "재미있었니?" 하고 묻자, 세스가 "무척 재미있었어요"라고 대답했다. 이번에는 "라이언 킹 삼촌이 아빠를 죽이는 장면은 어땠니?" 하고 묻자 "상관없어요"라고 대답했다. 아빠가 부드러운 목소리로 "정말 이상하구나. 대부분 아이들은 그 장면에서 몹시 무서워하던데" 하니까, 세스는 자기 신발을 물끄러미 내려다보면서 "저도 무섭긴 무서웠어요"라고 말했다.

그러더니 잠시 후, "라이언 킹 삼촌이 왜 그랬을까요? 왜 그렇게 못되게 굴었을까요? 라이언 킹을 슬프게 만들었잖아요?" 하고 물었다. 아빠는 "가끔은 사람들도 서로 못된 짓을 한단다. 왜 그러는지 잘 모르겠지만 말이야"라고 대답해 주었다. 세스는 고개를 끄덕이면서 잠깐 생각에 잠긴 듯하더니 "다음 번엔 버트 집에 놀러갈 거예요. 버트 엄마께 라이언 킹 비디오는 틀어 주지 말라고 얘기해 주시겠어요?"라고 말했다. 아빠는 그렇게 하겠다고 대답했다.

원하는 것을 얻지 못하면 불같이 화를 낸다

아이의 이차적 행복은 원하는 것을 얻을 때 가장 커진다. 그러므로 세 살에서 여섯 살 사이의 아이들은 실망감을 느끼게 될 때 몹시 격정적인 반응을 보일 수 있다. 꼭 갖고 싶은 것이 있는데 그걸 가로막는 사람이 있다면, 부모든 선생님이든 친구든 상관없이 발로 차고 때리려 할 수 있다. 그러나 잠깐 스쳐지나가는 것일 뿐이므로 맹목적이고 지속적인 격분과는 쉽게 구별된다.

"차례를 기다려야죠"

네 살 난 리처드는 어린 여자아이를 집에 초대해서 함께 놀던 중 갑자기 화가 났다. 리처드가 색칠할 차례가 되었는데도 자기보다 어린 여자아이가 화판 앞에서 비키려 하지 않았기 때문이다. 여자아이가 고집스럽게 화판 앞에 버티고 서서 색칠을 계속하자, 리처드는 여자아이를 밀쳐냈다. 리처드 엄마는 여자아이를 일으켜 다시 화판 앞에 세워 주었다. 그러고는 리처드 곁에 나란히 앉아, 차례를 기다리기 힘들겠지만 그렇다고 친구를 밀쳐내는 건 옳지 않다고 설명해 주었다. 대신 여자아이가 색칠을 다 하는 동안 다른 놀이를 하면 어떻겠느냐고 물었다. 가면을 만들어 거기에 색칠을 하자고 했더니, 리처드는 자기 차례가 올 때까지 열심히 가위질을 하고 색칠을 했다.

이처럼 사랑의 규제를 적용하면, 아이에게 부모의 친근한 애정을 보여주면서 동시에 공격적인 행동을 멈추게 할 수 있다.

네 살쯤 되면 아이들은 자기 차례를 기다릴 수 있게 된다. 사물보다는 인간 관계를 더 중시하기 때문이다. 그러나 이 시기에도 실망감이 들 때면 이따금 공격적인 행동을 보이기도 한다. 아이가 참을성을 잃을 때는 사랑의 규제로 대해야 한다. 부모가 온정과 사랑으로 대한다면, 원하는 걸 갖지 못하게 되어 마음이 상하더라도 아이의 내적 행복만은 지켜 줄 수 있다. 아이는 갖고 싶은 물건을 갖지 못하게 되더라도 그리 심각하게 받아들이지 않을 것이다. 도덕 교육을 시킬 때 아이를 고립시키거나, 애써 사랑과 애정을 자제할 필요는 없다.

진정한 도덕 교육은 아이가 성인이 되어서도 한결같은 태도로 다른 사람의 권리를 존중할 줄 알고 실망감을 이겨낼 수 있도록 도와주는 것이다.

엄마, 나도 도울래요

걸음마 단계나 취학 전 아이들은 동경의 시선으로 부모를 바라보며 무슨 일이든 돕고 싶어한다. 또한 전능한 자아가 여전히 강하게 자리잡고 있기 때문에 무엇이든 자기가 하고 싶은 대로 하려 한다. 그러므로 아이들에게 일상적인 일들을 시킬 때는 무엇이든 재미있게 함께 해보는 것이 좋다. 아이 스스로 책임감 있게 일을 처리하리라고 기대할 수는 없다.

그러나 물을 뿌리거나, 애완 동물을 돌보거나, 텔레비전 음량을 조절하거나, 작은 망치로 톡톡 두드리거나, 작은 빗자루나 양동이 같은 소형 도구를 이용해서 할 수 있는 일은 해낼 수 있다. 아이는 작은 망치로 톡톡 두드려 고기 조각을 잘게 부수는 일이나 강아지를 목욕시키고 세차하는 따위의 일들을 아주 좋아할 것이다.

이때는 딱히 어떤 일을 시키겠다는 것보다 누군가를 돕는 일이 재미있고 보람 있다는 걸 가르치는 게 목적이다. 그러므로 이부자리를 정리하기 싫어하거나 책장 정리를 하지 않으려 한다면, 대신 아이가 재미있어할 만한 일들을 찾아보는 것이 좋다. 계속해서 하지 않겠다고 고집을 피워 대는 아이에게 다른 보상을 들이대면서 억지로 시키면 이제껏 신나게 해오던 일마저도 보상을 기대하게 될 것이다.

아이들이 일하기 싫어할 때, 부모들은 "사는 게 꼭 재미있는 것만은 아니란다"라든가 "사람은 하기 싫어도 꼭 해야 하는 일들이 있단다", 또는 "내가 너만 했을 때 한 것과는 비교가 안 되는 일이야"라면서 고리타분한 말을 늘어놓곤 한다.

그러나 훈계를 들으면서 억지로 일을 하게 된 아이는 결코 도덕적인 개념을 체득하지 못한다는 걸 기억할 필요가 있다. 아이는 단지 부모가 독단적으로 요구하고 있으며, 결코 지고 싶지 않은 힘겨루기에 말려들었다는 느낌만 받게 될 뿐이다.

이런 방식으로 아이를 대하면 부모가 통제하려 할 때 권위에 반감을 보이거나 또는 지나치게 위축된 태도를 갖게 될 뿐, 서로 도우면서 공동의 목적을 수행해 내는 기쁨은 배우지 못할 것이다.

'로맨틱 단계'에 접어드는 아이

두 살 반 정도가 되면 아이는 엄마와 아빠의 성을 구분할 수 있게 된다. 그리고 세 살에서 여섯 살 사이 아이들은 이성(異性)을 의식하는 시기에 접어드는데, 이를 로맨틱 단계라고 한다.

> **상담사례**
>
> **곰 가족**
>
> 한 아이는 똑같이 생긴 곰 인형 두 마리를 번갈아 가며 데리고 놀았다. 세 살 생일이 다가올 무렵, 어느 날인가부터 아이는 곰 인형을 엄마 곰, 아빠 곰이라고 부르기 시작했다. 아이는 언제나 어느 곰이 엄마 곰이고 아빠 곰인지 정확히 구별해 냈다. 이처럼 아이가 이성을 알아가고, 이성에 관심을 보일 때 부모들은 무척 낯설 수도 있다.

로맨틱 단계의 아이들은 이성 부모가 자기를 이성적인 대상으로 여겨주기를 바라며, 동성 부모의 자리를 차지하고 싶어하는 자기의 욕망 때문에 동성 부모가 화를 낼지도 모른다는 두려움을 갖는다.

이런 욕망은 이 시기 아이들에게 두드러지는데, 수수께끼 같은 행동을 많이 하는 것도 이 때문이다. 강한 경쟁심에 사로잡히는가 하면, 시무룩해지거나 사소한 일에 극도로 민감하게 반응하고, 스스로 초인간적인 능력이나 완전무결한 지식을 가졌다고 우기기도 한다.

로맨틱 단계를 알아채지 못한 부모들은 세 살에서 여섯 살 사이 아이들이 이해할 수 없는 행동들을 하면, 나쁜 행동이니까 혼을 내야겠다고 생각한다. 하지만 부모들은 이 단계의 특성과 의미를 분명히 이해해야 한다. 우리는 아이들이 로맨틱 단계를 무사히 넘기도록 도와줄 수 있는 새로운 지침을 제시하려 한다.

••• 아이들이 엄마, 아빠의 야릇한 관계를 알게 되었을 때

세 살에서 여섯 살 사이 아이들은 부모만의 친밀한 관계를 잘 알게 된다. 특히 엄마와 아빠가 나누는 사랑을 알아차리기 시작한다. 그러면서 왜 부모가 서로 즐거워하는 일에 자기가 끼어들 수 없는지 의아해한다. 이 시기 아이들은 보호받고 있다는 생각이 들 때 커다란 만족감을 느끼며, 이성 부모에게 큰 관심을 보인다. 아이들은 이성 부모가 늘 자기에게만 관심을 쏟게 해왔던 대로, 이제는 이성 부모의 사적인 행동까지 통제하려 들기 시작한다 (예를 들어 꼬마 아들이 "엄마, 나도 아빠가 될 거야. 그럼 우리 같이 저녁 먹으러 나갈 수 있겠지?"라고 말한다).

아이들이 이성 부모를 이성적 대상으로 여길 때, 자기 능력에 대한 확신이 더 강해진다. 이 단계에서 아이들은 동성 부모가 하는 행동을 잘 보아 두었다가 똑같이 흉내내어 이성 부모를 보살펴 주려 한다. 엄마를 위해 문을 열어 주는 남자아이라든지, 발 수술을 받은 아빠에게 엄마 대신 자기가 정형 신발을 신겨 주겠다고 나서는 여자아이가 그런 예다.

이 시기 아이들은 이성 부모의 보살핌을 받고 싶어하며, 이성 부모가 자기를 이성적 대상으로 여기길 바란다. 이성 부모는 아이가 보이는 이런 관심에 무척 기분이 좋아질 것이다. 어떤 엄마의 경우 시간이 오래 걸리는 볼일을 봐야 할 때면 아들이 기꺼이 함께 따라나섰고, 늘 그런 아들이 믿음직스러웠다고 말했다.

물론 이 시기 아이들이 이성 부모와 어른들식의 관계를 원하는 것은 아니다. 그들은 부모에게서 관찰한 관계를 모방하는 것일 뿐이다. 아이들은 부모의 야릇한 관계, 즉 로맨틱한 소유욕이나 배타적 애정 등 그런 요소가 포함된 장황한 개념을 알지는 못한다. 비극적이게도 아동 성추행범들은 아이들의 행동을 어른들식으로 잘못 해석하여 범죄를 저지른 후 희생된 미성년자들이 자기를 유혹했다고 뻔뻔스럽게 우기곤 한다.

••• 아이의 관점 : "난 뭐든 잘할 수 있어"

로맨틱 단계의 아이는 이성 부모에게 동성 부모보다 더 매력적인 대상으로 보이고 싶어한다. 아빠가 아이 보는 앞에서 엄마 옷 입은 모습을 칭찬하자, 세 살 난 딸이 부모 사이를 비집고 들어와 신나게 빙그르르 돌면서 아빠에게 소리친다. "제 옷 좀 보세요. 줄무늬도 있는 걸요!"

이 단계에서는 이성 부모에 대한 경쟁심이 아이의 경험에 어떤 식으로든 영향을 끼친다. 예를 들어 그림 잘 그린다는 칭찬을 듣고 싶을 때, 이성 부모가 동성 부모에게 해주는 것과 똑같은 찬사를 받고 싶어한다. 아이는 이성 부모의 관심을 받으려고 동성 부모와 경쟁 중이라고 믿으며, 이러한 믿음은 아이의 전능한 자아가 자신의 외모에 대해 완전히 비현실적인 생각을 갖게 했기 때문에 생겨난 것이다. 아이와 동성 부모는 신체 크기나 힘에서 큰 차이가 있는데도, 전능한 자아는 이런 차이를 무시한다.

세 살에서 여섯 살 사이 아이들은 부모보다 자기가 더 힘이 세고 더 빠르며 키도 크고 재주가 많으며 아는 것이 더 많고 능력도 더 뛰어나다고 입버릇처럼 말한다.

로맨틱 단계의 아이들이 자신의 능력을 과대평가하는 것은 일시적으로 나타나는 현상일 뿐이며, 그 또래 아이들에겐 자연스러운 일이다. 아이 생각이 잘못되었다고 지적해 주면 오히려 아이 감정만 다친다. 이는 성장하면서 자연스럽게 극복되므로 크게 걱정할 필요가 없다.

어린아이들은 여러 면에서 자신을 전능하다고 여긴다. 네 살짜리 아이와 함께 텔레비전을 통해 미식 축구 중계를 보고 있을 때, 아이가 "난 쿼터백보다 더 멀리 공을 던질 수 있어요. 난 한 손으로도 다른 팀 선수를 밀쳐버릴 수 있어요"라고 말할 때가 있다. 네 살짜리 아이는 자라나면서 자연스럽게 자기 능력에 대한 비현실적인 생각에서 벗어나게 되므로, 그럴 땐 그냥 "그렇고말고"라고 대꾸해 주기만 하면 된다. 비웃거나 놀리거나 잘못된 생각을 바로잡아 주겠다고 설명을 늘어놓거나 비난을 해서 아이의 환상을 깨뜨리려고 한다면, 아이는 더 고집스럽게 자신의 능력을 주장하려 할 것이다. 서두르지 말고 아이 스스로 현실의 자기 모습을 알아 갈 수 있도록 도와주는 것이 좋다.

••• 아빠는 나의 경쟁자

전능한 자아는 무엇이든 가질 수 있고 해낼 수 있다는 환상을 갖고 이차적 행복을 추구한다. 그러나 이 시기 전능한 자아를 간직한 아이들은 심각한 상실감을 경험한다. 이런 상실감은 아이의 발달 단계에서 매우 큰 의미를 갖는다. 이때부터 아이들은 전능한 자아의 강력한 힘에 대해 의문을 품게 되며, 이차적 행복이 곧 자기가 원하는 것을 가지게 될 때와 직결되는 것이 아님을 이해하기 시작한다.

아빠와 엄마가 서로 존중하고 또 특별한 감정을 느끼고 있다는 것을 알아채면서부터 아이의 상실감은 더 커진다. 부모의 보살핌과 관심을 독차지하고 있는 데는 변함이 없지만, 부모가 자기를 통해서만 기쁨을 얻으려 하지 않는다는 것을 점차 깨닫게 된다.

엄마와 아빠가 자기를 통하지 않고 욕망을 충족시키려 한다고 생각할 때, 아이들은 이성 부모의 관심을 끌고 부모의 관계를 방해하기 위해 새로운 노력을 기울인다. 엄마와 아빠 둘이서 얘기를 나눌 때면, 자기 인형이 귀찮아하니까 조용히 하라고 말하는 것이 그것이다. 부모가 화기애애하게 대화를 나누고 있을 때 "온 세상 사람들이 엄마, 아빠가 하는 엉터리 얘기를 듣기 싫어하잖아요!"라고 아이가 큰 소리로 외칠지도 모른다.

이 단계의 아이들은 더 많은 관심을 요구하며, 부모가 나란히 걸어가거나 함께 일하는 걸 보면 울거나 화를 내거나 찡얼거리거나 불행한 표정을 짓는 등 이해할 수 없는 행동을 한다. 이런 행동은 반사회적 태도이니 확실하게 바로잡아야 한다고 여길 것이 아니라, 이 나이 또래 아이들에게 자연스럽게 나타나는 행동일 뿐이라고 받아들인다면, 아이가 다소 거만한 태도로 제멋대로 하려고 해도 너그럽게 받아줄 수 있을 것이다.

이때 아이 스스로 부모와 함께 있을 때, 더 큰 기쁨이 생긴다는 사실을 알아가도록 도와주어야 한다. 예를 들어 남자아이가 아빠만 집에 남겨두고 자전거를 타러 가자고 한다면, "안 돼, 아빠만 혼자 남겨두고 갈 순 없어. 엄마 아빠랑 함께 자전거 타러 가자"고 얘기한다. 둘보다는 셋이 함께 다닐 때 더 단란한 가족이 될 수 있다고 얘기해 주면서 아이 기분을 풀어 줄 수 있다.

"엄마한테 책 읽어달라고 할 거야"

상담사례

네 살짜리 한 남자아이는 어느 날인가 잠자리에 들기 전 아빠가 책을 읽어 주려고 하자 "싫어! 엄마보고 읽어 달라고 할 거야"라며 거절했다. 아빠는 너그러운 마음으로 아이의 거절을 받아들였고, 아빠에게 다시 책을 읽어 달라고 부탁하는 날이 올 때까지 기다리겠다고 말했다.
한 달 후 잠자리에 들 무렵 아이가 흥겨운 목소리로 "좋은 생각이 떠올랐어. 엄마, 아빠가 한 줄씩 읽어 주면 되잖아. 난 엄마, 아빠 사이에 앉을래"라고 말했고 부모도 동의했다. 엄마, 아빠와 함께 하면 더 즐거운 시간이 된다는 걸 아이 스스로 깨달은 것이다. 그러나 부모가 나란히 앉는 것만은 여전히 보기 불편했던 모양이다.

아이의 관점 : 경쟁과 보복

로맨틱 단계에서는 부모의 욕망을 제 마음대로 할 수 있다는 아이의 믿음이 더 확고해진다. 아이는 부모의 관심을 독차지하는 데 성공했다고 생각하기 때문이다. 부모는 아이가 원하는 대로 세심하게 돌봐주었고, 아이는 어릴 때부터 부모의 보살핌에만 관심을 보여 왔다. 그 때문에 아이는 엄마와 아빠의 욕망이 따로 존재한다는 걸 알아차리지 못했다. 아이는 부모의 욕망이 어떤 것인지, 그리고 어떻게 통제해야 하는지 모르는 상태로 로맨틱 단계에 접어든 것이다. 세 살 난 여자아이는 아빠와 체스 게임은 같이할 수 있는데, 왜 토요일 밤에 열리는 파티에는 엄마 대신 자기가 갈 수 없는지 이해할 수 없었다.

아이의 전능한 자아는 이성 부모의 관심을 독차지하기 위해 동성 부모와 겨룰 수 있다고 믿는다. 이성 부모가 동성 부모에게만 낭만적인 사랑을 느낀다는 가슴 아픈 사실을 인정하려 하지 않는다. 아이는 이성 부모가 자기에게 이성적인 관심을 보이지 않는 것이 동성 부모의 방해 때문이라고 단정한다. 그리하여 동성 부모에게 화를 내고, 동성 부모를 향한 경쟁심이 강해져 급기야는 동성 부모가 자기에게 앙갚음할 것이라고 믿게 된다.

이런 믿음에서 생겨난 두려움을 '보복 불안(retaliation anxiety)'이라고 한다. 우리는 정신분석학적 용어인 거세 불안(castration anxiety)보다는 보복 불안이라는 용어를 더 즐겨 사용한다. 보복 불안은 남자아이와 마찬가지로 여자아이도 동성 부모에 대한 두려움을 느낀다는 사실을 강조하며, 동성 부모의 보복 때문에 상처를 입게 될지도 모른다는 아이들의 환상을 더 광범위하게 나타낸다.

이 단계에서 동성 부모가 아이를 안심시키는 방법에는 여러 가지가 있다. 무엇보다 동성 부모가 까닭 없이 아이의 화를 돋우거나 거절을 일삼지 않는 것이 중요하다. 아이가 적의에 차 있는 이유를 이해하지 못하는 동성 부모는 마음이 상하고 답답할 것이다. 함께 놀이를 하자고 하는데 아이가 이를 거절하면, 부모는 "그래? 그럼 나도 좋아. 너랑 노는 일 말고도 해야 할 일이 산더미같이 있거든" 하고 쏘아붙일 것이다.

그러나 화를 내면 아이의 보복 불안만 더 심해질 뿐이며, 이 단계를 성공적으로 통과하는 일이 더뎌질 뿐이다.

동성 부모는 아이가 적의에 차서 거부 반응을 보이기 전에 언제나 그래 왔던 것처럼 사랑과 관심으로 대해 줌으로써 아이를 도울 수 있다. 아이가 함께 놀이를 하지 않겠다고 하면, "알았어. 계속 나랑 놀지 않으려는 건 아니지? 난 여기 앉아서 신문 보고 있을 테니까 마음 바뀌면 얘기해. 그때 재미있게 놀자꾸나"라고 얘기한다.

> **상담사례**
>
> **"스마트 러브로 아들을 안심시켰어요"**
>
> 엄마랑 재미있게 공던지기 놀이를 하다가 돌아오는 길에 네 살짜리 아들이 느닷없이 아빠에게 "아빠, 왜 절 노려보세요?" 하고 말했다. 로맨틱 단계의 특성을 잘 알고 있었던 아빠는 "엄마랑 재미있게 놀아서 아빠가 화낼까 봐 걱정하는 거지? 하지만 엄마가 네게 야구 가르쳐 준 걸 이 아빠도 멋진 일이라고 생각한단다. 아빠가 널 얼마나 사랑하는지 알지? 이 귀염둥이야" 하고 얘기해 주었다. 이 말을 들은 아이는 신이 나서 아빠를 꼭 껴안았다.

아이가 이성 부모와 즐거운 시간을 보낸 후 괜히 화를 내고 눈치를 보기도 하는데, 이때 아이를 충분히 안심시켜 주어 이 단계를 무사히 넘기도록 도와주어야 한다.

••• 로맨틱 단계에선 경쟁 심리가 강화된다

로맨틱 단계에서 세상을 통제할 수 있다는 전능한 자아의 외침이 얼마나 공허한지 드러난다. 아이들은 이성 부모의 사회적·이성적 관심의 중심에 서지도 못하며, 이성 부모에게 관심을 보이지 말라고 동성 부모를 설득할 수도 없다. 이때 경쟁적 자아가 전면에 나서기 시작한다.

아이의 경쟁적 자아는 자기가 원하는 것이면 무엇이든 할 수 있다고 여기는 환상에서 나오는 것이 아니다. 아이는 자기 힘으로는 이성 부모의 선택을 규제할 수 없다는 사실을 받아들이고 이해한다. 동성 부모가 친근한 태도를 보이면 마침내 보복 불안이 사라진다. 시간이 흐르면서 아이는 부모의 욕망을 단념시키려고 고집을 피우기보다는 부모의 개인적 욕망을 존중해 주는 편이 훨씬 낫다는 것을 깨닫게 된다.

••• 부모가 서로 사랑한다는 걸 알게 되었어요

철이 들면서 아이들은 자기에게 결점이 있어서가 아니라 부모가 서로 사랑하는 것에 자기를 끼워 주지 않았기 때문에 로맨틱 단계에서 실망감을 느꼈던 거라고 생각하게 된다. 이를 통해 아이들은 전능한 자아가 자기의 모든 욕망을 만족시켜 주지는 못한다는 사실을 깨닫게 된다.

이때 아이가 가정 내에서 진정한 자기 위치를 찾아 나가도록 곁에서 느굿하게 도와주는 것이 중요하다. 엄마와 아빠 사이의 사랑을 방해할 수 없다는 것을 깨닫기 시작한 아이들이라 하더라도, 자기가 힘이 더 세고 더 매력적이라고 생각하는 전능한 자아 때문에 판단이 흐려질 수 있다.

> **상담사례**
>
> ### 고양이가 된 엄마
>
> 우리와 잘 알고 지내는 네 살짜리 한 여자아이는 조금씩 부모 사이의 낭만적 관계를 당연한 것으로 받아들이기 시작했다.
> 어느 날 오후, 여자아이는 왕관 두 개를 만들어 멋들어지게 장식하면서 재미있는 시간을 보냈다. 아이는 엄마, 아빠에게 왕관을 씌워 주면서 "아빠는 왕이고, 엄마는 왕비예요. 난 공주!"라고 말했다. 그러나 가정 내에서 자신의 위치를 인식하고 위축감을 느낀 전능한 자아는 엄마의 왕관을 낚아채서 자기 머리에 쓰고는 이렇게 말했다. "사실 이 이야기 속에 왕비는 안 나와요. 아빠는 왕이고 난 공주예요! 그리고 엄마는 고양이에요."

 이성 부모의 낭만적 관심을 통제할 수 없다는 걸 깨달아 가는 과정에서, 아이는 자기도 나중에 크면 충분히 낭만적 관계에 빠질 수 있을 거라는 긍정적인 느낌을 가지도록 해야 한다.
 이성 부모의 낭만적 관심을 충족시킬 수 있다는 믿음이 깨지더라도, 언젠가 같은 또래 아이들이 선망하는 낭만적 대상이 될 수 있을 거라고 얘기해 주는 것이 필요하다.
 남자아이가 나중에 커서 엄마와 결혼할 수 있느냐고 물어 볼 때, "아니, 커서도 엄마랑 결혼할 수는 없어. 난 네 엄마고, 아빠랑 벌써 결혼했으니까 말이야. 하지만 넌 틀림없이 멋진 사람과 결혼하게 될 거야"라며 아이의 의견을 존중하면서 진지한 태도로 대한다.

••• 로맨틱 단계의 해소

이성 부모의 관심을 통제할 수 없으며, 동성 부모와 사이가 멀어지면 불편해질 뿐이라는 사실을 알게 되면 아이의 로맨틱 단계가 해소된다. 로맨틱 단계가 끝나갈 무렵, 정서적 욕구가 제대로 충족된 아이들이라면 전능한 자아가 추구했던 경쟁보다는 부모와의 따뜻한 관계를 선택한다. 아이는 부모 양쪽 모두에게 친근한 느낌을 가지게 되면서 로맨틱 단계에서 겪었던 긴장감이 해소된다.

부모에게 자기의 욕구를 들어 달라고 할 수는 있지만, 부모의 목적 달성 방법을 통제할 수 없다는 것을 깨닫게 되면서 아이들은 점점 더 자신의 능력에 대해 현실적인 태도를 취하게 된다. 아이들은 이성 부모에게서 이성적 관심은 아니지만, 여전히 부모의 보살핌을 받을 수 있다고 인식한다. 책을 읽어 달라거나 산책을 나가자는 따위의 일들은 언제든 부모가 해줄 수 있는 것들이다.

이 단계의 아이는 자기가 하고 싶어하는 일에 대해 부모가 지지를 보낼 때, 그 어느 때보다 행복하다고 느낀다. 부모의 개인적 삶을 통제하려는 데서 만족을 얻기보다 적극적으로 부모와 자기 사이에 놓인 특별한 친근함을 추구할 때, 아이는 새로운 안정과 평화를 경험하게 된다. 이것이야말로 성장 과정에서 얻게 된 크나큰 성취가 아닐 수 없다.

성장의 지표 : 동일시

아이들은 차츰 부모의 개인 활동과 양육 활동의 차이를 분명하게 인식하며, 이상적 동일시 과정을 거친다. 동일시(identification)란 자기가 중요하게 생각하는 인물을 닮으려고 하는 것을 말한다. 이성간의 사랑, 우정, 부모와 자식 간의 관계에서 모두 이 동일시가 나타난다. 부모의 개인 생활, 특히 그들의 낭만적인 생활에 관심이 많은 아이들은, 부모가 자기를 대하는 방식은 물론 부모가 서로를 대하는 방식을 모방하고 싶어한다. 성장의 욕구가 제대로 충족된 아이들은 부모에게서 건설적인 기쁨(constructive pleasure)을 발견하고 닮으려 하며, 긍정적인 동일시를 추구한다.

부모가 아이의 행동을 효과적으로 규제하고 아이의 욕구에 긍정적인 관심을 보인다면 아이들은 부모의 그러한 모습을 지켜보면서 이상적인 동일시를 추구하며, 그 과정에서 도덕성이 확립된다. 아이들은 자기가 불가능한 요구를 들이대며 화를 낼 때에도 부모가 사랑 어린 애정과 자상한 관심을 보여주면, 그런 부모의 태도를 그대로 따라한다. 그러면서 아이도 다른 사람의 권리와 욕구를 존중하게 된다.

철이 들수록 아이들은 경쟁하는 마음 없이 편안하게 친밀한 관계를 맺고, 상대방을 존중하는 인간 관계를 지향하게 될 것이다. 아이의 동일시 양상을 통해 그 아이가 다른 사람의 욕망을 이해하고 존중할 줄 아는 성인으로 자라게 될지 아닐지를 가늠할 수 있다.

내적 불행을 가진 이 시기
아이를 위한 스마트 러브

세 살에서 여섯 살 사이 아이들은 대부분 내적 불행을 겪고 있으며, 이는 실망감을 느낄 때 극적으로 표출된다. 발달 단계에 필요한 욕구를 충족해 온 아이들은 낙관적이고 우호적인 보살핌을 받으면서 일차적 행복을 안전하게 지켜 왔다.

그러나 내적 불행을 간직한 아이는 외부적 욕구가 충족될 때에만 내적 행복을 느낀다. 자기가 원하는 대로 되지 않을 때는 오랜 시간 동안 화가 나 부루퉁해 있을 때가 많아 주위 사람들을 어리둥절하게 만든다. 게다가 이 아이는 스스로 주위 사람들과 어울리려 들지 않기도 한다. 혼자 있겠다고 하거나 피해 의식에 사로잡혀 있기 일쑤다. 아이가 내적 불행 때문에 쉽게 마음의 상처를 입을 때, 부모는 아이의 감정을 돋우지 말고 어떻게든 달래려고 노력해야 한다.

상담사례

"내 아이스크림이 제일 작아"

내적 불행을 간직한 다섯 살 반 된 아놀드가 지나치게 민감한 반응을 보이자, 부모는 몹시 당황했다. 아놀드는 언제나 누나가 자기보다 큰 몫을 차지하고 더 좋은 대접을 받는 것 같다는 느낌을 받았다. 어느 날 밤, 자기 아이스크림이 제일 작다는 생각이 든 아놀드는 눈물을 쏟으며 식탁에서 뛰쳐나가 침대 위에 엎드려서는 서럽게 울었다. 부모는 아놀드의 '갓난아기 같은' 행동에 놀라 우리에게 상담을 의뢰했다.

우리는 아놀드의 마음속에는 분명 뿌리 깊은 박탈감이 자리잡고 있을 거라고 부모에게 말해 주었다. 부모는 이웃들로부터 아놀드가 버릇없이 군다는 얘기를 자주 들었다. 그러나 부모는 곧 아놀드가 왜 그런지 이해할 수 있었다. 아놀드는 성장 욕구가 충족되지 못한 탓에, 실망감이 들 때 참지 못했던 것이다. 아놀드는 부모에게 자기가 원하는 대로 해달라고 떼쓰지는 않았다. 다만 자기가 원하는 대로 되지 않았을 때는 마음에 큰 충격을 받았다.

예기치 않았던 아이의 불행 때문에 처음엔 아놀드 부모도 마음이 아팠지만, 얼마든지 아놀드를 다시 쾌활한 상태로 돌릴 수 있다는 말에 안심하는 눈치였다. 그들은 아이가 신경질적인 반응을 보여도 꾸짖거나 벌을 주지 않았다. 아놀드가 왜 그런 반응을 보이는지 이해하게 된 부모는 참을성 있고 다정한 모습으로 대하는 것이 더 수월하다는 것을 알았던 것이다. 아놀드는 눈에 띄게 차분해졌다. 아놀드는 언제든 부모의 도움을 받을 수 있다는 걸 깨닫고는 속상한 일이 생길 때에도 조금씩 자기 감정을 차분하게 다스리게 되었다.

스마트 러브의 지침을 따르기 시작하고 나서 몇 달 뒤, 아놀드는 또다시 누나 아이스크림이 더 많다는 생각이 들었다. 그러나 이번에는 식탁에 가만히 앉은 채로 자기 아이스크림이 더 적다고 부모에게 불평을 늘어놓았다. 그러자 아놀드 부모는 아이에게 아이스크림은 충분히 있으니 원하면 한 번 더 먹어도 좋다고 얘기해 주었다. 부모의 긍정적인 반응에 안심이 된 아놀드는 아이스크림을 한 번 더 떠먹으면서 학교에서 있었던 일들을 계속 얘기했다.

내적 불행을 가진 아이는 건설적인 기쁨, 파괴적인 기쁨, 불행을 통해 내적 평정을 유지해 나간다. 이 사실을 기억하고 있는 부모라면 최대한 효과적으로 아이를 도울 수 있다. 건설적인 기쁨을 최대한 많이 경험하게 해주고, 파괴적인 기쁨이나 불행을 최소화한다면, 얼마든지 아이를 행복하게 해줄 수 있고 또 올바른 행동으로 유도할 수 있다.

네 살 먹은 말썽꾸러기와 함께 외출하기

내적 불행을 가진 네 살짜리 레지는 집 밖에만 나가면 거칠게 행동해서 부모를 난처하게 했다. 아이와 함께 시장이나 음식점에 갈 때면 언제나 끔찍한 일들이 생겼다. 레지는 물을 엎지르거나 의자 위에 올라서는 등 잠시도 가만있지를 못했다. 아이를 즐겁게 해주려고 나간 외출이었지만, 얼마 되지 않아 엉망이 되고 말았다. 레지가 말썽을 일으킬 때마다 이웃 사람들이 시키는 대로 혼자 멀리 떼놓거나 좋아하는 놀이를 못하게 하자, 레지의 행동은 더 심해졌다. 게다가 사람들 앞에 나서는 것을 점점 더 꺼렸다.

우리는 레지가 주위 사람들과 어울리고 싶지 않았던 것이라고 부모에게 설명해 주었다. 아이의 버릇이 나빠질까 무척 걱정되었던 부모는 레지 나이에 어울리지 않는 성숙한 행동을 아이에게 요구했다. 그 결과 부모가 아이의 행동에 실망하는 일이 잦아졌고, 그때마다 레지는 부모와의 관계에서 충돌과 불행을 경험할 뿐이었다. 다른 아이들과 마찬가지로, 레지도 부모의 완전한 보살핌을 받고 있다고 믿었다. 그러나 부모가 자꾸만 자기 행동을 꾸짖자, 레지는 자기도 모르는 사이에 부모의 이상적 사랑이 곧 꾸짖고 화를 내는 것에서 나온다고 오해하여 자꾸만 부모의 화를 돋우게 된 것이다. 부모들은 아이에게 세상을 살아가는 데 꼭 배워야 할 행동들을 가르치고 싶어하지만, 그때마다 화를 내고 벌을 주다 보면 아이는 점점 더 불행을 경험하고 싶다는 욕구를 키워 갈 뿐이다.

레지 부모는 되도록이면 레지가 스스로 비참하게 만드는 일이 생기지 않도록 유의하면서 외출 계획을 세우기로 했다. 가게나 음식점에는 레지를 데려가지 않았고, 대신 신나게 뛰어놀면서 만족감을 느낄 수 있도록 놀이터에 자주 데리고 나갔다. 점심때면 아이가 맘껏 음식을 먹을 수 있도록 소풍을 가기도 했다. 날씨가 추운 날에는 어린이박물관에 데리고 갔는데, 다른 곳에 가는 것보다 이편이 훨씬 안전했다.

아이에게 외출할 때마다 평화롭고 즐겁고 긍정적인 경험을 하게 할수록, 부모와 함께 건설적인 기쁨을 경험하고 싶은 아이의 욕망은 점점 커져 갔다. 아이는 스스로를 불행하게 만들고 싶어하는 욕망보다는 부모와 훌륭한 관계를 맺고 긍정적인 경험을 하고 싶어하는 타고난 욕망에 더 마음이 끌리기 시작했다. 이때 레지 부모는 레지에게 더 체계적인 상황, 예를 들어 30분 동안 마음껏 뛰고 달릴 수 있도록 운동하는 시간을 주었다. 물론 이때에도 규칙과 규제를 부과했다.

레지 부모는 아이가 기본적인 규칙들, 예를 들어 차례를 지킨다든지 안전받이가 없는 곳에서는 높이 뛰어오르지 않는다는 것을 알게 되었다. 다행스럽게도 이것은 아이가 그만큼 건설적인 기쁨을 향한 열망이 강해졌다는 것을 의미했다. 한 달이 흐른 후, 레지 부모는 아이들이 즐겨 가는 음식점에 레지를 데려갔다. 레지는 갖고 놀 수 있는 장난감만 가지고 가면 음식이 나올 때까지 조용히 기다리고, 엄마 아빠가 물건을 다 살 때까지 참고 기다릴 줄 알았다. 레지 부모는 무엇보다도 레지가 행복하고 충족된 삶으로 되돌아오는 모습을 보고 깊은 감동을 받았다.

••• 야뇨증, 수줍음, 공포, 무의식적인 징후들

모든 아이들은 행복해지고 즐거운 경험을 하고 싶다는 간절한 바람 때문에 오히려 무의식적으로 내적 불행을 표현한다. 그러나 어떤 아이들은 평소 바라지 않았던 낯선 증상들을 보이면서 무의식적으로 내적 불행의 징후를 발전시키기도 한다. 이런 유형의 내적 불행은 어느 연령에서든 나타날 수 있지만, 특히 세 살에서 여섯 살 사이 아이들에게서 가장 많이 나타난다. 밤에 자다가 오줌을 싼다거나 말을 더듬고, 신경 경련을 일으키거나, 지나치게 수줍음을 타고 공포증에 시달리는 것 등이 그것이다.

이때 대부분의 부모들은 아이가 이런 징후를 보이게 된 근본 원인을 찾아보려고는 하지 않은 채 무의식중의 행동을 바로잡는 데에만 초점을 둔다. 그러나 스마트 러브를 적용하는 부모들이라면, 내적 불행을 가진 아이들이 보다 행복하고 자신감 있고 유능해지도록 도와주는 데 초점을 둘 것이다.

요에 오줌을 싸는 아이

여섯 살 된 칼의 부모는 밤에 아이가 요에 오줌을 싸자 아이를 소아과에 데리고 갔다. 그러나 의사는 문제를 일으킨 생리적 원인이 무엇인지 알아내지 못했다. 의사는 칼이 밤새 오줌을 싸지 않으면 다음날 보상을 해주라고 조언했다. 보상이 효과가 없으면, 아이가 목마르다고 해도 잠들기 여섯 시간 전부터는 음료를 주지 말라고 했다. 또한 아이가 요에 오줌을 싸면 경보음이 울리도록 장치를 해두라고 했다. 그 방법도 통하지 않자, 아이가 요에 오줌을 쌀 때 아이에게 약간의 전기 충격이 가해지도록 고안된 특수 장치를 부착하라고 했다. 하지만 칼은 밤마다 요에 오줌을 쌌고, 그에 따라 부모를 점점 멀리하면서 애정 표현도 눈에 띄게 줄어들었다. 게다가 이제까지 잘 해가던 숙제도 어려워했다. 고심하던 끝에 칼의 부모가 우리를 찾아왔다. 칼은 스스로 행동을 통제하지 못하면 부모가 벌을 줄 것이라는 생각 때문에 소외감과 무력감에 시달리고 있는 것이라고 우리는 칼 부모에게 말했다. 칼은 부모가 자기를 불행하게 만들려 한다고 생각하므로 스스로를 불행하게 만들어야겠다는 내적 욕구가 강해진 것이다. 이런 이유에서 잘 하던 숙제도 엉망으로 하기 시작한 것이다. 숙제를 잘 해가는 등 건설적인 기쁨으로 스스로를 행복하게 만들 수 있는 능력이 크게 떨어진 것이다.

부모는 아이가 자기도 모르는 새에 요에 오줌을 싸더라도 변함없이 사랑하고 존중해 주어야 한다. 아이가 계속 요를 적신다면, 방수요를 깔아 주거나 말없이 이불을 빨아 주면 된다. 칼이 밤새 요에다 오줌을 싸는 것은 고집이나 적의를 나타내는 것이 아니라 내적 불행의 징후일 뿐이라는 사실을 깨닫게 된 후로 칼의 부모는 화를 내는 대신 이해하는 태도로 아이를 대하게 되었다. 그 후로는 아이가 오줌을 싸고 당황해하면 "요를 적시고 싶지 않았다는 거 다 알아. 언젠가는 밤새도록 보송보송하게 잠들 수 있을 테니까 걱정하지 마. 알겠지?"라고만 말해 주었다.

칼은 요에다 오줌을 쌌을 때도 부모가 변함없이 자신을 대한다는 걸 알고는 아침에 일어나 요가 젖어 있을 때에도 낙관적이고 자신감 있는 태도를 잃지 않았다. 그리고 그 다음 해부터는 오줌 싸는 일이 점차 사라졌다.

아이들에게 흔히 나타나는 또 다른 무의식적인 내적 불행의 징후로 지나친 수줍음이나 신경 경련을 꼽을 수 있다. 아이가 무의식적 징후들로 고통받고 있다면 부모는 아이를 누르고 있는 모든 억압을 제거해 주어야 한다. 만약 수줍음 타는 아이가 친구나 친척, 낯선 사람을 만났을 때 부모 등 뒤로 숨으려 한다면, 꼭 그 사람들과 얘기를 나누지 않아도 된다고 얘기해 주면서 편안한 느낌을 가지도록 해주는 것이 좋다.

상담사례

"승강기에 탄 사람들과 얘기하기 싫어요"

고층 아파트에 사는 세 살배기 스콧은 승강기에서 아는 사람을 만나도 인사를 잘 하지 않았다. 그 때문에 걱정이 된 스콧의 엄마가 상담을 청해 왔다.
스콧은 승강기에서 누가 말을 걸면 엄마 옷 속으로 파고들었다. 엄마가 "애들러 아주머니 몰라보겠니? 우리 이웃에 사시잖아. 얼마나 친절하신 분인데. '안녕하세요' 하고 인사만 하면 될 텐데"하고 말하면, 더 심하게 얼굴을 돌려 버렸다.
엄마는 스콧이 자기를 실망시키거나 무례하게 굴고 싶어서가 아니라 몹시 당황해서 그렇게 행동한다는 걸 알았다.
따라서 아이를 질책하면 문제만 더 심각해질 뿐이라는 것을 깨닫고는 다른 방법을 택했다. 아이가 엄마 옷 속으로 파고들면 부드럽게 머리를 쓰다듬으면서 같이 탄 어른에게 "오늘은 우리 아이가 수줍음을 타네요. 다음에 만날 때는 인사드릴 거예요"라고 얘기를 건넸다. 아이에게 사교적인 성격을 가지라고 강요하는 대신 이렇게 엄마가 얘기를 건네자, 놀랍게도 스콧은 승강기에서 내릴 때 가끔 사람들에게 "안녕하세요?"라고 인사를 남기곤 했다. 그리고 한 달 후, 스콧은 승강기에 타면서 "안녕하세요?"라고 말할 수 있게 되었다.

••• 음식 투정

내적 불행을 가진 아이들이 음식 투정을 가장 많이 부리는 때가 바로 세 살에서 여섯 살 때다. 음식을 마구 먹거나 아예 먹으려 하지 않는 아이들에게는 보상을 주거나 벌을 주지 말아야 한다. 이것이 바로 스마트 러브다. 모든 내적 불행의 징후들도 다 마찬가지지만, 특히 음식 투정은 느긋한 태도로 해결해야 하며, 아이가 건설적인 기쁨을 느낄 수 있도록 아낌없는 노력을 기울여야 한다.

음식 투정하는 아이

여섯 살 난 애슐리는 음식을 거의 먹으려 들지 않아서 늘 몸무게가 적게 나갔다. 음식을 먹이기 위해 달래기도 하고 입맛에 맞을 만한 특별 간식을 차려 주기도 했지만 아무 소용이 없었다. 그래서 전문가와 음식 투정 문제를 상담한 적도 있었다. 그는 애슐리가 음식 투정을 통해 부모를 제 마음대로 해보려는 것이라고 주의를 주면서, 앞으로는 아이에게 먹고 싶은 것이 무엇인지 꼭 물어본 다음 아이 앞에 음식을 놓아 주라고 했다. 그리고 20분이 지나면 음식을 치워 버리라고 했다. 설령 애슐리가 충분히 먹지 못했더라도, 다음 식사 시간 전에는 음식을 주지 말고 기다리게 하라고 덧붙였다.
애슐리 부모는 그의 충고대로 해보았지만, 결과는 애슐리가 충분히 먹었는지 안 먹었는지 살피느라 하루 종일 씨름만 했을 뿐이었다. 그러는 사이 애슐리는 먹는 양이 점점 더 줄어들어 그전보다 더 야위었다.
마침내 애슐리 담당 의사가 애슐리 부모를 우리에게 보냈다. 우리는 애슐리가 음식 때문에 계속 부모와 부딪치는 이유는 자기 자신을 불행하게 만들고 싶다는 욕구가 커져 가고 있기 때문이라고 설명해 주었다. 애슐리 부모는 매일같이 괴로운 음식 전쟁을 벌여 봐야 역효과만 날 뿐이라는 말을 듣고 안심하는 눈치였다. 긍정적이고 사랑 어린 태도로 아이의 성장에 도움이 된다는 점을 강조하면서 아이에게 접근하여 애슐리가 부모의 한결같은 희망에 의지할 수 있도록 하는 것이 급선무였다.

우리와 상담하고 나서 며칠이 지난 어느 날, 그들 가족은 외식을 하게 되었다. 애슐리는 치킨 샌드위치를 주문했다. 그런데 애슐리가 갑자기 "맘이 바뀌었어요. 피자 먹을 거예요"라고 말했다. 애슐리 부모는 되도록 충돌을 피하고 무엇이든 애슐리가 먹고 싶어하는 대로 해주자고 생각했다. 이미 주문했으니 그 음식을 먹어야 한다고 강요하고 싶기도 했지만, 꾹 참고 대신 "좋아. 그럼 치킨 샌드위치는 집에 가져가자. 누군가 먹을 사람이 생기겠지. 이번엔 피자를 먹으렴" 하고 말해 주었다.

애슐리는 깜짝 놀라 눈이 휘둥그레졌지만, 아무 말도 하지 않았다. 그리고 피자가 나오자, 거의 다 먹어치웠다. 무엇보다 애슐리의 기분이 밝아졌고 음식점에서 나올 때는 평소와 달리 엄마 손을 잡기도 했다.

애슐리 부모는 유연한 태도로 다가갈 경우, 아이가 자꾸만 어처구니없는 요구를 하게 되면 어쩌나 걱정이었다. 그러나 몇 달이 지나자, 애슐리는 주문한 음식을 바꾸겠다고 떼쓰는 일이 거의 없어졌다.

부모는 이런 애슐리의 변화가 놀랍고도 행복했다. 그들은 애슐리가 원하는 것을 먹을 수 있도록 가능하면 긍정적이고 강압적이지 않은 분위기를 만들어 보려고 애썼다. 부모의 노력 덕분에 애슐리의 식습관은 좋아졌고 몸무게도 늘었다. 유치원에서도 쾌활하게 보냈고, 집에서도 느긋하고 상냥해졌다. 애슐리 부모는 처음으로 아이와 함께 한 즐거운 경험, 그리고 그 속에서 아이의 성장을 도울 수 있게 되어 몹시 행복했다.

••• 학교 선택하기

대부분의 부모들은 세 살에서 여섯 살 아이를 어느 유치원에 보내야 아이가 건설적 기쁨을 향한 욕망을 키우게 될지 고민하는 경우가 많다. 아이가 속박을 참지 못할 경우, 부모들은 어떤 유치원, 어떤 선생님이 아이에게 '최선의 구조'를 제공할 수 있는지 주위 사람들에게 조언을 구한다. 아이가 어떤 음식을 싫어하는지 알고 있는 사람이라면, 그 유치원은 캠프에 갈 때마다 매 끼니 그 싫어하는 음식만 나온다는 정보를 제공할 것이다. 부모는 아이가 그 상황에 놓이게 될 경우 배가 고프면 싫어하는 음식이라도 먹긴 하겠지만, 왠지 강압적이고 제대로 이해받지 못한다는 느낌이 들 것이라고 결론 내릴 것이다.

아이가 규율을 따르려 하지 않는다면, 아이에게 최대한 많은 선택권과 행동의 자유를 부여하는 유치원을 선택하는 것이 좋다. 폭넓고 다양한 활동을 제공하고, 어떤 것이든 자유롭게 사용할 수 있도록 배려하는 학교에 다닌다면 아이도 잘 적응하게 될 것이다. 더불어 부모들이 방과후에 아이들을 최대한 편안하고 자유롭게 해준다면 더 좋다. 아이가 맘껏 뛰어놀 수 있는 곳으로 산책을 나가고 발레나 피아노, 외국어 수업 등 엄격하게 통제되는 활동들은 다음으로 미룬다.

••• 로맨틱 단계에서 생기는 문제

세 살에서 여섯 살 사이 아이들 중 안정된 내적 행복을 갖지 못한 아이들은 로맨틱 단계를 거치면서 어려움을 겪게 된다. 감정적 욕구가 제대로 충족되지 못한 아이들은 부모가 자기를 행복하고 능력 있는 아이가 되도록 도와주고 있는가에 대해 확신을 가지지 못한다. 그 결과 동성 부모가 자기에게 보복하지 않을까 하는 두려움이 쉽게 떨쳐지지 않는 불안감으로 자리 잡는다.

상담사례

"엄마가 내 인형을 훔쳐갔어요"

내적 불행을 경험한 네 살짜리 헬렌은 보복 불안에 짓눌려 있었다. 헬렌은 엄마와 연신 말다툼을 했는데, 그 밑바탕에는 아버지를 향한 자신의 낭만적 욕망 때문에 엄마가 화를 내지 않을까 하는 두려움이 깔려 있었다.

어느 날 헬렌은 아끼던 인형이 사라졌다는 걸 알게 되었다. 아이는 엄마가 인형을 훔쳐가서 숨겨놓았다고 책망했다. 엄마가 인형을 보지 못했다고 말해도 들으려 하지 않았다. 왜 인형을 돌려주지 않느냐고 계속 화를 낼 뿐, 엄마에게 느끼는 두려움을 내색하지는 않았다. 헬렌은 계속해서 엄마가 자기에게 보복할 것이라고 믿었으며, 그 때문에 고통스러웠다. 엄마가 집 안 곳곳을 뒤져 인형을 찾아 주었는데도 그 두려움은 가시지 않았다.

처음 만났을 때, 헬렌은 우리 역시 자기를 불행하게 만들고 싶어한다고 생각했다. 그러나 우리와 여러 차례 만나면서 두려움 때문에 그런 행동이 나왔다는 걸 깨닫게 되었고, 우리에게 스스럼없이 자기가 느꼈던 두려움을 얘기하기 시작했다. 그리고 차츰 우리에게 믿음을 가지게 되면서 어디서건 건설적인 기쁨을 얻고 싶다는 욕망이 커져 가는 듯했다. 헬렌은 뭔가 잘못되었을 때에도 엄마를 의심하는 일이 줄었다. 아끼는 장난감이 없어졌을 때에도 엄마를 탓하는 대신, 엄마에게 달려가 장난감을 찾아 달라고 부탁했다.

내적 불행을 겪고 있는 아이들은 스스로 내적 행복을 찾기 위해 어떻게 든 원하는 대로 해보려고 한다. 급기야는 이성 부모에게서 동성 부모를 멀리 떼어놓을 수 있다는 믿음에 사로잡힌다. 그러다가 이성 부모와의 경쟁에서 성공을 거두지 못한다는 걸 알게 되면 자기 몸집에 대해 실망감을 토로하기도 한다. 몸집이 작은 한 여자아이는 '아빠는 엄마가 키도 크고 가슴도 크니까 나보다 엄마를 더 사랑하는 거야. 나도 엄마처럼 크면, 아빠가 나를 더 사랑하게 될걸'이라고 생각한다.

일반적으로 내적 불행을 가진 아이들은 동성 부모에 대한 강한 경쟁심을 행동으로 드러내거나, 경쟁적인 행동까지는 아니더라도 자주 충돌하거나 아니면 경쟁적인 감정을 완전히 숨기려 든다.

아이들은 결코 이성 부모에게서 이성적 관심을 받지 못할 것이다. 그러나 그 사실을 인지할 만한 내적 자유를 갖지 못한 아이들은 아직 미래의 인간 관계를 형성할 만한 준비가 되어 있지 않다. 아이들은 아직 이기는 것이 전부이고 승자가 모든 것을 거머쥐며 힘만 있으면 다 된다는 식의 전능한 자아의 믿음에서 벗어나지 못하고 있다. 계속 이런 생각을 하다 보면, 다른 사람을 존경하기보다 자기 편한 대로 이용하려 든다.

더군다나 자기와 다른 의견을 가진 사람들을 만나면 위협을 느끼며, 일상적인 친구 관계에서 발생하는 의견 차이도 극복하기가 힘들다. 이런 아이들은 성장하면서 소중한 우정을 저버릴 수도 있으며, 경쟁심을 조절하지 못하거나(다른 사람들의 성공 앞에서 기쁨을 느끼기보다는 감정적 평정을 위협받는다고 느끼게 될 것이다) 의견 차이를 견디지 못해 사사건건 트집을 잡는 바람에 애정 관계를 망칠 수도 있다(자기는 골프를 좋아하는데 상대방은 골프를 싫어하는 경우가 있다. 자기는 미리미리 계획을 세워야 한다고 생각하는데, 상대방은 일이 눈앞에 닥쳤을 때 결정하는 게 편하다고 생각할 수 있다).

아이들의 가장 중요한 동일시 모델은 바로 부모다. 이 사실을 알고 있는 부모라면, 아이들이 대결 의식이나 신랄한 태도를 가지기보다 긍정적이고 안정된 애정 관계를 추구하도록 최대한 도울 수 있다. 아이에게 사랑을 표현하고 아이의 감정과 소망을 존중해 주며, 벌을 주기보다는 사랑의 규제로 대하고 아이의 소망과 욕구를 세심하게 배려한다면, 아이는 부모의 그러한 모습을 닮으려 한다.

언제든 아이를 변화시킬 수 있다. 이미 너무 늦었다고 포기해서는 안 된다. 몇 살이 되었든 아이는 자기와 좀더 유쾌한 관계를 만들어 보려고 노력하는 당신 모습에 감사하게 될 것이다. 가끔 부모에게 민감하게 반응하고 소원한 태도를 보일 때도 있겠지만, 대부분은 부모와 더 가깝게 지내면서 즐거움을 만끽하게 될 것이다. 부모에게서 받은 관심과 동정으로 동일시를 추구하게 되면 다른 사람들과의 관계도 훨씬 좋아질 것이다.

다음의 발달 단계에서는 학교, 우정, 과외 활동이 중심이 될 것이다. 일곱 살이 될 무렵 안정된 내적 행복을 획득한 아이들이 있는가 하면, 내적 불행을 경험하고 싶은 욕구에 사로잡힌 아이들도 있다. 지금 상태가 어떻든 간에 스마트 러브로 보살펴 준다면, 아이들은 다가오는 도전을 긍정적이고 건설적인 태도로 맞이할 수 있을 것이다.

7장

여섯 살에서 열두 살까지의 아이와 스마트 러브

여섯 살에서 열두 살 사이 아이들은 새로운 지적·사회적·육체적 능력을 발전시키게 되며, 친구들과도 친근하고 만족스러운 관계를 맺을 수 있게 된다. 사고의 폭이 한층 넓어지고 이해력도 높아지며, 운동이나 음악, 미술 등 다양한 과외 활동을 통해 예체능 기술을 연마하기도 한다. 부모들은 발달 과정에서 특히 여섯 살에서 열두 살 사이 아이들이 부모의 지도와 보호를 필요로 할 때, 더 많은 선택의 기회를 주고 싶어한다.

여섯 살에서 열두 살 사이 아이에게는 폭넓은 선택권을 제공하는 것은 물론 아낌없는 사랑을 베풀어야 한다. 그리고 이 시기가 되면 이제 아이들도 자기가 원하는 대로 행동할 수 있다는 사실을 받아들여야 한다. 이런 마음가짐으로 대한다면 이 시기 아이에게 가장 중요한 과제, 즉 이차적 행복을 성취하도록 도울 수 있다. 아이들은 훌륭한 선택과 행복 추구를 통해 일상생활의 모든 활동에서 확고한 기쁨을 경험하며, 그 기쁨을 통해 이차적 행복을 이끌어내게 된다.

자라나면서 아이들은 무엇이든 원하는 것을 할 수 있는 힘을 가졌다는 환상에서 점차 벗어나게 된다. 세계를 통제할 수 있다는 전능한 자아의 비현실적 주장에서 나온 불안정한 기쁨보다는, 창조적이고 성실하며 자기 능력을 다할 때 얻게 되는 진정한 기쁨이 훨씬 더 가치 있다고 생각한다.

물론 이 단계에서도 부모의 역할을 빼놓을 수 없다. 하지만 이제 더 이상 아이의 강렬한 욕구에 직접 관심을 기울이지 않아도 된다. 부모는 이제 아이의 말에 귀를 기울이는 청중의 역할을 맡게 되며, 아이가 집 밖에서 활동을 잘 해나갈 수 있도록 여건을 조성해 주면 된다. 현실에서 실망감을 느끼게 될 때, 아이들은 건설적인 대응 방법을 찾기 위해 부모의 도움이 필요할 것이다.

학교 생활을 시작했어요

발달 과정에서 생겨난 욕구들을 제대로 충족해 온 아이라면, 학년이 높아짐에 따라 학교 생활이 점점 더 힘겨워지더라도 긍정적이고 흥미로운 도전으로 받아들이게 될 것이다. 그들은 이미 확고한 일차적 행복, 즉 언제든 부모의 사랑을 끌어낼 수 있다는 안도감에서 느끼게 되는 내적 행복을 획득했으며, 이차적 행복 또한 일상생활의 사소한 성공과 실패로부터 훨씬 자유로워졌다. 따라서 아이들은 학습 과정에서 고통과 긴장보다는 즐거움과 흥미를 느끼게 된다. 새로운 말을 접하게 되었을 때 1학년 아이들은 큰 소리로 따라해 보려고 할 것이며, 말을 따라하기가 어려운 경우에도 당당하게 도움을 요청한다.

부모들 중에는 아이들의 내적 행복을 잘못 이해하여 행복한 아이들은 자기 만족적이어서 더 이상 바라는 게 없을 것이라고 결론짓기도 하는데, 이는 매우 잘못된 생각이다. 아이들은 훌륭하게 자기 일을 선택하고 또 그 선택을 충돌 없이 지켜 내리라고 다짐하고 있으므로, 진정 행복한 아이들은 누가 말하지 않아도 스스로 즐겁게 자기 일을 찾아 나선다. 자연스럽게 호기심을 가지고, 실패하더라도 쉽게 단념하지 않으며, 잠재력을 충분히 발휘하게 될 것이다.

그렇다고 아이들이 언제나 행복하고 만족스러워한다는 말은 아니다. 내적 행복이 곧 기분 좋은 상태를 의미하는 것은 아니다. 안정된 내적 행복은 일차적 행복이 확고하게 자리잡은 상태이며, 이차적 행복을 느끼게 될 가능성이 있다는 의미다.

욕구가 충족된 아이는 학교를 좋아하며, 능력 있고 열정적인 학생이 될 것이다. 실패나 성공과는 무관하게 이차적 행복을 느끼게 될 것이므로 성적이 나쁘다거나 실수를 저지르더라도 초조해하는 일이 드물다. 또한 학습 능력을 획득해 가는 과정에서 스스로 즐거움을 발견하게 될 것이다.

반면에 불행하다고 느끼는 아이들은 학습 과제를 받으면 불안해하고 무기력해질 것이다. 그런 아이들은 자기 회의에 빠질 수 있으며, 도저히 훌륭하게 해낼 수 없을 때조차 절망적으로 성공에 매달리기도 할 것이다.

••• 숙제 도와주기

아이의 숙제를 도와줄 때 아이에게 신발끈 묶기나 자전거 타기를 가르칠 때와 똑같이 접근해 보자. 변함없는 사랑과 관심, 느긋한 태도로 보살펴 주면서 아이 스스로 노력할 수 있도록 동기를 불어넣어 주자.

부모들은 아이들 숙제를 어느 정도까지 봐주어야 하고 도와주어야 할지 몰라 걱정할 때가 종종 있다. 그러나 확고한 내적 행복을 가진 아이라면 부모의 고민을 쉽게 해결해 줄 것이다. 그런 아이는 스스로 해결하는 데서 즐거움을 찾으며, 필요할 때면 언제든 스스럼없이 도움을 청할 것이다. 그러나 아직 저학년은 곁에서 숙제를 챙겨 주어야 할 때가 있다.

매일 저녁식사 전이나 후에 숙제하는 시간을 잡아 두면, 가장 효과적으로 아이 숙제를 도울 수 있다. 이 시간에 부모는 아이와 나란히 앉아 책을 읽거나 뜨개질을 할 수도 있고 낱말 맞추기, 청구서 정리, 편지 쓰기 등의 일들도 할 수 있다. 아이는 엄마, 아빠, 누나, 형 곁에 나란히 앉아서 자기도 할 일이 있다는 생각에 뿌듯해할 것이다. 그 시간에는 텔레비전 시청이나 비디오 게임 등 마음을 산란하게 하는 활동은 되도록 피한다.

아이가 숙제를 잘 할 수 있도록 분위기를 조성해 주려고 노력하는 모습을 보여주는 것이 중요하다. 숙제를 언제까지 꼭 끝내야 한다든지, 아니면 어느 수준까지 완성하라고 부담을 주는 것은 좋지 않다. 부모는 곁에서 숙제를 언제, 어떻게 해나갈 것인지 방향만 잡아 주면 된다. 아이 스스로 건설적인 방향을 선택하여 노력을 기울이면서 이차적 행복을 느끼게끔 이끌어주는 것이 진정한 부모의 몫이다.

숙제를 하다가 도움을 청해 오면 아이의 능력을 최대한 존중하면서 성심껏 응해 주자. 그리고 어떻게 문제를 해결할 수 있을지 함께 고민해 보자. "엄마가 도와줄 수 있어서 기쁘구나. 그럼 우리 함께 문제를 해결해 볼까?" 이렇게 대해 주면, 어려운 과제가 생겨 도움이 필요한 상황에서 어떤 태도를 취해야 할지 아이도 알게 될 것이다.

전능한 자아의 환상 때문에 아이들은 이따금 비현실적인 목표를 설정하기도 한다. 이를테면 밤늦게 숙제를 할 수 있다고 장담하는 것이 그것이다. 늦은 밤에는 피곤해서 집중하기가 어려울 게 뻔한데 말이다. 30분은 족히 걸릴 텐데, 단 5분 만에 끝마칠 수 있다고 큰소리치기도 한다. 아이가 이런 반응을 보이더라도 "제때 숙제를 해놓지 않으면 아마도 점수 받을 때 좋은 결과를 얻지 못할 거야. 그것만 알아두렴"이라고 말하지는 말자. 아이 생각이 좀 잘못되었다 하더라도 아이가 건설적인 선택을 하고 싶어하고 충분히 배울 수 있다는 사실까지 부정해서는 안 된다. "숙제하는 데 시간이 얼마나 걸리는지 배우게 되겠구나. 자꾸 하다 보면 좀더 정확한 판단을 내릴 수 있을 거야"라고 말해 주면, 적어도 아이 감정을 다치게 하는 일은 없을 것이다. 아이는 나중에는 더 훌륭하게 계획을 세워서 숙제를 잘 해낼 수 있을 것이라는 낙관적인 생각을 갖게 될 것이다.

••• 학교 생활 보살펴 주기

학교 생활과 관련된 여러 가지 일들, 이를테면 학교 갈 준비를 하거나 도서관에 책을 반납하거나 급식비를 갖다 내는 일 등에 대해서도 비슷한 태도로 접근할 수 있다. 아이들은 전능한 자아 때문에 5분 만에 옷도 갈아입고 아침도 먹을 수 있으며, 꼼꼼히 점검해 두지 않아도 책 반납을 언제까지 해야 하는지 기억할 수 있다고 생각하는 때가 종종 있다. 따라서 전날 저녁에 미리 학교 갈 준비를 해놓으라고 말해 준다든지, 출발하기 전에 미리 준비해 놓으면 아침에 가족들과 좀더 여유 있게 시간을 보낼 수 있을 거라고 얘기해 준다.

아이가 깜빡 잊고 도시락이나 숙제를 집에 놓고 갔다면, 되도록 학교까지 가져다 주는 것이 좋다. 숙제를 가져오지 않아 학교에서 벌이라도 받게 된다면, 뭔가 중요한 것을 잃어버리게 될 때 갑절로 상처받을 것이므로 거절하지 말고 아이 부탁을 들어주자. 실수의 대가가 무엇인지 가르쳐 주려고만 한다면, 부모가 자기에게 관대하지 못하다는 생각만 남게 된다.

이 시기 아이에게 알맞은 규칙과 규제

스마트 러브의 관점에서 볼 때, 아이들이 어느 정도까지 규칙과 규제를 따르는가 하는 문제는 규칙 그 자체의 성격뿐만 아니라 아이의 발달 단계와도 밀접한 연관이 있다. 건강이나 안전과 연관되는 문제가 아니라면, 아이에게 무조건 따르라고 강요할 만큼 중요한 규칙은 그리 많지 않다. 궁극적인 목적은 아이들을 순종적으로 만드는 것이 아니라, 아이 스스로 합당한 규칙을 따를 때 더 행복한 느낌이 든다는 사실을 발견하게 해주는 것이다. 아이들은 당연히 규칙을 피하고 싶어한다. 그렇더라도 믿음직하지 못하고 성의가 없어 보이며 스스로 자제할 줄 모르는 아이의 행동을 바로잡아 보겠다고 훈계를 늘어놓아서는 안 된다.

부모들은 여섯 살에서 열두 살 사이 아이들이 규칙과 규제, 부탁에 어떻게 대응하는가를 보면서 부모의 권위와 아이의 도덕을 시험해 보려 들 때가 있다. 그러나 이 시기 아이들은 아직 분별력 있게 행동하기가 쉽지 않으며, 자기가 싫어하는 일은 할 필요가 없다고 생각하기도 한다. 하지만 열두 살쯤 되면 자연스럽게 분별력을 가지게 된다.

발달 과정에서 생겨난 욕구를 충족한 아이들은 규칙이나 정중한 부탁을 받아들일 때 더 행복한 느낌이 든다는 것을 조금씩 알게 된다. 아이에게 한번에 모든 것을 가르치겠다고 덤벼서는 안 된다. 당장 모든 규칙에 복종해야 한다고 강요해서도 안 된다. 모든 규칙이나 부탁이 언제나 옳으리라는 법도 없고 모두 똑같이 중요하다고 할 수도 없다. 대부분은 양보할 수 있는 것들이지만, 그렇지 않은 것들도 존재한다.

건강이나 안전과 관련된 규칙과 규제(안전띠 착용 등)들은 결코 양보할 수 없다. 아이들의 전능한 자아가 순순히 따르려 들지 않겠지만, 그 규칙들만은 반드시 따라야 한다.

상담사례
양보가 가능한 규칙과 규제들

여덟 살 난 아이에게 생일 선물을 보내준 이들에게 감사 편지를 써보라고 했다. 그 말에 아이는 좀더 시간 여유가 생기는 다음 주말에 쓰고 싶다고 했다. 부모도 그렇게 하라고 했다. 어느덧 한 주가 흐른 뒤 부모가 다시 얘기를 꺼내자, 아이는 부모와 한 약속을 기억해 냈다. 새로 산 장난감 기차 조립을 미뤄야 한다는 것 때문에 조금 투덜거리긴 했지만, 아이는 부모와 약속한 대로 편지를 쓰기 시작했다.

규칙과 규제들 중 양보할 수 없는 또 다른 하나는 가족 구성원들의 권리와 희망을 존중하지 않으려는 것이다.

••• 집안일 돕기

이 시기의 고민거리 중 하나는 아이들에게 어느 정도 집안일을 돕게 하는 것이 좋은가 하는 문제다. 분명 나이가 들수록 아이에게 더 많은 요구를 할 수 있다. 여섯 살 아이는 열두 살 난 아이에 비해 쓰레기통 비우기, 잠자리 정돈, 청소기 돌리기 등 집안 청소하는 일들에 대한 책임감이 덜할 것이다. 여섯 살에서 열두 살 사이에는 규율과 책임을 정해 놓고 아이들에게 분명하게 해야 할 바를 전달해야 하며, 경우에 따라서는 제재를 가해서라도 책임을 다하도록 해야 한다고 말하는 사람들이 많다.

그러나 무엇보다도 아이가 집안일을 도울 준비가 되었는지 잘 살펴본 후에 기대치를 설정해야 한다. 그리고 설령 책임을 다 하지 않았더라도 사랑의 규제로 대해야 한다. 여섯 살짜리는 아직 너무 어려서 시킨 일을 곧잘 잊어버리고, 부모가 원하는 시간에 맞추기가 어려우며, 맡겨진 일을 꾸준히 하려 들지도 않는다. 그러나 열두 살쯤 되면, 맡겨진 일을 기억해 두었다가 제때 훌륭하게 해낼 수 있다.

처음에는 함께 신나게 일하면서 아이와 긍정적인 관계를 쌓는 것이 중요하다. 빨래 바구니를 갖다놓고 일곱 살 난 아들에게 방 안에 이리저리 흩어져 있는 빨랫감들을 그 속에 던져넣어 보라고 할 수도 있다.

아이들은 부모를 무척 사랑하고 따르므로 한동안은 부모를 열심히 도우려고 할 것이다. 여섯 살 난 아이에게는 재미난 일을 함께 해보자고 권하는 방법이 제일이다. 그 또래 아이들은 대부분 콩깍지 까기나 빵 반죽 등 요리하는 것을 돕고 싶어하며, 욕실 바닥 청소같이 물을 사용하는 일이나 강아지 먹이 주기, 빗질해 주기 등도 좋아할 것이다.

우선은 아이가 함께 일하는 데서 즐거움을 느끼게 하는 것이 목적이고, 구체적인 일을 책임지고 완수하는 것은 그 다음이다. 그러므로 아이가 정말로 싫어하는 기색을 보인다면 굳이 도와달라고 말하지 않는 것이 좋다. 여섯 살 난 아이가 이불 개기는 싫어하면서도 장난감 정리하는 일은 재미있어할 수 있다. 이때는 아이가 장난감을 정리하는 동안 곁에서 대신 이불을 개주면 된다. 잘 하다가도 가끔 도와주지 않겠다고 버틸 때, 아이가 반항하는 거라고 여겨 단호한 목소리로 나무랄 필요까지는 없다. 부모가 먼저 집안일을 시작하면, 아이가 스스로 동참하려 들 때도 있다. 어떤 날은 장난감을 정리하지 않으려 할 수도 있다. 이때는 건강이나 안전에 문제될 것이 없으므로 화를 낼 이유가 없다. 아이의 심정을 헤아려 아이가 당장 그 일을 하고 싶어하지 않을 때에는 "그럼 내일까지 하자"라고 얘기해 주는 것도 좋은 방법이다.

아이들은 자라면서 부모를 점점 더 많이 모방하고 싶어한다. 부모가 깨끗하고 정리 정돈된 상태를 좋아한다면, 제 스스로 재미 삼아 흩어진 물건들을 주워담으려 할 것이다. 그러나 부모가 집안이 정리가 좀 안 되어 있어도 편안하게 여긴다면, 아이 역시 아무렇지 않게 여길 것이다. 부모의 행동이 바로 아이들의 본보기인 셈이다.

아이들에게는 그 또래에 알맞은 정도만큼 기대한다. 부모들의 삶의 기준보다 훨씬 엄격한 기준을 자기에게 들이밀면, 아이들은 공정하지 못하다고 느낀다. 예를 들어 부모는 거침없이 저급한 욕설을 써대면서 아이더러 집 밖에 나가서 욕을 하지 말라고 한다면 아무 효과가 없을 것이다.

• • • 올바른 위생 관리

집안일 거들기와 마찬가지로 올바른 위생 관리 또한 성장 과정에서 꼭 배워야 하는 일이다. 이 문제를 두고 아이가 부모에게 순종하는가 아닌가를 시험하려 해서는 안 된다. 여섯 살에서 열두 살 사이 아이들은 이빨도 닦고 머리도 빗고 목욕도 해야 한다. 그러나 하루나 이틀 건너뛰더라도 크게 해롭지는 않다. 결국에 가서는 책임감을 느끼고 스스로 하게 될 행동을 두고 아이와 괜한 충돌을 일으키지 말자는 것이 바로 스마트 러브다.

상담사례

"목욕하기 싫어요"

일곱 살 난 한 아이는 평소에는 말이 잘 통하다가도 저녁이 되어 부모가 씻으라고 하기만 하면 강한 거부 반응을 보이면서 "목욕은 지긋지긋해요"라고 말했다. 그러나 꼭 필요하다고 생각될 때는 기분 좋게 얼굴도 씻고 손도 씻었다. 아이의 부모는 가능한 한 모든 창조적 방법을 시도해 보았다. 샤워기, 목욕용 장난감과 크레용, 물총까지 다 동원했다. 그러나 목욕하기 싫어하는 아이의 마음은 조금도 가시지 않았다. 담당 의사는 일주일에 한 번만 목욕을 하더라도 피부에는 이상이 없을 거라고 말했다. 아이는 일주일에 한 번이라는 의사의 처방을 받아들였고, 열한 살이 되기 전까지는 그대로 하겠다고 고집했다. 그러나 열한 살이 되어 '쌍쌍 파티'에 가면서부터는 매일같이 목욕을 하기 시작했다.

아이가 자라면서 자기 외모나 물건에 대한 책임감을 가지는가 아닌가 하는 문제는 전적으로 부모가 아이의 동기를 어떻게 판단하느냐에 달려 있다. 부모가 생각하기에 아이가 자기 또래에 걸맞은 태도로 책임감 있게 행동한다면, 아이는 편안하게 사랑을 표현할 수 있을 것이며 결점보다는 성취감을 더 크게 맛볼 것이다.

예를 들어 잠자리에 들기 전 아이에게 애정 어린 목소리로 "이 닦는 거 잊지 않았지? 우리 공주님"이라고 묻는다. 아이가 깜빡 잊었다고 말하더라도 훈계를 하거나 혼을 내서는 안 된다. 그냥 간단하게 "음, 그랬구나. 그럼 지금이라도 닦을 수 있지?"라고 말한다. 아이가 만약 "오늘밤은 너무 피곤해요" 한다면 "그래, 좋아. 하지만 너무 오랫동안 이를 닦지 않으면 좋지 않아. 내일 아침에는 꼭 닦을 거지?"라고 말해 준다.

"그 말 사실이니? 진짜 이 닦은 거 맞니? 다시 네가 한 일을 떠올려 봐"라고 말하면서 아이를 의심하거나 비판적인 태도를 보인다면, 부모를 닮고 싶어하고 자기 자신과 자기 물건들을 보살피고 싶어하는 아이의 자연스러운 소망을 해치게 된다. 그 소망을 키워 간다면 아이가 독립적으로 삶을 꾸려 나가게 될 때 스스로 보살필 수 있을 것이다.

아이가 자라서 부모의 품을 떠나게 될 때, 이도 닦지 않고 이불도 개려 하지 않으며 물건을 이리저리 흩어놓고 생활할 수 있는가 하면, 반대로 집에서 느꼈던 기쁨을 간직하면서 스스로 돌볼 수도 있다는 사실을 부모들은 늘 염두에 두어야 한다.

아이의 선택 존중하기

아이가 점점 자기만의 생활 영역을 가지고 싶어할 때 적절하다고 판단되면 아이의 생각을 어느 정도는 따라 주어야 한다. 아이는 일주일 내내 학교 규칙을 따르는 데 너무 많은 시간을 보내므로 이런 지침이 특히 중요한 의미를 지닌다. 물론 건강과 안전을 위한 규제들(아이는 혼자 호수에서 수영하면 안 되고, 열이 높을 때는 파티에 가서도 안 된다는 등)이 있고, 가족 구성원들의 욕구와 희망을 먼저 고려해야 할 때도 있다(누나 피아노 연주회에 참석하기 위해 친구와 피자 먹기로 한 약속을 취소해야 한다). 건강을 해치지 않고, 다른 사람의 정당한 권리를 침해하지 않으며, 학교와 같은 외적 권위와 충돌을 일으키지 않는다면, 아이들에게 가능하면 다양한 곳에서 폭넓은 선택의 자유를 경험하도록 해주는 것도 중요한 일이다.

아이가 자기 생활 중에서 선택권을 행사할 수 있는 부분이 바로 외모다. 부모들과 마찬가지로 아이들도 자기만의 옷과 머리 모양을 선택할 수 있다. 아이가 전혀 어울리지 않는 색깔의 옷을 맞춰 입겠다든가, 너무 낡았거나 자기 몸집에 비해 너무 큰 치수의 옷을 입겠다고 하더라도 아이가 하는 대로 내버려두는 것이 좋다. 아이 나름대로 자신을 표현할 수 있도록 해주어야 한다. 어떤 아빠는 딸아이가 무릎에 구멍이 난 청바지를 입었을 때 어떻게 말해야 할지 난감했다고 한다. 또 한 엄마는 아들이 3일 연속 같은 스웨터만 입고 다녀서 마음이 편치 않았다고 한다. 걸음마 단계 아이에게 최대한의 선택권을 허용했듯이, 이 시기 아이에게도 가능하면 언제나 선택권을 부여해야 한다.

••• 일과 놀이

일과 놀이의 세계는 엄청난 차이가 있다. 아이는 학교에 가야 하고, 집에 돌아와서는 숙제도 해야 하고 휴식도 취해야 한다. 또 학교 규칙을 따라 행동해야 한다. 따라서 아이에게 특별한 과외 활동이 꼭 필요한 것은 아니다.

아이에게 최대한 선택권을 보장해 주면 목적 의식이 높아지며, 이 과정에서 지속적인 내적 행복과 능력을 발전시키게 된다. 아이가 재미있어하는 놀이를 스스로 선택하도록 해주고, 아이가 바라는 대로 학업이나 활동의 성취도를 결정하게 해주는 것이 중요하다. 어른들처럼 아이들에게도 일상생활에서 마음 편하게 즐길 수 있는 시간이 필요하다. 건강과 안전을 해치지 않고 발달 단계에 알맞은 범위 내에서라면, 아이들도 어른들과 마찬가지로 자기만의 여가 시간을 어떻게 보낼지 스스로 결정할 수 있다. 물론 개중에는 어느 한 가지 활동에 만족하여 다른 데에는 관심을 보이지 않거나 전혀 흥미를 느끼지 못하는 아이들도 있다.

정서적인 욕구가 충족된 아이는 실망감을 잘 극복하며 자기가 좋아하는 활동을 계속하고 싶어한다. 그러나 아이들은 때에 따라 어떤 활동이 더 이상 재미나 보람이 없다고 결론지을 수 있다. 물론 어른들도 이런 결정을 내릴 때가 있다. 아이가 그만 두겠다고 할 때, 그동안 아이를 바래다주느라고 숱한 시간을 보냈고 준비물을 사고 수업료를 내느라고 많은 돈을 써온 부모로서는 이만저만 실망스런 일이 아닐 것이다. 부모는 아이에게 그동안 열심히 배워 온 솜씨를 꾸준히 익혀 나가면 앞으로 살아가면서 많은 보탬이 될 것이라고 설득할 것이다.

그런데도 아이가 계속해서 그만 두겠다고 고집을 피운다고 하자. 이때 부모가 느낀 실망감 때문에 아이에게 부담 주는 일 없이 아이의 결정을 넓은 아량으로 받아들이면, 아이에게 진정한 선물을 선사할 수 있다. 이 방식을 따른다면, 자기만의 자유 시간을 갖고 싶어하는 아이의 욕구도 충족되고, 그 모습을 보면서 부모도 만족할 것이다.

••• 이기느냐 지느냐

다른 놀이 활동도 마찬가지겠지만, 아이들이 특히 재미있어하는 것은 내기 놀이다. 내기 놀이에 대해서는 따로 수업이 필요 없다. 아이들은 자기 나이와 그날그날의 기분에 따라 다양한 종류의 내기 놀이를 즐길 수 있다.

여섯 살짜리 아이들은 내기 놀이에서 이기고 싶어할 것이다. 물론 질 경우에는 별 재미를 느끼지 못할 것이다. 아직 그 나이에는 놀이를 잘 하는 것보다 놀이에서 이기는 것이 더 중요하고, 놀이가 실제 삶과 별반 다를 바 없다고 느끼기 때문이다. 당연히 여섯 살 난 아이들은 자기가 이길 수 있겠다 싶은 놀이를 하고 싶어할 것이다. 자기가 이길 수 없을 것 같으면 얼른 포기해 버리고 벌칙을 무시한 채 다시 시작하자고 할 것이며, 자기가 앞설 때까지 계속 자리를 바꾸자고 우길 것이다.

내기 놀이는 단순히 재미를 위한 것으로, 아이의 도덕성을 세워 나가는 것과는 아무 관련이 없다. 그러므로 아이가 자기 쪽에 유리하도록 규칙을 바꾸려 들더라도 걱정할 필요는 없다. 아이가 친구나 손위 형제와 놀이를 하고 싶어할 때에는 다른 아이들이 화를 낼 수도 있으니 규칙을 따르는 것이 좋을 거라고 미리 말해 주는 것이 좋다. 아이는 규칙을 따르다가 계속

지기만 하여 놀이에 흥미를 잃게 될 경우, 좀더 자랄 때까지 다른 아이들과 놀지 않겠다고 할 수도 있다.

발달 단계에서 생겨난 욕구를 충족한 아이라면 자라나면서 점점 더 이기는 즐거움보다는 노력 끝에 얻은 만족감을 통해 이차적 행복을 느끼게 될 것이다. 놀이의 승패를 자기 마음대로 통제할 수 있다고 생각하면 놀이가 시시해질 것이므로 자연스럽게 규칙을 따르게 될 것이다. 누가 이길지 알 수 없다면 놀이가 훨씬 더 재미있고 흥미진진해질 것이다.

친구 사귀기와 부모의 역할

아이들이 또래 친구들을 사귀게 될 때 부모의 역할이 중요하다. 여섯 살에서 열두 살 사이 아이들은 친구를 사귀면서 매우 소중한 감정적 경험을 하게 된다. 아이들은 친한 친구와 단짝이 되어 서로에게 마음속 깊이 숨겨둔 비밀을 털어놓기도 한다.

욕구가 충족된 아이라면, 또래 친구들 사이에서 사소한 충돌이 생기더라도 잘 헤쳐 나갈 것이다. 아이의 일차적 행복은 흔들리지 않을 것이며, 친구 관계를 포함한 일상 활동에서 자기가 원하는 것을 할 수 없는 순간에도 이차적 행복이 다치지는 않을 것이다. 친구들이 따돌리거나 놀려 대면 속상하긴 하겠지만, 다른 친구들을 사귀거나 다른 곳에서 만족을 대신 구할 수 있기 때문에 크게 실망하진 않을 것이다. 아이는 자기보다 힘이 센 친구와는 맞서려 하지 않을 것이다. 자신을 불행하게 만들고 싶어하지 않으므로 싸움을 일으키거나 사소한 일에 관심을 두지 않을 것이며, 다른 아이들이다 하더라도 자기에게 해로운 일이라고 생각되면 하지 않을 것이다.

부모와의 관계에서 신뢰와 친밀감을 발전시켜 온 아이들은 친구 때문에 속상한 일이 생겼을 때 부모에게 도움을 청할 것이다. 친구와의 약속이 깨지더라도, 부모가 다정하게 아이 말에 귀기울이며 함께 놀아 준다면 아이에게 큰 위로가 될 것이다.

> **상담사례**
>
> **파티에 초대받지 못한 아이 격려하기**
>
> 아홉 살 난 여자아이가 풀이 죽은 모습으로 학교에서 돌아왔다. 엄마가 이유를 묻자, 친한 친구라고 생각했던 반 아이가 스케이팅 파티에 자기를 초대하지 않았다는 것이다. 엄마는 진지하게 아이 얘기를 들은 후, "초대받을 거라고 생각하고 있었는데 너만 빼놓다니 많이 속상하겠구나. 하지만 그 친구도 안됐구나. 너랑 그곳에서 함께 놀면 더 즐거울 텐데 말이야. 그럼 그날 저녁에는 엄마랑 아빠랑 재미나게 보내자. 함께 영화 보러 갈까?"라고 말해 주었다.

아이들의 전능한 자아는 어려운 친구 관계도 스스로 잘 풀어 나갈 수 있다고 믿을 때가 있다. 이때 친구의 성격을 쉽게 변화시킬 수 없다는 걸 깨닫도록 부모가 도와주어야 한다.

아이는 친구들과의 관계에서도 동일시를 추구한다. 6장에서 보았듯이, 아이의 동일시는 부모 서로간에, 또는 부모가 자기에게 대하는 방식을 통해 형성된다. 이러한 동일시는 평생 동안 맺게 되는 모든 종류의 관계에서 그대로 유지된다.

함부로 대하는 친구

여덟 살 난 메리는 엘레나라는 친구 때문에 계속 기분이 좋지 않았다. 며칠 동안 친하게 잘 지내다가도 꼭 한 번씩 메리의 외모나 지식에 대해 무시하는 투로 말하기 때문이다. 메리의 전능한 자아는 엘레나가 자기에 대해 긍정적인 태도를 가지게 할 수 있다고 믿었다. 메리는 엘레나에게 그러한 잘못을 만회할 기회를 몇 번 주었지만, 엘레나가 여전히 자기를 헐뜯자 마음이 무척 상했다. 부모는 메리에게 혼자 힘으로 엘레나의 태도를 바꾸지는 못할 거라고 얘기해 주었다. 두 번이나 더 엘레나에게 무시를 당한 후에야, 메리도 부모가 한 말이 사실이라는 걸 깨닫게 되었다. 그때부터는 좀더 믿음직하고 쾌활한 성격의 아이들과 사귀기 시작했다.

욕구가 충족된 아이는 자기와 잘 맞지 않는 사람도 존중할 줄 알며, 소중한 사람에게는 정중하고 깍듯하게 대하고, 누군가가 자신의 건전한 의도를 곡해하려 들더라도 참고 넘길 수 있다.

친한 친구가 다른 아이와 사이좋게 지내는 걸 볼 때, 전능한 자아는 친구를 빼앗겼다는 생각이 들어 위축될 것이다. 그 때문에 아이는 속이 상하고 화가 날 것이다. 그러나 아이는 시간이 지나면 친구가 다른 아이와 즐겁게 지낸다고 해서 자기와 함께 하는 즐거운 시간이 줄어들지 않는다는 것을 깨닫게 된다. 그에 따라 불편한 마음도 자연스럽게 가신다.

감정적 욕구가 충족된 아이라면 친구들과 현실적이고 건강한 관계를 맺어 나가려 할 것이며, 설령 친구가 함께 하자고 해도 자기에게 해가 되는 활동들(마약이나 미성숙한 성행위 등)은 하지 않을 것이다. 그리고 다른 아이들이 하니까 자기도 성을 경험해 보아야 한다는 생각에 휩싸이지 않을 것이다.

보호자가 없는 파티

상담사례

열한 살 난 몰리는 친한 친구 파티에 초대받았다. 몰리는 그전에도 여러 번 그 친구가 초대한 파티에 간 적이 있었으므로 부모는 굳이 친구 부모에게 확인할 필요가 없다고 생각했다. 사실 친구 부모는 외출 중이었는데, 몰리는 그 사실을 까맣게 모르고 있었다. 친구가 초대받은 아이들에게 술을 내왔지만, 몰리는 마시지 않았다. 친구들과 대화하기가 지루해진 몰리는 부모에게 전화를 걸어 자신을 데리러 오라고 부탁했다. 몰리는 부모에게 무슨 일이 일어났는지 얘기하면서 앞으로는 보호자가 없는 파티에는 가지 않아야겠다고 말했다. 몰리는 자기 경험에 대해 솔직했고, 다음날 학교에서 친구들을 다시 만나게 되어 행복했다. 친구들이 왜 먼저 갔느냐고 물었을 때, 몰리는 그냥 집에 가고 싶어서 그랬다고 대답했다. 몰리는 자기 행동이 도덕적 우월감에서 나온 것이 아니라 개인적인 선택일 뿐이라는 점을 알고 있었다. 그 덕분에 몰리는 친구들과 사이가 멀어지지 않으면서 자기 자신도 잘 돌볼 수 있었다.

사춘기인가 봐요

신체가 성숙하고 이성에 눈을 뜨기 시작하면서 아이들의 전능한 자아가 다시 부각된다. 부모와의 관계에서 친밀한 사랑을 경험했던 아이라면, 전능한 자아의 비현실적인 유혹에서 벗어나 유능한 자아가 누릴 수 있는 현실적인 즐거움을 찾아 나가려고 할 것이다. 유능한 자아의 내적 행복은 결과에 의존하기보다는 건설적인 방향을 선택하고 그 선택을 효과적으로 추구해 나가는 과정에서 얻어진다.

아이들은 가슴이 커지고 음모가 자라며 변성기를 거치는 등 2차 성징이 나타나며, 여자아이들 대부분은 사춘기를 거치면서 생리가 시작된다. 열 살에서 열두 살 사이 아이들은 파티에서 술이나 마약을 하기도 하고 병돌리기 놀이(spin-the-bottle : 병을 돌리다가 걸린 사람이 키스하는 놀이)처럼 자극적인 놀이를 즐기기도 한다. 화를 내거나 고집을 피울 때에도 부모의 긍정적이고 애정 어린 보살핌을 받았던 아이라면, 부모와 함께 신체 변화에 대해 편안하게 이야기를 나누고 거리낌없이 사춘기에 필요한 정보를 얻으려고 할 것이다. 또한 도덕적으로 꺼림칙하거나 위험한 놀이에는 끼어들지 않을 것이다. 로맨틱 단계의 욕망이나 실망감을 자연스럽게 극복한 아이들이라면, 친구들이 조급하게 성에 관심을 보이더라도 영향받지 않을 것이다. 이런 아이들은 부모가 베풀었던 도움과 격려를 잘 인식하며 그에 감사하게 된다.

상담사례

자유투 연습을 게을리한 아이

농구 선수인 팀은 갑자기 키가 크고 변성기가 오더니 구레나룻이 자라기 시작했다. 감독이 매일 밤 30분씩 자유투 연습을 하라고 지시했지만, 팀은 이제 자랄 만큼 자랐으니 연습을 게을리해도 된다고 생각했다. 팀의 전능한 자아가 일시적으로 유능한 자아를 압도한 것이다. 그 결과 자유투 성적이 좋지 못해 중요한 경기의 4쿼터에서 뛰지도 못했다.

경기 후 팀은 부모에게 찾아가, 결정적인 순간에 선수 교체를 당해 억울하다고 말했다. 팀은 감독이 자기 마음에 드는 선수를 내보내기 위해 자기를 나오게 한 거라고 믿었다. 부모는 선수 대기석에서 경기를 지켜보고만 있어야 했던 팀의 안타까운 마음을 위로해 주면서, 선수가 교체된 이유를 다른 데서도 찾아볼 수 있지 않겠느냐고 조심스럽게 얘기를 꺼냈다. "감독님은 널 정말 아끼고 네 재능을 훌륭하게 보셔. 하지만 이번에는 감독님이 보시기에 네 자유투가 정확하지 않으니까 선수 교체가 필요하다고 생각하신 걸 거야."

평소 부모가 다정하고 공정한 태도로 대해 주었기 때문에 팀은 부모에게 도움을 청할 수 있었다. 또한 부모의 설명 덕분에 억울한 감정도 사라졌고, 얼마든지 이 상황을 바꿀 수 있겠다는 자신감도 가지게 되었다. 팀은 예전처럼 다시 연습을 열심히 한 결과, 정확성이 높아지고 좀더 오래 경기를 뛰게 되면서 노력한 보람을 느꼈다. 팀은 연습을 게을리해도 된다는 태만한 생각에 빠졌기 때문에 자유투 기술이 나빠졌다는 걸 스스로 깨달으면서 전능한 자아의 믿음에서 벗어날 수 있었다. 그리고 연습 과정에서 점차 자유투 실력이 향상되는 것을 확인하면서 다시 팀의 유능한 자아가 자리를 잡았다.

    자신을 불행하게 만들고 싶어하는 아이가 아니라면, 유년기 중반기에는 쾌활하고 적극적인 태도로 학교 생활이나 친구 관계, 놀이 등에 임하게 될 것이다. 학교 생활이나 공부에 흥미를 붙이고, 늘 즐겁게 친구들을 사귀며, 실외 활동도 열심히 할 것이다. 또한 사춘기를 거치면서 성인이 될 준비를 착실하게 해나갈 것이다.

    이런 아이들은 확고한 일차적 행복과 안정성을 더해 가는 이차적 행복 덕분에, 실망과 좌절의 순간이 오더라도 잘 헤쳐 나갈 수 있다. 이들에겐 스스로 올바른 선택을 내리고 또 자신의 선택을 잘 지켜 나갈 수 있다는 믿음이 생긴 것이다. 편안하게 성공을 맞이하고 친구들도 편견 없이 다정다감한 태도로 대하게 될 것이므로 하루하루가 늘 성취감과 기쁨으로 충만할 것이다.

내적 불행을 가진 이 시기 아이를 위한 스마트 러브

여섯 살에서 열두 살 사이 아이들은 스스로 중요한 선택을 내릴 때가 많으므로 그만큼 내적 불행을 표현하는 방식도 다양하게 나타난다. 규칙을 무시하거나 숙제를 해가지 않는가 하면, 마음이 맞지 않는 친구와 사귀거나 도움을 주려고 다가오는 사람에게 화를 내기도 한다. 공공 기물을 파손하고 남의 물건을 훔치며 규제 의약품을 이용하는 등, 위법 행위를 해서 심각한 문제가 생기기도 한다.

> **상담사례**
>
> ### "담요가 필요해요"
>
> 여덟 살 난 노아는 학교 갈 때 언제나 책가방 속에 담요를 넣어 갔다. 어느 날 학교에 도착한 노아는 담요를 집에 놓고 왔다는 걸 발견했다. 노아가 안절부절 못하자, 선생님이 노아 아빠에게 전화를 걸어 담요를 가져다 달라고 부탁했다.
> 다행히 노아의 아빠는 담요가 있어야 노아의 내적 평정이 유지된다는 사실을 알고 있었다. 아빠는 노아가 아직 아기티를 벗지 못해 담요에 집착한다고 생각하지 않았다. 아빠는 노아가 학교에서 안정감을 느낄 때까지 당분간은 담요가 필요하리라는 걸 이해해 주었다. 시간이 지나면서 노아는 자기를 이해해 주는 부모의 마음을 알게 되었고, 이따금 담요를 놓고 가더라도 예전처럼 불안해하지 않았다.

그러나 파괴적이고 공격적인 행동을 하더라도 아이들은 본능적으로 행복과 성취감, 사랑으로 가득 찬 삶을 꿈꾼다는 것을 잊지 말자. 이것이 바로

원하던 것을 가지게 되어도 실망감을 느끼는 아이

여덟 살 난 헤더는 값비싼 인형이 탐이 나 부모에게 사달라고 졸랐다. 그러나 막상 생일 선물로 그 인형을 받았을 때, 자기가 잘못 선택했다는 생각이 들었는지 별로 좋아하는 기색이 아니었다. 헤더가 버릇없이 군다는 생각이 든 부모는 감사할 줄 모른다고 혼을 내주었다. 그러면서 감사하는 마음을 배우기 전까지는 장난감을 다시는 사주지 않겠다고 말했다. 헤더는 부모에게 실망감을 내비치지 않으려고 노력했다. 그러나 다음 번에 선물을 받게 되었을 때에도 전혀 기쁘지 않았다.

나다니엘의 부모는 똑같은 상황에서 전혀 다른 태도를 취했다. 여덟 살 난 나다니엘은 그토록 갖고 싶어하던 장난감 경주용 자동차를 갖게 되었는데도 부정적인 반응만 보였다. 아이가 태어났을 때 아이의 감정적 욕구를 충분히 보살펴 주지 못했다고 생각한 부모는, 나다니엘이 두 살 무렵부터 불행한 기색을 보이기 시작하자 우리와 상담을 시작했다.

나다니엘은 장난감 경주용 자동차만 있으면 앞으로 영원히 행복해질 수 있을 거라고 알게 모르게 기대해 왔다. 그러나 그 선물이 나다니엘의 기대를 충족시킬 수 없다는 것을 부모는 잘 알고 있었다. 나다니엘은 시무룩한 표정으로 이리저리 장난감을 살펴보더니 단점을 늘어놓기 시작했다. 이때 부모는 화를 내는 대신 아이를 꼭 껴안아 주면서, 그토록 원했던 선물인데 썩 만족스럽지 못하다니 안타까운 일이라고 말했다. 그런 다음 기분이 나빠진 게 꼭 장난감 때문이 아닐 수도 있다고 얘기했다. "그다지 완벽하진 않구나. 네가 꼭 원하는 대로 만들어진 장난감을 구하긴 어려울 거야. 하지만 이 자동차로도 얼마든지 재미있게 놀 수 있을 텐데. 바닥에 차를 내려놓고 각각 어떻게 달리는지 보여주려무나."

나다니엘은 자기가 불평을 늘어놓았는데도 부모가 화를 내지 않고 오히려 이해하는 태도로 대해 주자, 마음이 누그러졌다. 부모에게 친밀감을 느낀 나다니엘은 더 이상 실망감을 드러내지 않았고, 부모에게 자동차 경주 시범을 보이면서 신나게 놀 수 있었다.

불행한 아이들을 도울 수 있는 스마트 러브다. 부모가 벌을 주고 화를 내거나 아이의 요구를 거절한다면, 아이는 점점 더 자신을 불행하게 만들고 싶다는 욕구에 휩싸이게 된다. 하지만 부정적인 태도를 취하지 않는다면, 불행한 아이들을 효과적으로 도울 수 있다. 아이를 이해하고 용기를 북돋아 준다면, 아이는 점점 더 건설적인 기쁨에 대한 욕구를 키워 갈 것이다.

아이가 내적 불행을 느낄 때 부모가 제대로 보살펴 주지 못했다면, 그 어떤 것으로도 아이의 내적 행복을 돌이킬 수 없다. 애타게 바라던 소망이 이루어지더라도 아이가 바라는 내적 행복은 얻지 못할 것이다. 그러나 아이가 실망감을 내비칠 때 부모가 이해와 사랑으로 대해 준다면, 아이는 부모와의 관계에서 경험했던 진정한 행복을 앞으로도 경험할 수 있을 것으로 확신하게 된다.

학교 생활에서 겪게 되는 문제

내적 불행을 키워 온 아이들은 학습이나 교실 활동 참여를 어려워할 수 있다. 이때 아이의 학습 의욕을 높이기 위해 부모가 곁에서 함께 해줄 수 있다.

••• 아이의 관심과 자신감 북돋아 주기

아이가 취약한 과목에 너무 신경 쓰지 말고 아이의 관심과 자신감을 북돋아 주자. 이것이 바로 스마트 러브다. 다른 과목은 자신없어 하지만 영어에 유독 관심을 보인다면, 부모는 당연히 아이의 영어 숙제부터 봐줄 것이다.

아이는 영어에 조금씩 자신감이 붙으면서 학교에서도 건설적인 기쁨을 얻을 수 있다는 사실에 눈뜨기 시작할 것이다. 일을 잘 해냈을 때 오히려 부정적인 반응을 보이는 아이라면, 간혹 성적이 떨어져도 크게 걱정하지 않을 것이다. 이때는 "함께 공부했던 거니까 네가 잘 알 거라고 생각했어. 시험 시간에 딴 생각 했던 거 아니니?"라는 등 부정적인 표현을 써서 말하는 대신, "시험 준비 정말 열심히 했는데, 네가 아는 걸 다 보여주지 못해 안타깝구나. 하지만 중요한 것은 네가 배운 내용을 잘 알고 있다는 거야. 다음 기회에는 선생님께 네 실력을 보여 드릴 수 있을 거야"라고 말한다.

뭔가 가르치려고만 하면 웬일인지 아이가 자꾸 화를 내고 멀리 달아나려 한다면, 부모는 이모나 할아버지 등 다른 가족에게 아이 공부를 도와달라고 청할 수도 있다. 자상한 손위 형제나 혹은 이웃에 사는 퇴직 교사에게 수업료를 내고 부탁할 수도 있다.

••• 학교 가는 걸 두려워하는 아이

갑자기 학교 가는 걸 두려워하고 자꾸 학교에 빠지려 한다면, 이는 아이가 심각한 감정적 위기를 겪고 있다는 증거다. 이때 부모가 화를 내며 윽박지르거나 벌을 주는 대신 사랑의 규제로 대하는 것이 중요하다.

우선 아이가 다니는 학교에 무슨 문제가 있는지부터 확인해 볼 필요가 있다. 학교 규칙이 너무 엄하거나 힘에 부칠 정도로 힘겨운 목표를 제시하는 건 아닌지, 아니면 선생님 성격이 까다로워서 공부 잘하는 여학생들만 좋아하는 건 아닌지, 혹은 학교에 아이를 괴롭히는 친구가 있는 건 아닌지 살펴볼 필요가 있다. 일단 문제가 무엇인지 알아낸 후에는 아이에게 맞게 학교 환경을 개선하도록 노력해야 한다. 학교나 반을 바꿔 줄 수도 있고, 필요하다면 교장 선생님과 상의할 수도 있다.

학교에 문제가 없다면, 아이가 집에서 뭔가 걱정되는 일이 있는지 생각해 본다. 한 여자아이는 부모가 이혼하려고 하자, 자기가 집에 있으면 부모가 화해할 수 있을 것이라고 생각했다. 어떤 남자아이는 강아지가 죽을 때가 다 된 것 같다는 아빠 말을 들은 후부터 학교 갈 시간만 되면 안절부절 못했다. 아이는 자기가 없는 사이에 강아지가 죽을까 봐 걱정이 되었던 것이다.

학교를 싫어하는 뚜렷한 이유가 없더라도, 아이가 괜히 변덕부리는 게 아니라는 걸 이해해야 한다. 학교가 때로는 아이에게 무섭고 지루하게 여겨진다는 걸 부모도 잘 알고 있다고 얘기해 주자. 사랑의 규제를 염두에 두고 있다면, 학교에는 꼭 가야 하니 대신 학교에 데려다 주겠다고 해보자. 학교 버스에 태워 보내지 말고 차로 데려다 주거나 함께 학교까지 걸어가자고 제안할 수도 있다. 평소보다 30분 먼저 일어나서 아이와 더 많은 시간을 가져 보는 것도 좋은 방법이다.

••• 내적 불행을 가진 초등학생 아이

내적 불행을 지닌 초등학생들은 모르는 것이 생겼을 때 부끄러운 생각이 들어 도움을 청하지 않기도 한다. 그런 아이들은 모르는 단어가 나와도 아는 척하며, 책읽기는 시시해서 그다지 하고 싶지 않다고 생각한다. 괴로운 순간을 모면하고 싶을 땐 괜히 배나 머리가 아픈 것 같고, 너무 어려운 숙제를 내주면 선생님이 원망스러워지고 억울한 생각까지 든다. 숙제를 어떻게 해야 할지 몰라 무척 걱정스러웠던 아이들은 선생님께 질문을 너무 많이 하거나 계속해서 도움과 관심을 받기를 바라는 등 정반대의 태도를 취할 수도 있다.

> **상담사례**
>
> ### 일부러 엉뚱한 대답만 하는 아이
>
> 열한 살인 저스틴은 선생님이 지시한 대로 따라하기가 무척 힘들었다. 몇 시간씩 걸려 학교 숙제를 해가지만, 선생님이 의도한 답과는 거리가 먼 대답을 해가기 일쑤였다. 성적이 나쁘게 나오자, 저스틴은 선생님 마음대로 점수를 주었다며 몹시 화를 냈다.
>
> 아이의 학교 생활이 걱정된 저스틴의 부모가 우리에게 상담을 해왔다. 살펴본 결과 저스틴은 자신을 불행하게 만들고 싶은 욕구에 사로잡혀 있었으며, 그 때문에 어려운 숙제를 해야 할 때면 자기도 모르는 사이에 엉뚱한 대답을 했던 것이다. 우리는 선생님이 내준 숙제를 잘못 이해했다고 아이를 꾸짖을 것이 아니라, 저스틴이 자신의 모순된 생각을 깨달을 수 있도록 도와주라고 저스틴 부모에게 권했다.
>
> 그 후 저스틴이 또 틀린 답을 하자, 부모는 다정한 목소리로 "네가 얼마나 열심히 했는지 우린 안단다. 하지만 힘든 일을 하고도 보상받기 싫어하는 사람이 간혹 있게 마련이지. 그렇게 되면 그동안 한 값진 노력을 망쳐 버릴 수도 있어. 다 알고 있으면서도 네가 정답을 제출하지 않았기 때문에 성적이 잘 나오지 않았던 것뿐이야"라고 말해 주었다.
>
> 처음에는 선생님 잘못이라고 계속 우기던 저스틴도 그 말을 듣고 난 후에는 자기 반 아이들 대부분이 제대로 숙제를 해왔더라고 털어놓았다. 다음 번 숙제는 일단 다 한 숙제를 꼼꼼하게 다시 점검해서 제출했다. 저스틴도 정답을 적었기 때문에 노력한 만큼의 점수를 받을 수 있었다. 그때부터 저스틴은 자기가 이해한 내용이 정확한지 점검하는 습관을 가지게 되었다.

확고한 내적 행복이 결여된 아이들은 부모나 교사에게 숱한 도전장을 내민다. 학교에 지각을 하거나 나쁜 행동을 해서 문제를 일으키고, 도움이 필요할 때에도 손을 내밀지 않는다.

••• 성공을 적대적으로 받아들이는 아이 도와주기

아이가 생활에서 즐거움을 찾지 못해 힘들어한다는 걸 안다면, 아이가 원하는 것을 얻기 위해 버럭 화를 내거나 괜히 엉뚱한 행동을 하더라도 부모가 도와줄 수 있다. 그러나 부모가 아이의 행동을 이해하지 못한다면, 아이의 행동이 고집스럽고 터무니없는 것으로 여겨질 뿐이다.

상담사례

불만만 늘어놓는 아이

론은 열 살로 내적 불행 때문인지 친구들과 잘 어울리지 못했다. 론은 번번이 친구들과 한 약속을 어기거나 근거 없는 소문을 퍼뜨렸다.
어느 날 론은 호감을 가지고 있던 친구한테 생일 잔치 초대장을 받았다. 론은 무척 신이 났고, 그 멋진 파티에 초대되는 행운을 얻은 것이 믿기지 않는다고 부모에게 말했다. 그러나 초대받은 날이 다가오자, 론은 점점 시무룩해지면서 안절부절 못했다. 여동생을 못살게 구는 모습을 보고 아빠가 혼을 내자, 론은 갑자기 울음을 터뜨리면서 "모두 날 미워하기만 해!"라고 소리쳤다.
왜 화가 나는지, 왜 갑자기 모든 사람이 자기를 미워한다고 여기게 되었는지 론 자신도 그 이유를 알지 못했다. 론의 부모는 틀림없이 론이 생일 파티에 초대받은 기쁨에 부정적으로 반응하는 것이라고 생각했다. 그래서 파티에 초대받았다는 생각에 기분이 좋긴 하지만, 그 기쁨을 편하게 받아들일 수 없어 괜히 화가 나고 사람들이 자기를 싫어한다고 생각하게 된 것이라고 론에게 말해 주었다.

초대한 친구와 즐거운 시간 보내기

노르만은 방과후 평소 좋아하던 친구를 집으로 초대했다. 그러나 노르만은 웬일인지 장난감 자동차를 어떻게 가지고 놀 것인가 하는 문제를 두고 불평을 늘어놓기 시작했다. 불평은 그칠 줄 몰라서 그날 오후에 친구가 집에 놀러와도 서로 뽀로통하게 보낼 것이 뻔했다.

아들 때문에 걱정이 된 노르만의 아빠가 상담을 청해 왔다. 그 과정에서 노르만이 친구를 초대하게 된 기쁨을 싸움 거는 것으로 표현하고 싶어한다는 것을 알게 되었다. 아빠는 노르만이 얼마나 친구를 집에 초대하고 싶어했는지 일깨워 주었고, 오후에 친구가 놀러왔을 때 재미있게 보내지 못하면 슬픈 마음이 들 거라고 얘기해 주었다. 그리고 친구가 좋아하는 자동차를 마음껏 갖고 놀게 하거나, 자동차 장난감은 치워 놓고 함께 즐길 수 있는 놀이를 생각해 보면 더 즐거운 시간을 보낼 수 있을 거라고 말해 주었다.

아빠는 노르만에게 이 얘기를 하는 내내 부드러운 태도를 취했다. 아빠가 따뜻하고 애정 어린 태도로 대해 주자, 노르만은 아빠가 자기 편이며 자기가 친구와 즐거운 시간을 보낼 수 있도록 도와주려 한다는 믿음이 들었다. 다행히 아빠의 도움을 받아 노르만은 친구와 자동차 차고 만들기 놀이를 하면서 재미있게 놀 수 있었고, 아이들은 서로 어우러져 즐겁게 놀 수 있는 그 놀이에 푹 빠졌다.

••• 상실감은 참기 힘들어요

여섯 살에서 열두 살 사이 아이들이 내기 놀이에서 질 때 화를 내는 일은 흔히 있지만, 불행하다고 느끼는 아이는 특히 심한 상실감에 사로잡혀 폭발적인 행동을 보인다. 그렇다고 해서 지는 것을 참을 수 없어 하는 아이에게 훈계를 늘어놓거나 벌을 주거나 제재를 가해서는 안 된다. 이것이 바로 스마트 러브다.

부모가 부정적으로 대할수록 아이는 지는 것을 나쁘게 받아들이거나 마음의 상처를 입고 제대로 이해받지 못했다는 느낌을 받게 된다. 내기에 질 때 아이 마음이 얼마나 아픈지 이해하는 태도를 보이면, 아이는 지게 되더라도 어른들이 보여주는 친근함 때문에 훨씬 상처를 덜 받게 된다.

상담사례

정정당당하게 겨루기

열 살인 캔은 내기에 질 때마다 습관적으로 화를 내곤 했다. 어느 날 체스 게임에서 동생에게 지자, 캔은 방바닥에 체스판을 내동댕이쳤다. 부모는 캔이 나이답게 행동하고 정정당당하게 게임을 즐기기 전까지는 체스 게임을 할 수 없을 거라고 야단을 쳤다. 캔은 제 방으로 달려가 문을 쾅 닫으면서 "상관없어! 이제 다시는 그런 말도 안 되는 게임은 하지 않을 거야"라고 소리쳤다. 그런가 하면 학교에서 축구 경기를 할 때에도 상대편이 이기면 운동장 밖으로 공을 차버리거나 경기 종료 후 상대편 선수와 악수도 하지 않으려 하는 등, 해서는 안 될 행동을 취했다.

학교 선생님과 축구 감독이 계속해서 캔의 나쁜 태도를 바로잡기 위해서는 부모의 노력이 필요하다고 강조하자, 부모가 우리에게 상담을 요청했다. 우리는 아이가 경기에서 졌을 때, 아이도 화를 내거나 운동 정신을 깨고 싶지는 않을 것이라는 전제에서 접근 방법을 달리해 보라고 권했다. 아이의 내적 행복이 성공적인 결과에만 의존하고 있기 때문에 아이는 지는 것을 참을 수 없었던 것이다. 놀이나 경기에서 지면 아이는 내적 평정을 잃게 되고, 그 때문에 화가 나는 것이다. 우리는 놀이에서 질 때 어떤 감정이 드는지 부모도 잘 이해하고 있다고 캔에게 다정하게 얘기해 주라고 했다. 이런 태도로 접근하자, 아이가 놀이에서 진 것 때문에 화를 낼 때에도 내적 평정만은 흔들리지 않도록 도와줄 수 있었다.

그 다음에도 캔은 자기 뜻대로 되지 않자 또 체스판을 내동댕이쳤다. 그러나 아빠는 캔을 제 방으로 보내는 대신 "게임에 지면 정말 기분이 나쁘지? 아빠도 알아. 그럼 우리 다른 놀이 할까?"라고 말했다. 캔은 아빠가 혼도 내지 않고 함께 다른 놀이를 하면서 곁에 있어 주겠다고 하자, 깜짝 놀랐다. 캔은 잠시 생각에 잠기더니 "비행기 모형 조립하는 거 도와주실 수 있어요?"라고 물었다. 아빠는 "그거 재밌겠는데"라고 대답해 주었다.

부모가 이해하는 태도를 보이자 으쓱해진 캔은 그 다음부터 되도록 집에서는 승패 겨루기 놀이를 하지 않았다. 그 대신 온 가족이 함께 할 수 있는 놀이를 찾았다. 뿐만 아니라 학교에서 축구 경기를 하다가 질 때에도 자기 감정을 조절할 수 있게 되었다. 아이가 화났을 때 집에서 부모가 충분히 이해한다는 태도로 대해 주자, 학교 생활에서도 마음의 평정을 유지할 수 있게 된 것이다.

스마트 러브로 다가가면 아이들은 여섯 살에서 열두 살 그 복잡다단하고 흥미진진한 시기를 부모와 함께 성공적이고 즐겁게 통과할 수 있다. 물론 이 시기를 거치면서 자신을 불행하게 만들고 싶은 욕구에 휩싸이는 아이들도 있다. 이때 부모가 사랑의 규제로 아이 행동을 잘 다스리고 일상생활에서 선택권을 최대한 보장해 준다면, 아이는 스스로 건설적인 기쁨을 가져다 줄 경험을 찾아 나서게 될 것이다.

이 같은 긍정적인 태도는 욕구가 점점 더 다양해지고 현격한 변화가 일어나는 청소년기에 접어들면 더 중요해진다.

8장

청소년기 아이와 스마트 러브

부모와의 관계에서 일차적 행복을 확고하게 획득한 아이라면, 청소년기에도 큰 문제 없이 지낼 수 있다. 일차적 행복이란 발전 단계에서 다양한 욕구들이 생겨날 때 부모의 무조건적이고 애정 어린 관심을 받을 수 있다는 믿음에서 생겨나는 내적 행복을 말한다. 부모가 스마트 러브에 따라 대해 준다면 아이는 확고한 일차적 행복을 가진 아이로 자라날 수 있으며, 열정적이고 사려 깊고 애정이 풍부하며 발랄한 10대가 될 것이다. 반면에 매사에 적응하기 힘겨워하고 자신을 불행하다고 느끼는 아이들도 있다. 이 경우에 특히 스마트 러브를 통해 아이 스스로 건설적인 기쁨을 경험하고 싶어하도록 도와주면, 보다 행복하게 제 위치를 지켜 나갈 수 있을 것이다.

청소년기의 목표 : 안정된 이차적 행복

청소년기는 비교적 오랜 기간 지속된다. 이 시기는 1) 지적 능력과 근육, 골격 발달이 완성되는 단계이며, 2) 사회적·학문적 욕구와 기대치가 극적으로 고조되고, 3) 자발적이고 창조적인 활동 기회가 늘어나는 때다.

무엇보다 중요한 것은 성장 과정에서 정서적인 욕구가 제대로 충족된 아이라면 청소년기에 성공과 실패를 하더라도 이차적 행복(일상 활동에서 생겨나는 기쁨)을 다치는 일이 없을 것이라는 점이다. 아이들의 이차적 행복은 오로지 유능한 자아를 통해 얻어지며, 유능한 자아는 언제나 최선의 선택을 하고 그 선택을 잘 지켜 나가는 데서 기쁨을 찾는다.

전능한 자아의 비현실적인 주장(언제든 자기가 원하는 대로 할 수 있다는 주장)에서 벗어나 유능한 자아(자신의 힘으로 다양한 활동과 관계들을 즐길 수 있게 해주는 자아)의 이상과 가치로 세상에 접근하게 될 때 비로소 청소년기 아이들은 진정한 성인으로 변모한다. 성공과 실패의 경험 속에서도 결코 내적 행복이 흔들리지 않고, 부모와의 관계에서 친근한 정과 사랑을 유지하며, 항상 훌륭하게 선택하고 그 선택을 마찰 없이 잘 지켜 나갈 때, 아이들은 유년기의 진정한 목표를 성취하게 될 것이다.

이런 아이들이 성인으로 자라난다면, 실망하는 일이 생기더라도 위축되거나 우울증에 시달리고, 또 자학하거나 타인에게 격분하는 일 없이 잘 이겨낼 수 있다. 최선을 다했는데도 일상생활에서 실망스런 일을 겪게 되면 누구나 서글픈 느낌이 들게 마련이다. 그러나 성장 과정에서 욕구가 제대로 충족된 성인이라면 어느 상황에서도 감정을 자제할 줄 알며, 자신을 충족된 존재, 사랑하고 사랑받을 자격이 있는 존재라고 여기면서 내적 행복을 고이 간직할 것이다.

"안타깝긴 하지만 괜찮아요"

학교 관현악단 활동에 열심인 제니는 고등학교 최고 학년으로 자기 학교 관현악단이 주 결승에 진출하게 되자 몹시 들떴다. 그러나 관현악단 동료들이 연습을 게을리한 탓에 그만 대회에서 중대한 실수를 해 상을 받지 못하게 되었다. 실망감이 이만저만 아니었지만, 제니는 자신은 최선을 다했다는 흐뭇한 생각이 들었다. 성장 과정에서 획득한 흔들림 없는 내적 행복 덕분에 제니는 우울해하거나, 연습을 게을리한 친구들에게 화를 내고, 또 괜히 시간 낭비만 하고 말았다는 생각에 자신에게 화를 내는 일 없이 실망감을 잘 이겨낼 수 있었던 것이다. 제니는 그 후로도 꾸준히 연습하며, 가을에 있을 대학 교향악단 입단 시험을 준비했다.

청소년기 아이들의 전능한 자아는 매순간 새로운 지적·육체적·사회적 욕망과 능력(운전을 배워 운전면허를 따거나, 투표를 하거나, 부모에게 반항하거나, 어른 수준에 견줄 만한 기술을 개발하는 것 등)을 경험하게 된다. 이때 10대 아이들에게 예민한 태도로 대하면, 아이들은 행복해지기 위해 자기 자신을 조절해야겠다는 생각을 갖지 못하게 된다. 결국 아이들은 좌절을 경험하게 되는데, 이러한 좌절은 곧 모든 것을 통제할 수 있다고 믿는 전능한 자아가 얼마나 불안정한 기반 위에 서 있는지를 보여준다.

청소년기를 통과하는 과정에서 신념이 확고하고 모든 욕구가 충족된

10대들이라 할지라도 현실의 벽에 부딪치게 마련이다. 성적이 나쁘거나 운동 경기에서 지거나 이성 친구에게 거절당할 때, 자신이 최고라고 여겼던 환상이 조금씩 깨져 나간다. 그러나 동시에 유능한 자아를 발전시키면서 건설적으로 선택하고 그 선택을 잘 지켜 나가면서 기쁨을 느끼게 된다. 그러면서 유능한 자아는 빠른 속도로 발전하여, 결국 전능한 자아를 물리치게 된다.

10대들이 좌절에 빠지지 않도록 하기 위해서는 부모의 역할이 매우 중요하다. 아이들이 꾸준히 노력해 나가는 과정에서 기쁨을 얻을 수 있도록 늘 부모가 아이들의 능력을 북돋아 주고 주변 여건을 뒷받침해 주어야 한다. 스마트 러브에 따라 아이를 대한다면, 아이는 모든 바람을 스스로 충족시킬 수 있다는 환상에서 벗어나 훌륭하게 선택하고 그 선택을 잘 지켜 나갈 수 있는 유능한 자아가 빚어낸 이차적 행복을 발전시킬 것이다. 아직 스마트 러브를 시작하지 못한 부모라도 지금부터라도 시작한다면 충분히 아이의 안정된 이차적 행복을 발전시키는 데 도움을 받을 수 있다.

상담사례

"역사왕을 놓쳤어요"

칼은 특히 역사 시간에 열심히 집중해서 수업을 듣는다. 그런데 학교에서 수여하는 최고의 역사왕 상을 타지 못하자, 실망감이 이만저만 아니었다. 시상식이 끝난 후 칼은 부모에게 자신의 아픈 마음을 털어놓았다. 부모는 칼을 꼭 껴안아 주면서 "정말 우리 칼이 역사 공부를 열심히 했는데, 역사왕이 되지 못해 정말 안타깝구나"라고 말했다.
그러나 부모는 상을 받지 못했다고 해서 칼의 실력이 과소평가되는 건 아니라고 말했다. 칼은 고개를 끄덕이면서 "그래도 상을 탔더라면 좋았을 거예요" 라고 대답했다. 부모도 동의했다. 칼은 부모가 자기를 이해해 주고 존중해 주자 마음의 위로를 받았다. 칼의 표정은 여전히 시무룩했지만, 몇 분 지나지 않아 곧 아이들과 어울려 놀았다.

칼이 느꼈던 불행한 느낌은 바로 전능한 자아 때문에 생겨난 것이다. 전능한 자아는 열심히 노력하면 당연히 학교의 인정을 받을 수밖에 없다는 믿음을 칼에게 불어넣어 주었다. 칼은 부모가 자기의 불행한 마음을 위로해 주었으면 하고 바랐다. 칼은 상을 타지 못한 것 때문에 자책했지만, 존경하고 사랑하는 부모가 자기를 탓하지 않고 오히려 실망을 함께 나누고 싶어하자, 마음의 안정을 되찾은 것이다. 부모는 단지 칼이 상을 타기라도 한 듯, 아이의 실력을 칭찬하며 긍정적으로 대해 주었을 뿐이다. 그 결과 칼은 자기 자신에 대해, 그리고 자기가 해온 공부에 대해 자부심을 잃지 않을 수 있었다. 실망의 고통은 금세 가셨고, 덕분에 나머지 시간을 즐겁게 보낼 수 있었다.

· · · · · ·

"키가 너무 커버려 체조를 못해요"

체조에 소질이 있었던 산드라는 커서 국가 대표가 되는 게 꿈이었다. 그러나 열세 살이 되던 해에 갑자기 키가 훌쩍 자라는 바람에 최고 수준의 경기에 나가 겨룰 수 없게 되었다. 산드라는 절망적이 되었다. 체조 훈련에 바친 그동안의 노력과 희생이 모두 수포로 돌아갔다고 느꼈던 것이다. 산드라가 혹독한 절망에 빠져 있다는 걸 알아챈 부모는 그때부터 산드라의 재능을 살릴 수 있는 다른 방법이 없는지 찾아내려고 고심했다.

부모의 권유 끝에 산드라는 갈고 닦은 기술로 어린아이들의 체조 교육을 도왔고, 학교 현대무용 동아리에도 가입하여 인기 무용수가 되었다. 산드라는 체조 선수로서의 경력을 끝내게 되어 안타까운 마음이 들긴 했지만, 이제까지 기울여 온 노력이 헛된 것이었다는 생각을 더 이상 하지 않게 되었다. 산드라는 부모의 도움으로 찾게 된 활동들에서 또 다른 진정한 기쁨을 만끽했다.

"우리는 진정한
독립을 원해요"

청소년기 아이들은 부모에게서 독립하고 싶어하며, 부모로부터 자유로워지기 위해 반항기를 거치게 마련이라고들 말한다. 이런 관점에서 보자면 10대 아이들이 부모의 생활 철학이나 지식, 가치관들을 무시하고 가족을 멀리하며, 친구들의 관심사나 의견만 받아들이려 하는 태도는 지극히 정상이고 성숙하고 있다는 표시로 볼 수도 있다. 그러나 우리가 보기에 청소년들이 그런 행동을 보이는 것은 다름아닌 내적 불행 때문이다. 아이들이 겪는 내적 불행은 사전에 방지할 수 있고, 또 바로잡을 수도 있다. 청소년들이 부모의 중요성을 부정하는 것은 부모에게서 독립했다고 느끼고 싶어하기 때문이다.

진정한 독립은 아이의 내적 행복이 일상생활의 굴곡에 좌우되지 않을 때 비로소 성취된다. 그러므로 10대들이 부모를 부정한다고 해서 진정한 자율성을 획득하게 되는 것은 아니다. 이와 달리 진정한 독립을 성취한 청소년들은 부모와의 관계에서 함께 나누었던 친밀감과 사랑을 학교나 친구 관계, 여가 활동 등 드넓은 세계로 확장한다. 10대들은 부모의 둥지 밖으로 뛰쳐나갈 필요도 없고 밀려 나가서도 안 된다. 언제든 부모에게 다가갈 수 있고 부모가 자기를 위해 헌신한다는 사실을 인식한다면, 청소년들은 자기 자신을 행복하게 만들고 또 다른 사람에게 그 행복을 전해 주기 위해 스스로 생활을 절제할 수 있다고 믿게 된다.

청소년들은 아직 홀로 설 준비가 되어 있지 않다. 따라서 청소년들이 원한다면 언제든 부모에게 기댈 수 있도록 해주어야 한다. 그렇지 않다면 청소년들은 건설적인 방법으로 스스로를 달랠 수 없어 하루 열두 시간씩 잠을 자거나 귀가 시간이 훨씬 지났는데도 친구들과 밖으로 쏘다니고, 또 친구들과 지나치게 붙어다닐 것이다. 10대 아이가 부모에게 기대면서도, 동시에 스스로 날개를 펼 수 있도록 도와주어야 한다.

10대 아이가 부모와 함께 자유 시간을 보내고 싶어한다면 언제든 기꺼이 응해 주자. 이제 다 컸으니 부모에게 기대지 말라고 말하거나, 밖에 나가 친구를 사귀는 등 제 나이에 맞는 활동을 찾아보라는 뜻을 내비치지 말자. 아이가 밖에 나가 친구들과 더 많은 시간을 보내면서 건설적인 관계를 만들어 보려 할 때에도 아이의 의견을 최대한 존중해 주자.

부모가 아이들의 욕구에 관심을 기울이고 아이들의 의지가 되어 준다면, 아이들은 자학이나 반사회적인 행동에 탐닉하지 않을 것이다. 설령 친구들이 토요일 밤마다 말썽을 일으키며 몰려다니더라도, 영화 비디오테이프를 빌려와 부모와 함께 보거나 실내 골프 놀이 등을 하면서 지내온 아이라면 친구들의 유혹을 쉽게 뿌리칠 수 있을 것이다. 또한 친구들을 데려와 함께 노는 걸 부모가 즐겁게 받아준다면, 얼마든지 친구들과도 가깝게 지낼 수 있을 것이다.

아이들이 도무지 부모와 함께 시간을 보내려 하지 않는다면, 그 부모에게 뭔가 잘못이 있을 것이다. 몇 가지 예를 들어 보자.

* 부모의 친구 집이나 친척집 등 아이가 싫어하는 곳에 억지로 데려간다.
* 부모와 일정 시간 꼭 함께 보내야 한다고 강요하며, 아이가 그 말을 따르지 않을 경우 서운한 기색을 보이거나 비판적인 태도를 보인다.
* 아이의 행동 방식이나 용모, 의견, 말투 등에 대해 잔소리를 늘어놓거나 흠을 잡는 등 무심결에 부정적인 분위기를 만든다.

아이에게 스스로 부모와 얼마 동안 어떻게 보낼 것인지 결정하도록 해주고, 아이의 옷 입는 방식이나 말투를 있는 그대로 받아준다면, 부모와 함께 있는 시간도 얼마든지 즐겁게 보낼 수 있을 것이다.

상담사례

아이들의 요청에 주저없이 응하자

열일곱 살인 래리는 여름방학 때 아동 캠프 지도원 역할을 맡았다. 래리는 틈날 때마다 집으로 전화를 걸어 부모에게 안부를 전하고, 까다로운 캠프 대원들을 어떻게 다루어야 할지 조언을 청했다. 또 자기가 비번인 날에 캠프장으로 자기를 방문하러 올 수 있는지 묻기도 했다. 부모는 래리가 그들과 함께 있고 싶어하는 걸 알고 있었고 부모도 그걸 원했으므로, 언제나 너그럽고 다정하게 아들의 요구에 응해 주었다. 그 덕분에 래리는 행복하고 만족스럽게 여름을 보낼 수 있었다.

지도원 중에는 같은 나이인 짐이라는 아이도 있었는데, 그의 부모는 짐이 자기들에게 기대고 싶어하자 철없이 의존하려 드는 것이라고 잘못 받아들였다. 그래서 짐이 집으로 전화를 걸 때마다 귀찮다는 듯한 반응을 보였다. 짐은 결국 부모와 가까워지고 싶은 욕망을 수치스러운 것으로 여기게 되어 캠프에서 외로운 느낌이 들 때에도 부모에게 전화를 걸지 못했다. 대신 짐은 다른 지도원들과 가까이 지냈다. 그들은 시간이 남을 때마다 습관처럼 술을 마셨는데, 술이라고는 입에 대보지도 않았던 짐도 그들과 어울려 술을 마셨다.

부모들은 아이들의 청소년기를 두려운 마음으로 맞이한다. 10대는 부모의 인내와 온정을 시험하는 시기라고 주위에서 늘 주의를 주었기 때문이다. 그러나 내적 행복이 확고하게 자리잡은 아이들은 청소년기가 되어도 문제를 일으키거나 난폭하게 굴지 않으며, 또 부모와 충돌을 일삼지 않는다. 내적 불행을 키워 온 아이라 하더라도 부모가 아이의 요구에 관심을 기울여 주고 스마트 러브로 대해 준다면, 나름대로 평온한 청소년기를 보낼 수 있다.

모든 걸 다 안다고 생각하는 10대들

부모가 성장의 욕구를 충족시켜 준 경우에도 아이가 일시적으로 문제를 일으키거나 정신적 압박감에 시달리는 이유는 대부분 전능한 자아의 영향력 때문이다. 전능한 자아 때문에 청소년들은 극도로 민감해지고, 또 독단에 빠지기도 한다. 예를 들어 청소년이 일시적으로나마 무엇이든 할 수 있고 무엇이든 가질 수 있다는 믿음을 가졌다면, 부모가 나서서 도움을 주려 할 때 특히 민감한 반응을 보일 것이다.

청소년기 아이들이 완성된 존재가 아니라는 점을 염두에 둔다면, 아이가 전능한 자아의 영향력에 휘둘릴 때에도 부모는 차분한 태도로 대할 수 있을 것이다. 부모들은 대부분 아이가 자기들보다 더 많이 안다고 주장할 때 몹시 당혹스러워한다. 부모들은 힘겹게 쌓아올린 자기 지식에 대한 자부심이 대단한 반면, 아이들은 단순 무지하다고 생각한다. 그러므로 청소년기 아이들이 경험의 축적이라는 면에서 더 우월하다고 주장하면 말도 안 되는 소리라고 일축하게 마련이다. "이 아빠는 네가 태어나기도 전에 직장일을 시작했어. 그뿐 아니라 사장이 사원들에게 뭘 바라는지 훤히 꿰뚫고 있단다"라고 말하는 식이다.

청소년이 자기 지식을 과대평가하는 것은 일시적인 현상으로, 그 나이 또래에서는 지극히 당연한 일이다. 그 점을 항상 염두에 둔다면, 걸음마 단계 아이가 부모보다 자기가 훨씬 덩치가 크고 힘도 세다고 말할 때처럼 느긋하고 애정 어린 태도로 대할 수 있을 것이다.

상담사례

"자전거에 대해서는 누구보다 잘 알아요"

카렌은 부지런히 일해 번 돈으로 최상급 자전거를 샀다. 어느 날 카렌은 학교에서 돌아오는 길에 비를 흠뻑 맞았다. 아빠는 카렌이 자전거를 말리지도 않은 채 집으로 들어오는 모습을 보고는, 자전거에 녹이 슬지 않게끔 물기를 깨끗이 닦아 두는 것이 좋을 거라고 얘기했다. 그러자 카렌은 자기 자전거는 방수 처리된 것이기 때문에 물기를 닦아낼 필요가 없다고 대답했다. 아빠는 자전거 부속에 녹이 슬 수도 있다고 설명해 주려 했던 것이지만 카렌은 아빠 말을 듣는 둥 마는 둥했다.

하지만 아빠는 카렌이 버릇이 없어서 그런 태도를 보인다고는 생각지 않았다. 카렌은 당시 자전거나 녹스는 것에 대해서라면 자기가 누구보다 잘 알고 있다고 느꼈던 것일 뿐이다. 아빠는 아이가 무례하다고 생각지도 않았고, 직접 경험해 보고 스스로 실수했다는 걸 깨달아 보라는 식의 태도도 보이지 않았다. 그냥 다정한 목소리로 "글쎄다. 네 생각이 맞을지도 모르겠구나. 하지만 물기를 닦는다고 해서 손해날 일은 없을 텐데. 네가 싫다면 아빠가 해봐도 되겠니? 재미있을 것 같아서 말이야"라고 말했다.

카렌은 눈을 샐쭉 흘기더니 "알았어요. 좋아요. 제가 할게요. 하지만 굳이 하지 않아도 되는 일이라는 거 아시죠?"라고 대답했다. 만약 아빠가 "그래, 네 마음대로 해라"며 될 대로 되라는 식으로 얘기해 버렸다면, 이후 자전거에 녹이 슬기라도 할 경우 아빠를 원망하게 되었을 것이다.

아이가 궁지에 빠지도록 내버려두지 말자

대부분의 아동 전문가들은 어린아이나 청소년들이 철없이 굴거나 고집을 피울 경우 그 결과의 쓴맛을 직접 보게 해주라고 말한다. 그러나 스마트 러브의 관점에서 보면 어떤가? 부모가 방관하는 자세로 나쁜 결과가 생기기만을 뻔히 지켜본다면, 아이는 정작 일이 잘못될 경우 미리 막아 주지 못한 부모에게 원망스러운 마음이 들어 갑절로 실망감을 맛보게 될 것이다. 어떻게 되는지 보자는 식으로 대한다면 아이에게 벌을 주는 것이나 마찬가지다. 아이들은 좋지 못한 결과에 맞닥뜨릴 때 부모가 원망스러워질 것이다.

아이들이 학교 가는 날인데도 늦잠을 자겠다고 고집을 피우는 경우, 결과가 어떻게 되는지 직접 경험하게 해주라고들 말하는 사람들이 많다. 학교에 지각한 벌로 방과후에도 학교에 남고, 나쁜 성적을 받거나 선생님이 벌로 내주는 숙제도 해보아야 한다고 한다.

그러나 아이들은 부모가 자기에게 무관심하게 대했다고 믿게 될 뿐이다. 사람들은 그 사실을 놓치고 있다. 그보다는 아침마다 잠을 깨워 줘야 하는 일이 얼마나 힘겨운 일인지 아이와 그 전날 미리 대화를 나눠 보는 것이 더 효과적인 접근 방식이다. 아침에 잘 일어나려면 어떤 방법이 효과적인지에 대해 토론해 볼 수도 있다. 한 아이는 아침마다 엄마가 얼굴에 차가운 수건을 얹어 주면 잘 일어날 수 있을 거라고 스스로 묘안을 냈고, 실제로도 잠깨는 데 효과가 있었다. 부모가 최선을 다했는데도 아이를 깨울 수 없다면, 지각할 경우 어떤 불이익을 당하게 될지 일러 주기라도 해서 실망감에 빠지지 않도록 해주어야 한다.

부모들은 가끔 "하지만 이제 아이도 다 큰걸요. 계속해서 소소한 일들까지 챙겨 준다면, 어떻게 스스로 하는 법을 배우게 될까요?"라고 말한다.

상담사례

친구 관계와 학교 생활을 균형 있게

아이들은 친구와 전화 통화하느라 숙제를 늦게 시작해서 평소처럼 꼼꼼하게 숙제를 마치지 못할 때가 있다. 패트는 습관처럼 전화기를 끼고 살았다. 학교 생활에 적응하는 문제로 우리와 상담한 적이 있는 패트 부모는 너무 오래 통화하는 게 아니냐고 다정한 목소리로 일깨워 주었다. 그러나 그 부모는 아이의 통화 시간을 임의로 제한하지도 않았고 전화를 너무 오래 쓴다고 나무라지도 않았다. 부모가 부드럽게 타일렀음에도 패트는 늦게까지 통화하다가 숙제를 미루는 바람에 결국 좋은 성적을 받지 못했다.

패트는 저녁 내내 통화를 하더라도 남은 시간에 얼마든지 숙제를 훌륭하게 끝마칠 수 있다고 믿었다. 이때 패트 부모는 패트 스스로 자기 생각이 비현실적인 것이었음을 알 수 있도록 시간 여유를 주었다. 그러자 패트도 부모가 더 나은 선택을 하도록 도와주려 한다는 것을 자연스럽게 알아차렸고, 스스로 저녁 시간 계획을 세우기 시작했다. 다음날까지 제출해야 할 중요한 숙제가 있는데 계속해서 전화 통화를 하고 싶다는 생각이 들 때는 친구에게 숙제를 다 끝마친 후에 다시 전화를 걸겠다고 말했다.

패트의 행동에 대해 부모가 어떻게 되는지 두고 보자는 식으로 대했다면 패트의 행동은 조금도 달라지지 않았을 것이다. 부모는 벌을 주거나 요구를 거절하는 일 없이, 아이 스스로 행동을 변화시킬 수 있도록 곁에서 도와주어야 한다. 아이는 자기 행동의 결과 좋지 못한 경험을 하게 될 수도 있다는 사실을 알게 되면 자연스럽게 변화될 것이다.

그러나 배고파 울던 6개월짜리 아기에게 우유를 물려 주었던 것처럼 지금도 똑같이 대해 주는 것이 바로 스마트 러브다. 청소년기라는 발달 단계에 너무 얽매이지 말자. 청소년기 아이들에게도 여전히 부모의 애정 어린 관심이 필요하다. 부모가 엄하게 대하고 요구를 거절한다면 성장에 아무런 도움이 되지 못한다.

부모가 복종을 강요하지 않으면서 욕망 충족의 여건을 마련해 준다면, 청소년들은 건설적으로 선택하고 또 효과적으로 그 선택을 지켜 나가는 법을 배우게 된다. 스마트 러브의 지침을 따른다면, 보람된 삶을 살아가도록 도와주고 싶어하는 부모의 마음을 아이에게 보여줄 수 있다. 다시 말해 아이들은 위험하거나 강요되고 속박된 상황에 놓일 때 부모가 방관하고 있다고 여기지 않게 될 것이다.

청소년기 아이에 맞는 규칙과 규제

청소년기 아이들에게 너무 많은 규칙과 규제를 가하는 것은 좋지 않다. 건강이나 안전과 관련되는 문제가 아니라면 조금씩 양보한다. 옷이나 음식 등에 대해 규칙을 정해 놓는다면, 아마 아이와 사사건건 부딪치게 될 것이다. 10대라면 정해진 시간까지 귀가하고, 술 마신 친구가 운전하는 차에는 타지 않으며, 규제하는 식품이나 의약품을 피하는 등 안전과 건강에 관련된 규칙이 무엇인지 잘 알 것이다. 아이는 이러한 규제들이 타당성 있고 그 속에서 보호받을 수 있다는 걸 알기 때문에 투덜거리면서도 그 울타리 속에서 안도감을 느낄 것이다. 아이와 함께 의논해서 규칙을 정해 나간다면 더 효과적일 것이다. 주말 저녁에는 몇 시까지 귀가해야 한다고 생각하는지 직접 물어 본다면, 대부분의 10대들이 적당한 귀가 시간을 제시할 것이다. 규칙을 세워 나가는 과정에 참여한다면, 아이들도 기쁜 마음으로 규칙을 지켜 나갈 것이다.

만약 10대 아이가 같이 의논해서 세운 건강과 안전의 규칙을 깨뜨린다면, 어떻게 하는 것이 가장 건설적인 방법인지 아이에게 물어 본다. 10대들은 논리적인 사고를 할 수 있으며, 부모가 동의할 수 있는 해결책을 찾아내게 되었을 때 자신도 놀란다. 한 10대 아이는 집에 돌아와야 할 시간이 한 시간이나 지났는데도 부모에게 늦는다는 전화조차 하지 않았다. 부모가 앞으로 어떻게 하겠느냐고 묻자, 아이는 다음 번에는 스스로 긴장감을 가지기 위해 돌아오기 한 시간 전쯤에는 꼭 전화를 걸겠다고 대답했다.

••• 보상이나 벌은 피하라

아이가 미숙한 행동을 하지 않도록 보호할 필요는 있지만, 아이에게 훌륭한 선택을 강요하면서 보상이나 벌을 사용하지는 말아야 한다. 성장의 욕구가 제대로 충족된 아이들은 긍정적인 경험을 선호하며 자학적인 욕망을 가지지 않는다(그러나 때로는 전능한 자아의 과장된 주장 때문에 곤란한 상황에 빠질 수도 있다).

그러므로 아이의 행동을 유도하기 위해 보상을 해주거나, 이미 자기를 불행하게 만드는 행동이 무엇인지 알고 있는 아이를 굳이 단련시키려 할 필요는 없다. 내적 불행을 가진 아이라면, 스마트 러브로 도와줄 수 있다.

스마트 러브는 아이에게 건설적인 선택을 하도록 동기를 부여해 줄 것이다. 보상을 주거나 벌을 가함으로써 청소년기 아이들의 행동을 통제하려 한다면, 안정된 이차적 행복을 성취하고 효과적으로 자기 자신을 통제해 나가는 과정에 걸림돌이 될 뿐이다.

아이가 중요한 규칙이나 규제를 어긴다면, 건강과 안전을 유지하는 범위 내에서 제한 수위를 조절하는 것이 좋다. 큰 잘못을 저지른 게 아니라면 벌을 주거나 제재를 가하지 않는다. 아이가 약속 시간을 넘겨 집에 돌아왔다고 해서 전화 통화를 못하게 한다면, 부모가 자기에게서 좋아하는 것을 빼앗아간다고 여길 것이다. 계속해서 약속 시간 안에 돌아오지 않는다면, 직접 아이를 데리러 갈 수도 있다.

아이가 잘못을 저지를 때 벌을 주는 것이 목적은 아니다. 부모가 곁에 없을 때에도 자기 자신을 잘 돌볼 수 있는 사람으로 발전시켜 주는 것이 진정한 목적이다. 아이가 최선의 선택을 하고 싶어할 때 부모가 곁에서 도움을 준다면 아이는 더 쉽게 이 목표에 도달할 것이다.

청소년기 아이들이 보상을 바라거나 벌을 피하려고만 한다면, 부모를 기쁘게 해주고 싶은 마음이 들더라도 전혀 다르게 행동할 수 있다. 건설적으로 선택하고 그 선택을 잘 지켜 냈을 때 가장 만족스러운 이차적 행복에 도달한다는 것을 서서히 인식해 나가도록 아이를 도와야 한다. 그러나 벌이나 보상을 준다면 그런 인식을 갖게 할 수 없다.

"피아노 연습하면 자동차 쓰게 해줄게"

베스 아빠는 악기를 제대로 배운 적이 없어 늘 미련이 남았다. 딸 베스가 몇 년 동안 받아온 피아노 수업에 싫증을 내며 연습을 게을리하자, 아빠는 무척 실망이 되었다. 아빠는 베스가 열심히 연마해 온 솜씨를 잃게 될까 봐 조바심이 났다. 그래서 딸에게 이제껏 갈고 닦아 온 실력을 유지하는 것이 얼마나 중요한 일인지 일깨워 주려고 무진 애를 썼다.

그런데도 베스가 연습을 꾸준히 하려 하지 않자, 아빠는 보상을 약속하면서라도 베스의 관심을 붙잡아 두려고 했다. 베스가 주중에 피아노 연습을 빼먹지 않으면, 토요일에 자동차를 써도 좋다고 약속한 것이다.

주말마다 자동차를 쓰고 싶었던 베스는 연습 시간을 꼭 지켰다. 그러다 보니 피아노 연습은 어느새 자동차를 이용하기 위한 수단이 되었을 뿐 베스는 여전히 피아노에 흥미를 갖지 못했다. 베스는 시계만 뚫어져라 쳐다보면서 기계적으로 연습에 임했다. 자연 베스의 피아노 연주는 자연스럽지도 섬세하지도 않았다. 베스의 연주를 들으면서 보상을 제시하는 방법이 효과가 없다는 걸 깨달은 아빠가 우리에게 상담을 해왔다. 연습을 시키기 위해 보상을 줄 경우 오히려 역효과만 날 뿐이라는 베스 아빠의 결론에 우리도 동의했다. 우리는 아빠에게 딸과 진지하게 대화를 나눠 보라고 권했다. 베스가 하고 싶어하지 않는데도 보상을 준다며 피아노 연습을 계속 시키려 했던 아빠 생각이 좋지 않았으며, 아빠는 피아노 공부가 훌륭한 기회라고 믿고 있지만 어디까지나 중요한 것은 베스의 선택이며, 그만 두고 싶을 때면 언제든 마음 편하게 아빠에게 얘기해 달라는 등의 얘기를 나눠 보라고 했다.

베스는 아직도 피아노 연습이 즐겁긴 하지만, 요즘음엔 자기만의 시간이 많이 필요해서 매일매일 연습하는 게 힘들었다고 털어놓았다. 베스도 연습을 그만 두고 싶지는 않으니 격주에 한 번씩만 연습을 하게 해준다면, 연습하는 횟수는 줄어들더라도 계속해 나갈 수 있을 것 같다고 말했다. 아빠는 베스의 의견을 존중해 주었고, 꾸준히 연습한 덕분에 베스의 피아노 연주 실력은 향상되어 갔다. 베스의 피아노 연주는 자기 자신은 물론 가족과 친구들도 기쁘게 했다.

청소년기 아이에게 부모의 지도가 필요할 경우, 걸음마 단계 아기를 보살필 때와 마찬가지의 사랑과 관심으로 대해 주려고 노력해야 한다. 청소년기 아이는 부모의 도움 없이 스스로 결정을 내려야 할 때가 많으므로 그만큼 실수도 많다는 걸 기억하자. 자칫 전능한 자아의 힘에 이끌려 자기는 어떤 상황에서도 실수하지 않을 것이라는 생각에 휩싸이지 않도록 꼼꼼하게 보살펴 주는 것이 좋다.

성관계를 갖고 싶어하는 10대들

상담사례

고등학생인 팀이 어느 날 부모에게 멋진 여학생을 만나 사랑에 빠졌다고 고백했다. 그 후로도 몇 달 동안 팀은 사랑으로 들뜬 감정을 부모에게 계속 털어놓았다. 어느 날 저녁 가족이 한자리에 앉아 얘기를 나누다가, 팀이 문득 혼전 성관계에 대한 부모의 의견을 물었다. 언젠가는 팀이 이런 질문을 해오리라 예상했던 부모는 우리와 이미 상담을 나눈 뒤였다. 부모가 그 문제가 요즘 고민거리냐고 팀에게 묻자, 팀은 고개를 끄덕였다. 일반적인 생각으로는 팀 나이라면 좀더 나이가 들 때까지 기다렸다가 성관계를 가지는 것이 좋다고 보나, 10대들 중에는 욕구가 너무 강해서 참지 못하는 아이들이 많은 것 같다고 얘기해 주었다. 그러자 팀은 자기도 후자에 더 가까운 것 같다고 말했다.

부모는 팀이 그들에게 솔직하게 얘기해 줘서 기쁘며, 정 기다리지 못할 것 같으면 꼭 피임 기구를 사용하라고 말했다. 그러면서 피임의 중요성을 강조했고, 성관계를 통해 감염되는 질병의 위험성(상대방이 감염된 상태일 수도 있고, 전혀 그런 사실을 모르고 있을 수도 있다. 연구 발표를 보더라도, 대부분의 사람들은 감염된 사실을 알면서도 사실대로 얘기하지 않는 경우가 많다. 혈액 검사를 통해 진단해 볼 수 있지만, 그것도 늘 정확한 것은 아니다 등)에 대해서도 지적해 주었다.

팀은 진지하게 귀를 기울였고, 원치 않는 임신이나 성관계를 통해 감염되는 질

> 병의 위험을 자초하는 일이 없어야 된다는 부모의 의견에 동의했다. 팀은 여자 친구와 함께 검사를 받아야 되며, 성관계를 통해 감염되는 질병, 특히 에이즈 바이러스에 대해서는 재검사를 받아야 될 것 같다고 말했다. 만약 둘 다 부정적인 결과가 나온다면, 틀림없이 피임 기구를 사용하겠노라고 말했다. 부모는 팀의 현명한 판단을 칭찬해 주었다.
> 만약 아이가 혼전 성관계를 죄스럽게 여기거나 절대 있어서는 안 될 일로 여긴다면, 그 아이의 부모가 분명 다른 반응을 보였기 때문일 것이다. 그 부모는 아들에게 가족의 가치 기준을 지켜야 한다고 갖은 노력을 다해 설득하려 했을 것이다.

성장의 욕구가 제대로 충족된 10대들은 청소년기에 맞이하게 될지도 모르는 위험 요소들에 대해 조심스러운 태도를 보인다. 전능한 자아는 유해한 약품을 입에 대더라도 위험에 빠지는 일이 없을 거라고 부추길 것이다. 그러나 아이들 대부분은 그 문제에 대해 부모와 의논하고 싶어할 것이며, 부모의 경험과 지혜를 빌릴 때 훨씬 커다란 기쁨을 경험하게 될 것이다. 만약 청소년기 아이들이 부모의 지도를 요청하는 일이 뜸해진다면, 아이와 함께 대화를 나누고 싶어하는 부모의 마음을 끊임없이 보여줄 필요가 있다.

••• 맡은 일 끝내기

청소년기 아이들이 해야 할 일을 제때 하지 않을 때 부모와 종종 충돌하게 된다. 부모보다 키가 크고 힘이 세더라도, 아이는 여전히 성장 과정에 있다는 것을 기억해야 한다. 아직도 전능한 자아는 문득문득 자기가 원하는 때에 무엇이든 할 수 있다고 믿고 있다. 이는 아이들의 발달 과정에서 생겨나는 자연스러운 특성이며, 곧 부모가 아이 나이에 맞게 현실적인 기대치를 설정할 필요가 있다는 것을 뜻한다. 일을 도와주는 문제에 대해서도 아이와 대화를 통해 결정하는 것이 필요하다.

청소년기 아이들에게는 집이나 농장, 사업과 관련된 일을 맡겨 볼 수 있다. 늘 해야 할 일이 많은데도 아이가 전능한 자아를 좇아 좋아하는 일만 하려 드는 건 아닌지 주의깊게 지켜본다. 어른들 중에도 설거지보다는 요리하기를 더 좋아하는 사람이 있듯이, 아이들도 자기가 선호하는 것들이 있게 마련이므로 싫어하는 일을 억지로 시켜서는 안 된다.

게다가 청소년기 아이들은 주의가 산만하고 자기가 해야 할 일을 잘 잊어버리므로 아이가 자기 일을 놓치지 않고 무사히 끝낼 수 있도록 도와주는 것이 좋다.

상담사례

스마트 러브로 집안일 돕게 하기

10대에 책임감을 심어 주어야 한다고 생각한 네드의 부모는 일요일 밤마다 네드에게 다음 주중에 해야 할 일들을 정해 주었다. 지하실 청소하는 일도 네드가 해야 할 일 중 하나였다.

금요일 저녁이 되었는데도 그때까지 지하실 청소를 하지 않고 그대로 내버려 둔 것을 본 아빠가 "지하실 청소는 언제 할 거니? 벌써 금요일이잖니?"라고 네드에게 말했다. 막 파티에 가려던 네드는 "제가 알아서 할 게요. 걱정 마세요"라고 대답했다. 아빠가 "글쎄다. 내일 저녁때까지 지하실 청소가 돼 있지 않으면, 주말에 친구들이랑 놀 생각은 아예 말려무나"라고 말하자, 네드는 버럭 성을 내더니 문을 쾅 닫고 나가 버렸다. 네드는 다음날 내내 기분이 엉망이었고, 친구 만나러 나갈 시간이 가까워서야 씩씩거리면서 청소를 했다.
아들과 계속 마찰이 빚어지자 걱정이 된 네드의 부모가 우리에게 상담을 의뢰했다. 상담을 통해 외모는 어른처럼 보이지만, 아직도 아들에게 어린아이 같은 면이 있다는 걸 알게 된 네드의 부모는 그 후로는 다른 태도로 아이를 대했다. 일요일에 할 일을 부모가 정해 주는 것이 아니라 아이에게 직접 다음 주 중에 하고 싶은 일을 선택하라고 한 것이다.

네드는 첫 번째 주에는 잔디 깎는 일을 선택했다. 하지만 금요일이 되었는데도 잔디는 여전히 그대로였다. 아빠가 "아직 잔디 깎을 시간이 없었나 보구나. 내일 오후에 제초 작업을 할 생각인데, 그때 너도 함께 잔디 깎으면 어떻겠니?"라고 묻자, 네드는 "내일 오후엔 진짜 보고 싶은 야구 경기가 있어요. 오전에 하면 어때요?"라고 대답했다. 아빠는 그것도 괜찮을 것 같다고 말했다. 두 사람은 아침에 나란히 함께 일을 했고, 점심 먹기 전에 모든 일을 마무리했다.

아이는 내 인생의 특별한 친구

아이가 청소년기를 거치는 동안 부모도 발달 과정을 경험하게 된다. 부모들은 20여 년 동안 아이 돌보기에서 기쁨을 찾아 왔지만, 이제 아이들은 스스로 자신을 돌볼 수 있을 만큼 훌쩍 자랐다. 부모는 육아에서 얻는 기쁨 대신, 점점 더 다정하고 성실하며 유쾌하고 매력적인 친구 같은 관계에서 만족을 추구하게 된다. 아이에게 지속적인 내적 행복이라는 선물을 주었다면, 아이는 그 성취감을 안고 살아갈 수 있을 것이다.

내적 행복을 가진 아이들은 다가올 삶에서 어떤 시련과 고난에 부딪치더라도 당당하게 이겨낼 수 있다. 내적 행복을 안고 살아가는 아이들을 보면서 부모도 육아에서 얻은 만족감을 오래도록 유지할 수 있을 것이다.

청소년기가 지난 후에도 계속해서 부모의 지도가 필요하지만, 그때쯤 되면 아이는 부모를 특별한 친구나 지혜롭고 믿을 만한 조언자로 여기게 된다. 뿐만 아니라 부모 또한 조금씩 아이들에게서 우정을 느끼고 조언을 구하게 될 것이다. 부모는 본능적으로 아이들의 욕구를 충족시켜 줄 수 있는 능력을 갖고 있으며, 아이들 역시 부모의 특별한 사랑을 받아들일 준비가 되어 있다. 아이에게 스마트 러브의 지침을 따라 사랑의 선물을 준다면, 그 과정에서 평생을 함께 할 친구를 사귀게 될 것이다. 아이는 지속적인 내적 행복이라는 최고의 선물을 받게 될 것이며, 다정하고 헌신적인 부모를 친구로 맞이하는 영광을 덤으로 얻게 될 것이다.

내적 불행을 가진 청소년기 아이를 위한 스마트 러브

내적 불행을 가진 청소년들은 부모에게 조언을 구하거나 부모가 제시하는 조언대로 따르기가 훨씬 힘들다. 부모가 아이들을 이해하지 못하고 아이의 욕구를 충족시켜 주지 못할 경우, 아이는 부모와의 관계에서 친밀감을 느끼지 못한 채 성장하게 된다. 또한 자기도 모르게 자신을 불행하게 만들고 싶다는 욕구를 발전시킬 것이며, 그 결과 위험한 상황을 자초하게 될 것이다.

• • • **자학적인 행동**

10대들의 자학적인 행동(위험을 무릅쓰고 규제하는 식품이나 의약품을 가까이 하고, 거식증이나 과식증 증세를 보이는가 하면, 학교에서는 낙제하거나 친구들의 웃음거리가 되고 공격성을 자극시키는 등) 때문에 부모들이 당황할 때가 종종 있다. 행복하게 해주려고 그토록 노력했는데, 왜 아이가 자기 자신을 괴롭히려고 하는지 부모들은 도무지 이해할 수 없다. 아이는 내적 평정을 유지하기 위해 자기도 모르는 사이에 자학적인 경험을 원하기도 한다. 그런 사실을 알고 있는 부모라면, 아이가 왜 자학적인 행동을 쉽게 멈추지 못하는지 이해할 수 있을 것이다. 또한 아이의 기본적인 권리를 제한하는 등 가혹한 태도를 보인다면, 스스로 가해하고 싶은 생각이 점점 더 심해지기만 할 것이라는 사실도 이해할 것이다.

> 상담사례
>
> ### 부주의한 아이 안전하게 돌보기
>
> 열네 살인 켈시는 자전거와 롤러 블레이드를 타다가 뼈에 금이 간 적이 있다. 그런데도 켈시가 조심할 생각을 하지 않고 여전히 부주의한 행동을 일삼자, 부모가 우리를 만나러 왔다. 부모는 켈시가 스키를 타러 갈 계획이라고 말했을 때 특히 걱정이 심해졌다. 켈시가 스키에 관심을 가지는 것은 건설적인 기쁨(밖에 나가 운동을 하면서 느끼는 즐거움)을 경험하고 싶은 욕망의 표시이자, 불쾌한 경험(자기도 모르는 사이에 자신을 다치게 하고 싶다는 욕구)을 하고 싶다는 욕망의 표현이다. 우리와 대화를 나누는 과정에서 그 사실을 깨닫게 된 켈시 부모는 아들과 대화를 나눠 보기로 결심했다. 부모는 무리하게 스키를 타다가 심각한 사고를 당하기라도 할까 봐 걱정이 된다고 하면서, 켈시가 스키 강습에 참가할 의사가 있다면 주말마다 집 가까이 있는 스키 연습장에 데려다 주겠다고 약속했다. 스키 강습을 받으면 아이의 스키 실력도 향상될 것이고, 전문가가 어느 정도의 속도로 달려야 하는지, 어떤 곳에서 연습해야 안전한지 판단해서 지도해 줄 것이므로 안전을 보장받을 수 있을 것이다. 켈시도 부모의 의견에 동의해 다치는 일 없이 스키 실력을 연마할 수 있었다.

스마트 러브로 즐거운 여름 방학 보내기

킴이 말썽을 일삼는 친구들과 여름 방학을 보내겠다고 하자, 걱정이 된 킴의 부모가 상담을 요청했다. 우리는 킴이 그림 그리기를 무척 좋아하니까 미술 교실에 아이를 보내는 게 어떻겠느냐고 제안했다. 부모는 킴이 관심을 보이기만 한다면, 기꺼이 원하는 강좌를 찾아 등록해 주겠다고 킴에게 약속했다.

킴은 처음에는 어떤 강좌에도 관심을 보이지 않았다. 얼마 후 데생 강좌에 호기심을 나타내긴 했지만, 등록하겠다고 선뜻 나서지는 않았다. 그 모습을 지켜보던 엄마가 내일 신청서를 제출할 생각이 있는지 킴에게 물어 보자, 킴은 그렇게 하겠다고 대답했다. 엄마는 매일 출근하는 길에 킴을 미술 교실까지 태워다 주겠다고 제안했다. 덕분에 킴은 바쁘고 생산적인 여름을 보냈으며, 그림 솜씨도 많이 좋아졌다. 방학이 끝나고 다음 학기가 시작되었을 때, 킴은 반 친구들과 선생님들로부터 그림 솜씨가 좋다는 칭찬을 많이 받았다. 뿐만 아니라 미술에 관심을 가진 친구들도 많이 사귀게 되었다.

킴의 부모는 아이가 자기도 모르는 사이에 말썽을 일삼는 친구들과 함께 보내면서 자학적인 기쁨을 얻고 싶어한다는 것을 이해했다. 그 때문에 킴이 처음에 미술 교실에 흥미를 보이지 않았다 하더라도 쉽게 단념하지 않았다. 또한 아이에게 화를 내지도 않았고, 자기 스스로 강좌 선택이며 등록을 처리하지 못해 머뭇거릴 때에도 책임감을 가져야 한다는 등의 훈계를 늘어놓지 않았다. 킴의 부모는 킴이 스스로 선택할 수 있도록 여건을 조성해 주면서, 아이가 여름 방학 동안 파괴적인 기쁨이 아니라 건설적인 기쁨을 느낄 수 있도록 자상하게 이끌어 주었다.

아이가 자학적인 행동을 보일 때 아이를 더 불행하게 만드는 부모라면 (새 자전거를 망가뜨린 아이에게 방과후 축구 경기에 참여하지 못하도록 막는 등), 자신을 불행하고 만들고 싶어하는 아이의 욕구만 부추기게 될 뿐이다. 반대로 사랑의 규제로 대하는 부모들은 아이들에게 해로운 일이 아니라면 무엇이든 하도록 허락해 주고, 또 아이를 보호하기 위해 아낌없이 사랑을 베풀며, 절대 아이에게 벌을 주지 않을 것이다.

••• 엄격한 사랑은 불행하다고 느끼는 아이들에게 해가 된다

아이들이 상습적으로 대담한 비행(술을 마시거나 마약을 하거나 밤새 집 밖으로 나돌거나 수업에 빠지는 등)에 가담할 때 부모들은 가장 당혹스럽고 난감해진다. 10대 아이들이 말썽을 피울 때는 엄격한 사랑으로 다스려야 한다고들 하지만, 그 결과는 아이들을 더 불행하고 힘겹게 만들 뿐이다. 그러나 스마트 러브에 따라 사랑의 규제로 대한다면, 청소년기 아이들을 안전하게 보호하는 것은 물론 건설적인 기쁨을 추구하도록 도울 수 있다.

말썽을 일삼는 아이들에게 너무 다정하게 대해 주면 아이 버릇만 더 나빠질 뿐이라는 통념 때문에 까다로운 아이를 엄격한 사랑으로 바로잡으라는 충고가 나온 것이다. 이 충고대로 하면 부모들은 아이들이 궁지에 빠지더라도 도와주어서는 안 된다(아이가 구속됐다 하더라도 보석금을 내주지 말아야 한다). 10대 아이들이 반사회적인 행동을 계속한다면, 아이가 마음을 고쳐먹을 때까지 집 안에 들이지 말아야 한다고 충고하는 사람들도 있다.

엄격한 사랑을 옹호하는 사람들은 말썽을 일삼는 아이들(마약을 하고, 학교를 빼먹고, 도둑질을 하고, 어른들에게 대들거나 폭력적이어서 평범하게 함께 어울려 살아가기가 힘든 아이들)의 부모에게 엄격하고 무조건적인 규칙을 정하라고 말한다. 만약 아이가 그 규칙들을 준수하지 않는다면, 기본적인 권리를 박탈해 버리든지 아예 집에 들어오지 못하도록 열쇠를 바꿔 버리는 등 단호하게 대처하라고들 한다. 엄격한 사랑의 이면에는 아이를 진정으로 사랑하는 부모라면 아이가 제멋대로 행동하지 않도록 강경한 태도를 취해야 한다는 생각이 자리잡고 있다. 다시 말해 아이에게 계속 가정의 안정과 편리를 누리게 해주어서 아이의 나쁜 행실을 북돋아 주는 것보다는 아이를 잃는 것이 오히려 더 낫다는 의미가 된다.

그러나 엄격한 사랑은 전적으로 잘못된 판단이며, 인간의 본성에 대한 비관적이고 잘못된 이해에서 비롯된 것이다. 그 사랑을 실제에 적용한다면, 10대 아이들은 물론 부모들까지 겪지 않아도 될 쓰라린 고통에 빠지게 될 것이다. 엄격한 사랑을 옹호하는 이들은, 모든 아이들은 금지된 욕망을 만족시키기 위해 본능적으로 부모를 제 마음대로 조종하고 싶어하므로 부모들은 아이들의 이런 행동을 막기 위해 늘 경계해야 한다고 생각한다. 뿐만 아니라 아이들이 긍정적이고 순수한 동기를 가졌을 때조차 늘 의심해 보라고 부추긴다. 엄격한 사랑을 옹호하는 이들은, 부모들이 말썽을 피우는 아이들에게 가정이라는 특혜를 누리게 하면 10대들의 탈선을 부추기는 꼴이 된다고 믿는다.

그러므로 부모들이 더 이상 미온적으로 대응하지 않고 10대들에게 반사회적인 행동과 가정 둘 중 하나를 선택할 수밖에 없도록 몰아붙인다면, 결국 구제가 가능한 아이들은 가정을 선택하게 될 것이라고 주장한다.

그러나 우리는 이 결론을 뒷받침할 만한 아무런 근거도 찾지 못했다. 부모가 엄격한 사랑으로 대한다면, 아이들은 부모가 자신에 대해 부정적이고 비판적이며 자기를 신뢰하지 않는다고 생각하게 된다. 부모가 아이의 행동을 못마땅하고 의심스러운 눈초리로 바라본다면, 아이들이 안간힘을 써서 억누르려고 하는 행동들을 오히려 더 부추기는 결과를 가져올 것이다. 아이들은 내적 행복을 위해 오히려 불쾌한 경험을 하고 싶어하는 욕구에 휩싸일 것이기 때문이다.

엄격한 사랑은 아이들이 매우 부정적인 본성을 타고났다는 관점에 근거한다. 부모들이 아이들을 구제하기 위해 엄격한 사랑을 택한다면, 분명 아이들을 희생시키려고 작정하는 것일 게다. 엄격한 사랑을 옹호하는 이들은 아이들을 바로잡기 위해 기꺼이 희생을 감수할 때 비로소 가장 숭고하고 사심 없는 부모의 사랑이 구현된다고 말한다.

상담사례

"캐빈이 자살을 선택하더라도 어쩔 수 없어요"

엄격한 사랑이 얼마나 위험한지를 보여주는 대표적인 예로 대마초를 피우는 아이를 둔 한 엄마를 들 수 있다. 그 엄마는 엄격한 사랑의 지침을 따른 결과, 아이의 행동을 걷잡을 수 없다고 결론지었다. 아이가 마약을 하고 담배를 피우고 낙제 점수를 받아와도 속수무책이었다는 것이다. 그 엄마는 아들에게 "네게 마지막 선택 기회를 줄게. 다 너를 사랑하기 때문에 이러는 건 줄이나 알아. 마약에서 손을 떼든지 아니면 집에서 나가거라!"고 말했다. 이렇게 최후통첩을 하면서 아들이 다시 바른 길로 되돌아오리라는 보장도 없고, 설령 마약으로 자살하겠다고 해도 그대로 내버려둘 수밖에 별 도리가 없다고 결론지어 버렸다.

10대 아이들이 부모의 바람대로 변화되지 않고 급기야 가정을 뛰쳐나가더라도, 엄격한 사랑을 옹호하는 이들은 그 부모의 행동이 적절했다고 생각한다. 엄격한 사랑의 관점에서 보면, 아이가 집을 뛰쳐나가는 것은 부모가 아이의 행동을 강력하게 저지하지 못하고 아이에게 강력한 영향을 끼치지 못했기 때문에 빚어진 당연한 결과일 뿐이다.

엄격한 사랑으로는 아무런 효과도 거둘 수 없다. 이것이 바로 엄격한 사랑의 가장 심각한 결점이다. 외적으로 행동에 제재를 가하는 것은 억압적인 정치에 대한 시민들의 불만을 통제하는 것과 똑같은 방식으로 10대 아이들을 변화시키려는 것일 뿐이다. 제재를 가한다면, 기껏해야 낮은 수위의 협조를 약속하며 잠정적으로 뒤로 물러서 있거나 억압에 못 이겨 마지못해 타협하게 될 뿐이다.

최악의 경우, 공공연한 저항이나 혁명을 초래할 수도 있다. 외적인 제재를 가하면 10대 아이들은 오히려 불쾌한 경험으로 관심을 돌리고 싶어하지, 건설적인 기쁨에서 행복을 찾으려 하지 않을 것이다. 이와 반대로 아이들이 가장 바람직한 형태의 행복을 표출하면서 적극적이고 자유롭게 건설적인 기쁨을 선택하도록 도와준다면, 그때 비로소 아이들에게 진정한 변화가 일어날 것이다. 이것이 바로 스마트 러브다.

••• 엄격한 사랑보다 스마트 러브가 더 효과적인 이유

엄격한 사랑이나 스마트 러브 모두 부모들이 10대 아이들의 비행을 부추겨서는 안 된다는 전제에서 출발한다. 엄격한 사랑에 따르면, 말썽을 부리는 아이에게 관심을 쏟는 것은 오히려 아이의 잘못된 행동만 부추길 뿐이므로 아이에게 친근하고 부드럽게 대하고 싶을 때에도 부모는 늘 경계해야 한다. 그러나 스마트 러브의 관점에서 보면, 아이가 자학적이고 반사회적인 행동을 한다 할지라도 그 행동이 10대 아이들이 추구하는 욕망의 전부가 아니며, 아이들이 본능적으로 그러한 행동에 끌리는 것은 더더군다나 아니다.

우리는 엄격한 사랑, 즉 아이들의 비행을 바로잡기 위해서는 강제로라도 부모의 지침에 따르도록 엄격하게 통제하는 방법밖에 없다고 보는 관점에 반대한다. 부모가 사랑으로 대하지 않는다면, 아이들은 점점 더 자학적인 욕구에 깊이 사로잡히게 될 것이다.

스마트 러브의 관점에서 보면, 10대 아이들이 비행과 자학적인 행동을 극심하게 드러내보인다 하더라도 아이들은 언제나 건설적인 기쁨에 근거한 내적 행복을 추구하고 싶어한다. 부모와의 관계에서 긍정적인 경험을 쌓아 간다면, 건설적인 욕망이 더 강해질 수 있다.

"매를 아끼면 자식을 망친다"는 옛 속담에 얽매여 아이들에게 엄한 태도로 접근해야 한다는 생각이 아직도 널리 받아들여지고 있다. 그러나 스마트 러브는 무책임한 방종을 부추기는 것도 아니며, 불행하다고 느끼는 10대 아이들의 자학적이고 반사회적인 욕구를 그냥 못 본 척 넘기라고 말하는 것도 아니다. 스마트 러브로 대하는 과정에서 부모는 아이의 문제가 무엇인지 인식하게 되고, 아이를 보호하기 위해 사랑의 규제를 적용하게 된다. 그와 동시에 아이들과 정감 있고 안정적인 관계를 유지하게 된다.

말썽을 피우는 아이들에게 사랑의 규제로 다가간다면 아이와 허심탄회하게 대화를 나누고, 학교에 데려다 주고 숙제도 도와주며, 필요하다면 심리 치료를 해주는 등 구체적인 노력을 기울일 수 있다. 시간이 흐름에 따라 아이들은 자연스럽게 자학적이고 반사회적인 활동을 멀리하면서 기쁨을 경험하게 되겠지만, 처음에는 그 기쁨에 반감을 드러낼 수도 있다는 사실을 유념해야 한다. 이 사실을 염두에 둔다면, 아이들이 새롭게 거듭나는 과정에서 좌절한다 하더라도 현명하게 대처할 수 있을 것이다.

자기 비판에 빠지거나, 노력을 기울였는데도 아이의 행동만 더 삐뚤어지고 말았다고 섣불리 속단해서는 안 된다. 불쾌한 경험을 통해 내적 평정을 찾고 싶어하는 아이의 욕구가 강해지더라도, 아이가 진정 긍정적인 내적 행복을 가지고 싶어하도록 끝까지 최선을 다하겠다는 태도로 대한다면 아이들은 분명 소중하고 성숙한 경험을 하게 될 것이다.

9장
특수한 환경에서 자라나는 아이들

이번 장에서는 특수한 가정에서 생기는 문제들에 대해 살펴보고자 한다. 이 문제들은 따로 떼내어 광범위하게 논의해 볼 필요가 있으나, 지면이 한정된 관계로 일반적인 지침만이라도 제공하려 한다.

입양된 아이를 위한 스마트 러브

입양을 다룬 연구들 대부분은 태어나자마자 입양된 아이라 할지라도 친부모를 모르고 자라나는 경우 심각한 상처를 받는다고 가정한다.

그러나 이러한 가정은 어디까지나 양육 그 자체를 잘못 이해한 데서 나온 것이다. 양육은 단 한 번에 완성되는 출산과 달리, 끊임없이 사랑과 관심을 베푸는 행위다. 양부모가 세심한 사랑으로 욕구를 충족시켜 주었다면, 입양된 아이들도 친부모 밑에서 정서적인 욕구를 충족하며 자라난 아이들과 똑같이 안정적이고 만족스럽게 내적 행복을 발전시킬 수 있다. 즉 입양한 아이도 부족함이 없는 완전한 사랑을 느끼게 된다는 것이다. 성장 욕구가 제대로 충족된 아이라면, 친부모에게 버림받았다는 생각 때문에 괴로워하지 않을 것이다. 이 경우에도 아이들은 친부모를 만나고 싶어하긴 하겠지만, 결핍감을 채우려고 그런 바람을 가지는 것은 아니다.

••• 아이에게 언제, 어떻게 입양된 사실을 말해 줄 것인가

아이에게 언제, 어떻게 입양된 사실을 말해 주는 것이 좋은가라는 문제에 대해서는 여전히 의견이 엇갈린다. 출생과 입양 사실을 밝혀 주는 시기는 아이의 욕구가 발달되는 추이에 따라 결정하는 것이 바람직하다. 이것이 스마트 러브다. 사람들이 흔히 걱정하는 것과 달리, 입양된 사실을 모르는 상태로 유아기, 걸음마 단계, 취학 전 단계를 거친다면 아이에게 아무런 지장도 없다. 아이의 일차적 행복이 안착될 때까지 기다렸다가 친부모의 존재를 알려 주는 편이 실제로는 더 낫다.

갓난아기 때 입양된 아이들은 자기의 출생에 대해 질문을 던지지 않는 편이다. 그러나 손위 형제나 친척, 또는 특별한 정황(가족들과 생김새가 아주 다르다는 등)을 통해 입양 사실을 알게 된 아이들은 어린 나이에도 자기 출생에 대해 궁금증을 가지게 된다.

아이가 자신의 출생에 대해 들을 준비가 될 때까지 기다렸다가 입양 사실을 말해 주는 것이 가장 바람직하다. 이것이 바로 스마트 러브다. 그때가 되면 아이가 입양된 사실을 알게 되더라도 화살을 자기 자신에게 돌리지는 않을 것이다.

어느 날 아이가 "엄마, 나도 엄마 뱃속에 있을 때 발길질이 심했어요?" 하고 물어 오면 최대한 간명하게 대답한다. "발길질을 하진 않았어. 너는 다른 뱃속에 있었거든. 너를 낳아 준 분은 우리에게 네 부모가 되어 달라고 했단다"라고 대답한 후, 아이가 어떤 반응을 보이는지 한동안 지켜본다. 몇 달이 지난 후에야 그 사실을 자세하게 알고 싶어하는 아이가 있는가 하면, 그와 달리 그 자리에서 더 자세하게 알고 싶어하는 아이도 있을 것이다.

경우에 따라서는 입양 사실을 완전히 무시하면서 감정적 부담을 떠안게 한 그 사실을 받아들이려 하지 않을 수도 있다. 한 엄마는 아이가 잘 알아듣게끔 자상하게 입양 사실을 말해 주었다. 그런데 다음날 아이는 "엄마 뱃속에 있던 때가 기억나요. 그곳은 무척 어두운 곳이었어요"라고 말했다. 다행스럽게도 양부모는 아이가 사실을 외면하려 하거나 깊이 상처받지 않았다는 것을 깨달았다. 아이는 단지 엄마가 들려준 얘기에 당황한 것일 뿐이다. 엄마는 아이 말을 반박하지 않고 "음, 그래" 하고 대꾸해 주기만 했다. 그리고 나서 몇 달 후, 아이는 친부모와 입양 사실에 대해 좀더 알고 싶어했다.

공개적으로 입양된 경우라면, 아이들은 아주 어릴 때부터 친부모에 대해 알게 된다. 그러나 이 경우에도 아이가 준비될 때까지 기다렸다가 자연스럽게 입양 사실을 알려 주는 것이 바람직하다. 친부모 얘기를 꺼낼 때

'아줌마'나 '아저씨'라는 호칭을 쓰거나, 아이가 '친부모'가 무슨 뜻인지 알고 싶어하지 않는데도 일부러 바로잡아 주거나 자세하게 가르칠 필요는 없다.

입양 사실에 대해 들을 준비가 될 때까지 기다렸다가 조심스럽게 출생 내력을 알려 준다면, 아이는 자라나면서 자연스럽게 입양된 자기 처지를 떳떳하게 받아들일 것이다. 네 살이 될 때까지도 자기 출생에 대해 아무런 관심을 보이지 않던 아이가 있었는데, 어느 날인가 유치원 수업 시간에 모든 아이들이 보는 앞에서 자기는 '입양'되었고 친부모말고도 부모가 또 있다고 자랑스럽게 얘기해서 양부모를 놀라게 한 아이도 있다.

••• 유아기가 지나서 입양된 아이 돌보기

갓난아기를 입양한 경우와 달리 좀 나이가 든 아이를 입양했을 경우, 부모는 아이를 적응시키는 데 무척 애를 먹는다. 아이는 이미 다른 이들의 생활과 정서에 익숙해져 있기 때문에 양부모에게 버겁게 다가올 수도 있다. 아이는 낳아 준 부모를 그리워하며 향수병에 시달릴 것이다. 더한 경우에는 자기 자신을 불행하게 만들고 싶은 욕구에 휩싸여 양부모가 자상하고 헌신적으로 대해 주어도 부정적인 반응을 보일지도 모른다.

이러한 경우 양부모가 아무리 완벽하게 돌봐준다 하더라도 아이는 거부 반응을 보이고 화를 낼 것이다. 이 사실을 이미 이해하고 있는 부모라면 아이를 탓하지 않을 것이며, 아이가 자기들을 사랑하지 않고 고마움을 모르며 버릇이 나쁘다고 속단하지도 않을 것이다. 아이들이 부정적인 행동을 보여도 사랑으로 감싸주고, 아이가 부모의 헌신적인 사랑을 자연스럽게 이해할 수 있을 때까지 기다려 줄 것이다. 사랑의 규제로 대하고 조건 없이 무한한 사랑을 베풀면, 결국 아이도 양부모를 친부모처럼 받아들이며 사랑을 표현하게 될 것이다.

> **상담사례**
>
> ### "친엄마가 아니잖아요"
>
> 세 살 난 수지는 마약 중독자인 엄마에게서 벗어나, 애타게 아이를 기다려 왔던 불임 부부에게 입양되었다. 그 부부는 최선을 다해 아이를 환영하고 사랑의 마음을 전하려고 했지만, 수지는 친부모에 대한 야속함 때문인지 쉽게 마음을 열지 않았다. 어디를 갔을 때 부모가 사람들에게 자기를 친딸로 소개하면, 수지는 "난 이 사람들 딸이 아니에요. 진짜 엄마는 따로 있어요!"라고 버럭 소리를 질렀다. 부모가 부드럽게 안아 주거나 입을 맞추려 하는 것도 싫어했다. 아이의 이런 반응에 몹시 당황한 부모가 우리를 찾아왔다.
>
> 우리는 그 부모가 얼마나 당혹스러웠을지 잘 이해할 수 있었다. 아이와 친근하고 애정 어린 관계를 엮어 가기 위해서는 우선 아이가 친엄마에 대해 야속함을 느끼지 않도록 도와주는 것이 최선이라고 설명해 주었다. 어른들의 눈에는 수지의 친엄마가 부모 자격이 없는 사람으로 보이겠지만, 여느 아이들과 마찬가지로 태어나 처음 만난 친엄마가 수지에게는 가장 훌륭한 존재다. 우리는 수지 부모에게 아이를 다른 사람에게 소개할 때 "우리 딸이에요" 하지 말고 "얘가 수지예요"라고 간단하게 말하라고 제안했다.
>
> 또 입맞춤을 해줄 때 수지가 거부한다 해도 죄의식을 느끼게 하거나 싫은 감정, 소외된 감정을 느끼지 않도록 보살펴 주라고 말했다. 수지 부모는 우리가 이야기한 대로 꾸준히 따랐다. 한 해, 두 해가 지나면서 수지는 자기가 처한 상황을 조금씩 받아들이는 듯했다. 다섯 살이 된 어느 날, 수지가 집에 초대한 친구들에게 "세상에서 가장 멋진 엄마, 아빠를 소개할게"라고 자랑스럽게 말하는 걸 보면서, 그들은 이루 말할 수 없는 기쁨으로 가슴이 떨려 왔다.

편부모 가정이나 동성 부부를 위한 아이 교육

로맨틱 단계(6장 참조)가 끝나갈 즈음 아이들은 동일시라는 성장 지표를 세우게 된다. 아이들은 성장하면서 부모가 자기를 대하던 방식, 그리고 부모가 다른 사람들과 관계를 맺어 가는 모습을 그대로 닮으려 한다.

로맨틱 단계와 동일시 형성은 성장의 기본 지표다. 그런데 편부모 가정이나 동성 부부로 구성된 가정처럼 비전통적 형태의 가정인 경우, 부모들은 아이의 로맨틱 단계를 어떻게 돌보아야 할지 난감해하는 경우가 많다. 이러한 환경에 놓인 아이들은 서로 사랑하는 이성 부모 사이의 관계 속에서 로맨틱 단계를 경험하지는 못할 것이다. 그러나 가족 형태가 어떻든 간에 아이들이 그 속에서 나름대로 이점을 찾아 나갈 수 있도록 도울 수 있는 길은 얼마든지 있다.

동성애 부부라면 여자아이는 자연스럽게 둘 중 한 명을 이성 부모, 즉 아빠로 여기게 된다. 그 아이는 이성 부모에게 애정을 쏟을 것이며, 엄마로 정한 동성 부모에게서는 보복 불안을 느끼게 될 것이다. 이 단계에서 아이는 여느 가정의 아이들과 마찬가지로 부모의 관심을 끌어낼 수는 있지만, 부모들만의 개인적인 욕망까지 자기가 원하는 대로 만족시켜 줄 수 없다는 사실을 받아들이게 된다. 동성애 부모가 한쪽은 엄마, 한쪽은 아빠로 여기고 싶어하는 아이의 욕구를 긍정적으로 마음 편하게 받아들인다면, 성장의 지표를 세워 나가는 아이를 효과적으로 도울 수 있을 것이다.

편부모 가정인 경우에는, 특히 아이가 이성 부모를 경험하지 못한다는 점에 주의를 기울여야 한다. 이때에는 가능하면 아이가 이성 친구나 친척들과 많은 시간을 보낼 수 있도록 기회를 만들어 주는 것이 필요하다. 이성 친구나 친척들과 어울릴 기회가 없다면, 아이들은 주위에서 만나는 어른들에게 이성 감정을 느끼거나 상상을 통해 낭만적인 이야기를 창조해 낼 것이다. 편모 슬하의 한 여자아이는 다음에 커서 교통 경찰 아저씨와 결혼할 것이라고 말했다. 아이는 매일 교통 경찰에게 과자를 가져다 주었고 시간 날 때마다 그를 찾아가 얘기 나누길 좋아했다. 일찍 엄마를 잃은 한 남자아이는, 엄마가 매일 밤마다 찾아와 잠들 때 입맞춤을 해주고 새벽녘까지 자기 곁에 앉아 책을 읽어 준다고 상상했다.

편부모 가정이라 하더라도 아이의 낭만적인 욕구가 어떤 것이며 얼마나 강렬한 것인지 이해한다면, 아이가 부모의 죽음이나 별거, 이혼 등으로 인해 혼란스러운 로맨틱 단계를 맞이하더라도 무사히 보내도록 도울 수 있다.

상담사례

"아빠 코고는 소리 때문에
엄마가 떠나가 버렸잖아요"

부모가 이혼한 후 아빠와 살고 있는 다섯 살 난 클라이드는 아빠 코고는 소리가 너무 커서 엄마가 떠나 버렸고, 아빠가 엄마 떠난 걸 기뻐한다며 책망했다. 클라이드 아빠는 부모의 이혼 때문에 받은 아들의 상처를 어떻게 달래야 할지 우리에게 조언을 청했다. 상담 과정에서 아이의 로맨틱 단계에 대해 새로운 인식을 가지게 된 아빠는 그 덕분에 아이가 갑작스럽게 자신을 책망해도 마음 상하는 일 없이 현명하게 대처할 수 있었다.

아빠는 클라이드에게 다음과 같이 얘기해 주었다. "네가 엄마를 얼마나 그리워하는지, 우리 가족이 모두 함께 모여 살기를 얼마나 바라는지 아빠도 안단다. 가끔 네가 아빠 탓이라고 여긴다는 것도 알아. 아빠 때문에 엄마가 떠났고, 네가 그 때문에 가슴 아파하는데도 아빠가 신경을 안 써준다고 여겼을 테지. 엄마랑 아빠는 여러 가지 이유 때문에 따로 떨어져 사는 수밖에 없지만, 네가 그 때문에 많이 슬퍼한다는 걸 잘 알고 있단다. 앞으로도 네 생각이 어떤지 아빠에게 계속 들려주길 바란다."

클라이드는 "난 엄마, 아빠 이혼하는 거 싫어요" 하고 말했다. 아빠는 "네 마음 아빠도 잘 알아. 아빠도 네 처지라면 아마 똑같은 생각이 들었을 거야. 엄마, 아빠가 이혼했다고 해서 너랑 엄마, 아빠 관계가 달라지는 건 아무것도 없단다. 엄마, 아빠는 네게 최선을 다할게. 약속할게"라고 대답해 주었다.

클라이드는 자기가 엄마에 대해 낭만적 욕망을 느끼니까 아빠가 자기에게 보복하기 위해 이혼한 것으로 해석했다. 아빠는 클라이드가 엄마와 함께 있고 싶은 욕망 때문에 자기에게 화를 냈던 것임을 분명하게 이해했다. 그 후로 아빠는 이혼 결정을 취소할 수는 없지만, 클라이드가 마음이 아프고 화가 나고 실망감을 느낄 때면 언제든 최선을 다해 사랑과 이해로 대하겠다고 약속했다. 전 부인에 대해 미운 감정이 가시진 않았지만 엄마를 향한 아들의 사랑을 기꺼이 받아들였으며, 자기 감정 때문에 아들에게 부담을 주는 일이 없도록 애썼다.

부모 사이가 좋지 않은데도 전통적인 가족 형태를 유지하기 위해 공허한 관계를 계속 이어 나간다면 오히려 아이에게 해로울 수 있다. 부모가 정말 서로 싫어하는 경우라면, 헤어지는 편이 더 낫다. 또 동성애 부부의 경우, 굳이 아이에게 평범한 가정의 부부 사이를 경험하게 해주려고 이성 애인을 만들 필요는 없다. 아이 돌보는 기쁨을 경험하고 싶어하는 독신이라면, 배우자를 원치 않는데 굳이 전통적인 가족 형태를 갖추기 위해 결혼까지 할 필요는 없다.

적의와 무관심, 미움, 불행으로 가득 찬 허울뿐인 가정보다는 정상적이지 않더라도 화목하고 평화로운 환경이 아이들에게는 훨씬 좋다. 한쪽 부모가 늘 불평불만에 젖어 부정적인 태도만 보이거나 무너질 대로 무너진 결혼 관계를 지탱하는 가정보다는, 전통적인 형태의 가정은 아니더라도 아이들의 반응에 온 정성을 기울이는 헌신적인 부모와 함께 사는 가정의 아이들이 훨씬 행복하며, 성에 대해서도 더 나은 인식을 하게 될 것이다. 이성 부부로 이루어진 가정이라고 해서 모든 것이 정당화되는 것은 아니다. 그러므로 전통적인 가족 형태의 부모 역할에 비추어 편부모나 동성애 부모의 육아 능력을 평가해서는 안 된다. 어떤 형태의 가정이건 저마다의 역할과 기능이 있게 마련이라는 점을 잊지 말자.

학습장애 아이 돌보기

학습장애는 산만하게 행동하고 집중력이 떨어지며, 학습 진도를 따라잡지 못해 어려움을 겪는 등 다양한 행동 양상으로 나타난다. 건강상의 문제는 없다고 소아과 전문의가 진단을 내렸는데도 계속해서 아이가 학교 생활에 어려움을 겪는다면, 내적 불행 때문일 가능성이 높다. 그런데도 전문의들은 생리적 문제를 치료하는 데에만 급급했을 것이다.

우리는 '주의력 결핍 과잉행동장애(ADHD : Attention Deficit Hyperactivity Disorder)'와 같은 대다수의 학습장애가 내적 불행의 결과라는 사실을 임상 경험을 통해 알아냈다. 내적 불행을 가진 아이들의 인지 능력은 알게 모르게 자신을 불행하게 만들고 싶어하는 욕구의 지배를 받는다.

내적 불행이 있는 경우, 아이의 인지 능력이 손상되지 않은 채로 보존될 수도 있지만(무지를 두려워하는 아이가 총명한 학생이 될 수도 있다) 심각한 타격을 입을 수도 있다(생리적으로는 정상이더라도 내적 불행을 가진 경우, 글읽기나 더하기를 못할 수도 있다). 지적 능력을 최대한 계발하고 발휘할 수 있는 아이들이라 할지라도 내적 불행을 가졌다면 어느 한도 이상을 넘지 못할 것이다. 작문 능력이 뛰어난데도 시험 때만 되면 제 실력을 발휘하지 못하는 아이들이나, 읽기 능력은 고학년 수준인데도 수학에는 자신이 없는 아이들을 예로 들 수 있다.

아이들이 학습장애를 겪는다면 그 원인이 무엇이든 관계없이, 부모나 교사가 아이에게 부담을 주지 않고 긍정적인 자세로 꾸준히 도와주는 것이 가장 효과적인 대응책이다. 물론 이렇게 도와주기가 쉽지 않다. 부모는 아이에게 최상의 교육을 제공하고 싶어하므로 아이가 학습을 멀리할 경우 걱정이 되게 마련이다. 또한 교사들은 학급 전체를 이끌어 나가야 하므로 시간에 쫓기느라 진도가 늦은 몇몇 아이들에게 소홀해질 수도 있다.

아이가 원할 때 부모나 형제, 친척, 이웃, 교사, 과외 교사가 곁에 앉아 숙제를 도와주고 도움을 준다면, 학습장애가 있는 아이들도 얼마든지 나아질 수 있다. 그러나 이때 배우려고 조금씩 애를 쓰고 있는 아이에게 무리하게 도움을 주거나, 학습장애를 겪고 있는 아이에게 정답을 강요해서는 안 된다. 이것이 바로 스마트 러브다. 아이가 조금씩 노력하고 있는데 부모가 개입해서 도움을 준다면, 아이는 부모가 조급해한다고 느끼는 한편 자기 능력의 한계를 더 못 견뎌 할 것이다. 하지만 "잘 보렴. 이게 훨씬 더 길지? 분명히 너도 잘할 수 있어"라거나 "어제는 잘했잖니? 조금만 더 노력하면 너도 잘할 수 있을 거야"라고 말하면서 정답을 다그치지 않는다면,

아이는 도움을 주고 싶어하는 부모의 마음을 느끼게 될 것이며, 정답이 나올 때까지 도전해 보고 싶다는 생각을 하게 될 것이다.

학습장애로 어려움을 겪고 있는 아이들에게 억지로 과외 수업을 시켜서도 안 된다. 아이가 거부한다면 너그럽게 봐주고, 시간대를 다시 조정해 보거나 다른 교사나 공부 방법을 찾아보는 것이 필요하다. 학습에 대한 호기심과 즐거움을 유지시키는 것이 최우선 과제라는 점을 잊지 말자. 구체적인 내용 이해는 어디까지나 부차적인 문제다.

아이들은 세상에서 그 무엇보다, 그 누구보다 부모를 사랑한다. 그러므로 부모가 다정하고 격려하는 태도로 다가간다면, 학습장애를 겪는 아이에게 많은 도움을 줄 수 있다. 읽기나 말하기 등 특별 수업이나 진도를 맞추기 위한 특별 보충 수업에 아이를 보낸다면, 제대로 교육이 진행되고 있는지 늘 점검해 본다. 아이가 담당 교사에게 호감을 가지는지 살펴보고, 가능하다면 수업에 참가해서 수업 과정을 지켜보는 것도 좋은 방법이다. 아이가 계속 불평을 늘어놓으면서 학교에 가기 싫다고 한다면, 아이의 반응을 주의 깊게 살피면서 아이에게 맞는 교사를 다시 찾아보는 것이 좋다.

학습·집중력 장애는 인간 관계로 치료하는 게 최선

병리학적인 간질(clinical epilepsy)은 신경 계통에 원인이 있는 것으로, 직접적이고 적극적인 약물 치료를 통해 치유가 가능하다. 그러나 학습 능력이 부족하고 집중력이 떨어지며 차분하게 앉아 있지 못하는 등의 행동이 뇌 기능 장애로 생기는 현상이라고 말할 수 있는 과학적 근거는 어디에도 없다. 수업에 적응하지 못하거나 학습·집중력 장애를 겪는 아이들은 대부분 내적 불행을 가진 아이들이다. 그런 경우에는 약물치료가 아닌 인간 관계를 통해 아이에게 도움을 줄 때 가장 훌륭하게 치유할 수 있다.

약물 처방을 통해 문제를 해결할 수 있다면 누구나 귀가 솔깃해질 것이다. 그러나 교실 수업에 적응하지 못하거나 학습·집중력 장애를 겪는 아이들에게 리탈린(Ritalin) 같은 항정신성 화학 물질을 투약한다면, 아이들의 내적 불행만 커질 뿐 자율적인 학습 능력은 오히려 더 떨어질 것이다. 이것은 부모나 주위 어른들이 이미 아이의 뇌에 뭔가 문제가 있다고 결론지은 것이나 다름없다. 이 사실을 알게 된다면 아이는 자기 능력에 대해 더욱더 자신감을 잃게 될 것이며, 알게 모르게 자신을 불행하게 만들고 싶은 욕구만 커질 것이다. 약물 치료는 기껏해야 일시적인 안정만 가져다 줄 뿐이다. 그리하여 아이들은 학습의 궁극적인 목적, 즉 배움을 통해 기쁨과 성취감을 얻는 것에서 점점 더 멀어질 것이다.

행동장애나 학습장애를 보이는 아이들에게 항정신성 화학 물질을 투약하지 말아야 하는 이유가 무엇인지 살펴보자.

* 학습장애가 약물 처방이 필요한 생리학적 문제 때문에 발생한다는 결정적인 근거가 없다. 뇌 기능이 손상되었거나 비정상이어서 아이들이 교실 수업에 적응하지 못하거나 학습장애를 일으키는 경우는 없었다.
* 뇌 기능을 통제하고, 정서적으로 불안하고 산만한 아이들을 일시적으로나마 다스릴 수 있는 항정신성 약물이 있기는 하다. 그러나 그러한 약물 치료가 사

회에 적응하는 데 어려움을 겪고 있거나 학습장애가 있는 사람에게 장기적이고 긍정적인 효과가 있다는 과학적인 근거가 없다.
* 진정제나 항울제는 물론 리탈린이나 암페타민(Amphetamine) 같은 흥분제처럼 항정신성 약물 치료가 분명 효과가 있긴 하지만, 아이들에게는 해가 될 뿐이다. 기존에 나와 있는 약품은 아이들에게 맞게 조제된 것이 없어 자칫 잘못하면 치명적인 부작용(발육지체장애나 운동장애, 돌이킬 수 없는 음성떨림이나 안면경련 증상 등)을 일으킬 수 있다.
* 항정신성 약물 치료는 자기 행동을 스스로 조절할 수 있다는 확신을 무너뜨려 학습에 대한 부정적인 감정만 더 키운다. 즉 약물 치료를 받은 아이는 자기 생활에 대한 무력감에서 헤어나오지 못하게 된다. 아이는 이미 부모나 의사가 "이 아이는 자신을 조절할 능력이 없는 아이다"라고 결론지었다는 느낌을 받을 것이다.

아이가 분열적인 행동을 보여 항정신성 약물 치료 처방을 받게 되더라도 부모는 이 처방을 따라서는 안 된다. 약물 치료는 아이나 아이 주변 사람들의 안전을 위해 달리 어쩔 도리가 없다고 생각될 때 의지할 수 있는 최후의(일시적인) 수단일 뿐이다. 만약 약물 처방을 피할 수 없는 경우라 하더라도, 인간 관계에 기초한 치료(relation-based therapy)를 병행해야만 한다. 이를 통해 아이에게 학습과 상호 협동이 진정한 기쁨의 원천이 될 수 있다는 것을 보여주어야 한다. 우리가 실제 치료 과정에서 항정신성 약물 치료를 한 경우는 살인이나 자살 욕구에 휩싸인 10대들을 치료할 때뿐이었다. 약물 치료를 할 때에는 24시간 1대 1로 아이를 돌보는 간호사가 곁에 있어야 한다. 아이가 간호사나 심리치료사와의 관계를 통해 치료를 받을 수 있게 되기 전까지는 약물 치료로 파괴적인 충동을 억제할 수 있다.

항정신성 약물 치료를 권장하는 이들은 아이들을 쉽게 다룰 수 있으며, 시간이 적게 들고, 비싼 비용을 들여 학습 전문가나 심리치료와 같은 전문가의 도움을 받지 않아도 된다고 주장하면서 약물 치료를 합리화한다. 그러나 이에 반박할 수 있는 과학적 근거들은 얼마든지 있다.

심각한 부작용이 있을 수 있다는 위험도 큰 문제지만, 항정신성 약물을 통해서는 아이들이 불행을 느끼는 이유가 무엇인지 찾아낼 수 없다는 것이 더 심각한 문제다. 항정신성 약물이 아이들의 파괴적인 행동을 억제하도록 도울 수는 있겠지만, 그 경우 거둘 수 있는 효과라고는 아이의 행동을 제한한다는 것뿐이며, 그 때문에 아이는 더 큰 대가를 치러야 한다. 우리가 계속해서 얘기해 왔듯이, 아이들은 외부적 통제에 굴복해야 한다고 느낄 것이다. 약물 사용은 스스로 문제 행동을 단념하고 자기 삶을 통제해 보고 싶어하는 아이의 욕구를 없애 버릴 것이다. 진정제를 먹고 안절부절 못하면서 교실 자기 자리에 꼼짝없이 앉아 있는 아이와, 주위의 도움으로 학습 과정에서 즐거움을 찾고 스스로 행복한 감정을 되찾은 덕분에 자기 자리에 가만히 앉아 있는 아이는 그야말로 엄청난 차이가 있다.

다시 말해 항정신성 약물을 쓰면 아이들이 예전보다 훨씬 고분고분해진 것처럼 보일지 모르나, 실제로는 아이들에게 해만 끼친다. 학습이나 행동장애를 효과적으로 해결하기 위해서는 인간 관계를 통해 아이들에게 도움을 주어야 한다. 인간 관계 속에서 아이들은 스스로 자기 마음을 다스릴 수 있고, 기쁨 또한 발견할 것이다.

여러 특수한 문제들을 충분히 다루지 못해 아쉬움이 남는다. 성적·육체적 폭행을 당한 아이, 심각한 언어장애를 가진 아이, 지능 발달이 늦은 아이, 쉽게 사고를 당하는 아이, 지나치게 공격적인 아이, 두려움을 몹시 타는 아이, 사교적이지 못한 아이, 환각과 망상에 빠진 아이, 자폐증에 걸린 아이 등 지면이 허락한다면 모두 다루어야 할 주제들이다.

이러한 아이들에게도 이 책에서 줄곧 다뤄 온 스마트 러브로 다가갈 수 있다. 부모에게 사랑과 존중을 받고 싶어하고, 스스로 자기 자신을 지키고 싶어하는 아이들의 욕구를 충족시켜 준다면, 가장 효과적인 방법으로 아이들을 도울 수 있다. 처음부터 아이들의 행동을 변화시키려고 욕심을 부려서는 안 된다. 부모가 건설적인 욕망을 키워 가도록 여건을 조성해 주고, 파괴적인 행동을 보이더라도 사랑의 규제로 대한다면, 아이들은 행복해지고 유능해지고 싶다는 본능적인 바람을 스스로 성취해 나갈 수 있다.

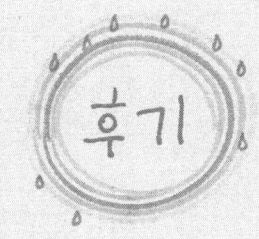

스마트 러브
아이의 성장을 돕는 길라잡이

　　　　사람들은 저마다 중대한 결정을 내리기에 앞서 심사숙고하는 과정을 거치며, 그런 후에도 진정 자신의 선택이 올바른 것이었는지 검증해 보고 싶어한다. 그러나 부모들에게 중대한 결정의 순간들은 하루하루 거침없이 밀어닥친다. 그리고 아이가 성인으로 완전히 성장하기 전까지는 과연 자신의 선택이 어떤 결과를 낳을 것인지 장담할 수 없다. 그 때문에 부모들은 자기의 양육 방식이 옳은지 판단하기가 쉽지 않으며, 진정 올바른 선택을 내리고 있는가에 대해 늘 걱정이 많다.

　부모들이 일상적으로 부딪치게 되는 난제들을 열거하자면 끝이 없다. 아기가 원할 때마다 젖을 물려줘야 하나, 아니면 정해 놓은 시간에 맞춰서 줘야 하나? 걸음마 단계 아이가 친구 장난감을 가로채려 할 때, 부모가 끼어들어 못하게 말려야 하나, 아니면 아이 스스로 그런 행동을 그만 둘 때까지 가만히 지켜보고만 있어야 하나? 아이가 반항적이고 파괴적인 행동을 보일 때 엄하게 다스려야 하나, 아니면 좀더 다정한 태도로 다가가야 하나? 숙제나 방 청소를 하지 않겠다고 고집 피우는 아이에게 부정적인 결과를 직접 경험하게 해주어야 하나, 아니면 아이 곁에서 숙제나 청소하는 걸 도와주어야 하나? 말썽을 피우는 청소년기 아이들에게 엄격한 사랑으로 다가가야 하나, 아니면 부드러운 사랑으로 대해 주어야 하나?

우리는 이처럼 숱한 결정을 내려야만 하는 부모들에게 도움을 주고자 『스마트 러브』를 쓰게 되었다. 스마트 러브는 영·유아기에서 청소년기에 이르기까지 모든 아이들에게 적용할 수 있다. 스마트 러브는 아이가 성인으로 자라나기까지 모든 여정에서 부모들의 든든한 길벗이 되고 의지처가 될 것이다.

아이가 까다롭게 행동하고 스스로 불행하다고 느낄 때, 그리고 그런 모습이 주기적으로 반복될 때, 부모들은 선택해야 하는 상황에서 특히 어려움을 겪는다. 우리는 이런 아이들을 둔 부모에게 도움을 주기 위해 이 책을 쓰게 되었다. 스마트 러브를 따른다면, 아이가 태어날 때 타고났던 내적 행복을 다시 되찾을 수 있도록 도울 수 있다.

스마트 러브로 아이를 대한다면, 아이는 실망감이나 불행에 맞닥뜨리더라도 결코 흔들리지 않는 지속적인 행복을 맛볼 수 있다. 이는 부모와 아이 사이에 형성된 밝고 유쾌한 관계를 통해 성취될 수 있다. 그러나 아이의 욕구를 좌절시키거나 부모가 충분한 관심을 기울이지 않는다면 불가능한 일이다. 아이는 부모에게서 사랑 어린 관심을 받을 수 있다고 확신하게 될 때 내적 행복을 느낄 수 있다. 내적 행복은 아이를 행복하고 유순하게 성장하도록 이끌어 주는 밑거름으로, 내적 행복을 가진 아이는 불행에 빠지지 않도록 스스로를 보호할 수 있다. 아이에게 내적 행복을 느끼게 해주는 것이야말로 부모가 아이에게 선사해 줄 수 있는 가장 소중하고 훌륭한 선물이다.

스마트 러브를 선택한다면, 아이의 감정적 행복을 지켜 주기 위해 어떤 선택을 해야 하는지 보다 소신 있게 결정할 수 있다. 무엇보다 중요한 것은 스마트 러브가 아이들의 관점에 서서 아이들의 성장을 고찰한다는 점이다. 스마트 러브는 모두 이러한 토대에서 시작하며, 정해진 성장의 시간표에 얽매이기보다는 현실적인 접근법을 중시한다.

부모들은 스마트 러브를 통해 새로운 성장의 이정표를 가지게 될 것이며, 아이를 올바르게 이끌 수 있는 방법이 무엇인지 배우게 될 것이다. 스마트 러브는 아이의 요구를 거절하거나 엄한 벌을 가하거나 보상을 주는 일 없이, 아이 스스로 자연스럽게 미숙한 행동에서 벗어날 수 있도록 도와줄 것이다. 스마트 러브를 따른다면 스스로를 잘 다스릴 줄 아는 아이, 매사에 자신감 있는 아이, 그리고 무엇보다도 부모의 충만한 사랑 속에서 진정 행복을 느끼는 아이로 키울 수 있다.

■ 용어 해설

전능한 자아 (all-powerful self)
전능한 자아는 아이가 무엇이든 할 수 있고 가질 수 있다고 믿는 환상에서 생겨나며, 아이들은 일시적이지만 그 환상을 통해 이차적 행복을 느끼기도 한다.

기쁨에 대한 부정적 반응 (aversive reaction to pleasure)
불쾌한 경험이나 파괴적인 기쁨을 경험하고 싶다는 욕망 때문에 자기도 모르는 사이에 일어나는 반응이며, 스스로를 불행하게 만들고 싶다는 욕구에 휩싸일 때 나타난다.

보호 상실 (caregiving lapse)
평소 아이들의 성장 욕구에 정성껏 사랑으로 대해 주는 부모라 하더라도, 가끔은 아이가 부모의 관심을 필요로 할 때 개인적인 일로 바빠 신경을 써주지 못할 때가 있다. 그런 일들은 가끔 있는 일이므로 아이들의 정서 발달에 크게 영향을 미치지는 않는다.

유능한 자아 (competent self)
매사 건설적으로 선택하고 그 선택을 잘 지켜 나갈 수 있는 능력을 갖춘 자아이며, 이차적 행복의 원천이다.

징벌 (discipline)
아이에게 불쾌한 경험을 하게 함으로써 잘못된 행동을 규제해 보려는 시도로, 벌을 주거나 잘못된 행동의 결과가 무엇인지 직접 경험하게 내버려두거나 훈계를 늘어놓고, 또 원하는 것을 못하게 하거나 혼자 방안에 들어가 있게 하는 것 등이 있다.

격려 (encouragement)
아이가 건설적인 바람을 가지도록 북돋아 주는 것이다. 보상을 제공할 때와 달리, 아이는 자기가 원하는 것을 얻지 못하게 되더라도 부모의 격려를 통해 긍정적인 생각을 가지게 된다(보상을 참조할 것).

동일시 (identification)
아이들은 의식적으로든 무의식적으로든 감성 발달에 주된 영향을 미치는 부모나 존경하는 인물들을 닮으려고 노력한다. 성장 욕구가 제대로 충족된 아이들은 스스로 동일시 대상을 자유롭게 선택한다. 반면에 그렇지 못한 아이들은 능동적으로 동일시를 수행하지 못한다.

독립 (independence)
진정한 독립은 일상생활의 욕구 충족을 통해 내적 행복을 가질 때 생겨나는 자유다. 부모로부터 떨어져 나온다고 해서 독립이 성취되는 것은 아니다. 부모의 보살 핌을 통해 아이의 욕구가 제대로 충족될 때 진정한 독립이 이루어진다.

내적 불행 (inner unhappiness)

성장 과정의 욕구들이 제대로 충족되지 않으면 내적 행복이 불안정해진다. 불안 정한 내적 행복은 곧 내적 불행이다. 내적 행복은 아이들이 일상생활의 불쾌한 경험 때문에 상처받을 때, 알게 모르게 스스로를 불행하게 만들고 싶다는 욕망에 휩싸일 때 흔들릴 수 있다.

사랑의 규제 (loving regulation)

사랑의 규제는 아이들이 잘못된 행동을 보일 때 보여줄 수 있는 스마트 러브다. 사랑의 규제로 다가가면 보상을 제공하거나 불쾌한 감정을 불러일으키는 일 없이 아이들의 빗나간 행동을 효과적으로 바로잡을 수 있다. 부모가 사랑의 규제로 다가갈 때 아이들은 부모로부터 변함없는 사랑과 존중을 받고 있다고 느끼며, 일차적 행복을 다치지 않고도 얼마든지 미숙한 행동을 고쳐 나갈 수 있다. 엄하게 벌을 준다면 도리어 역효과가 나며 아이에게 해가 될 뿐이다. 부모·교사·감독· 의사·보모 등 아이를 돌보는 모든 성인들은 사랑의 규제를 늘 잊지 말아야 한다.

성격 (personality)

성격에는 외부 세계를 바라보는 방식, 생활 속의 경험들에 대응하는 방식들이 모두 포함된다. 성장 과정의 욕구가 제대로 충족된 아이들은 일상생활에서 다양한 상황에 부딪치더라도 늘 내적 행복을 유지할 것이다. 반면 그렇지 않은 아이들은 다소 고집스럽고 편협한 성격을 갖게 될 것이다. 통념과 달리, 성격은 태어날 때부터 타고나는 것이 아니다.

일차적 행복 (primary happiness)
아이들은 부모가 기꺼이 자신의 성장 욕구를 채워 줄 것이라고 본능적으로 믿고 있으며, 그 확신에서 내적 행복이 생겨난다.
- **불안정한 일차적 행복** : 일차적 행복은 세 살 이전까지는 불안정한 상태다. 일차적 행복은 부모나 다른 누군가가 매 순간 애정 어린 사랑으로 아이의 욕구를 충족시켜 줄 때에만 유지된다.
- **안정된 일차적 행복** : 부모가 조건 없는 사랑으로 자기의 욕구를 충족시켜 줄 것이라는 확신이 생길 때, 아이들은 안정된 일차적 행복을 가지게 된다. 이 행복은 매 순간의 욕구 충족에 전적으로 의존하지는 않는다. 세 살 즈음부터 아이들의 일차적 행복이 안정되기 시작한다.

보복 불안 (retaliation anxiety)
세 살에서 여섯 살 사이의 로맨틱 단계에서 동성 부모에 대해 느끼는 불안이다. 이 시기 아이들은 이성 부모를 사이에 두고 동성 부모와 경쟁 관계에 있다는 환상을 가지며, 언젠가 동성 부모가 자기에게 보복을 가할 것이라고 생각한다.

보상 (rewards)
아이들의 잘못된 행동을 바로잡기 위해 다른 요구를 대신 들어주는 것을 말한다. 그러나 보상은 오히려 아이들이 건설적으로 선택하고 그 선택을 잘 지켜 나가는 데 방해가 될 뿐이다.

이차적 행복 (secondary happiness)

- **불안정한 이차적 행복**: 원하는 결과를 얻을 때에만 이차적 행복을 느끼는 상태이며, 정도의 차이는 있으나 청소년기가 끝날 때까지는 이 불안정한 상태가 어느 정도 계속된다(전능한 자아를 참조할 것).
- **안정된 이차적 행복**: 성장 과정에서 생겨나는 욕구가 충족됐을 때, 일상생활의 기복에 쉽게 흔들리지 않고 스스로 훌륭하게 선택하고 그 선택을 잘 지켜 갈 수 있을 때 생겨나는 이차적 행복이다. 청소년기가 지나서야 비로소 확고하게 자리잡는다.

분리 불안 (separation anxiety)

생후 1년이 지나갈 즈음, 아기는 부모가 곁에서 떠나려고만 하면 마치 모든 안정과 충족감이 깨져 버리기라도 하는 것처럼 행동한다. 분리 불안은 부모와 함께 있을 때 느끼는 즐거움이 얼마나 소중한지 인식하기 시작하면서부터 생겨나므로, 곧 아기가 성장해 간다는 증거이기도 하다.

스마트 러브 (smart love)

확고하고 안정된 내적 행복을 지닌 아이, 잠재력을 충분히 발휘할 수 있는 아이로 성장시키기 위한 육아 지침이다. 스마트 러브를 따르는 부모들이라면, 보상이나 벌을 통해 아이의 행동을 규제하는 대신 사랑 어린 관심을 통해 효과적으로 아이에게 다가갈 것이다(사랑의 규제 참조할 것). 스마트 러브는 어린아이의 눈을 통해 세상을 바라보라고 강조하며, 아이의 성장 단계에 맞는 접근 방법을 제시한다.

낯가림 (strange anxiety)

다른 사람들로부터 부모의 얼굴을 구분해 내는 새로운 능력이 생겨나면서 낯가림은 시작된다. 이것 역시 아기가 성장해 간다는 증거다. 활달하고 낯선 환경에 잘 적응하던 아기라 하더라도, 8개월에 접어들면서부터는 낯선 얼굴을 보고 아랫입술을 삐죽거리거나 사랑하는 부모의 얼굴이 다시 나타나기 전까지 계속해서 울기만 할 것이다.

징후 (symptoms)

바라지도 않았고 통제하기도 힘든 행동·생각·감정들이 지속되는 것을 말하는데, 이런 징후들은 성장 과정에서 자연스럽게 나타났다 사라지기도 하지만 심각한 정도에 이르는 경우도 있다. 자연스러운 것이든 심각한 것이든 모든 징후들은 내적 불행을 나타내는 표시이며, 성장의 욕구가 충족되지 않았을 때 생겨나는 것이다. 그러므로 이러한 징후들은 부모의 보살핌으로 얼마든지 예방과 치료가 가능하다.

■ 옮긴이의 말

　　　　　　영문으로 쓰여진 원서를 한국 독자를 위하여 한글로 번역하는 일은 내게 꽤 흥미로운 일이었다. 미국에서 17년 살면서 주로 의과대학에서 학생들을 가르치다 보니 접하던 책이 늘 영문이었지만, 그것을 번역할 필요는 없었다. 이런 나에게 『스마트 러브』를 번역해 달라는 나무와숲 출판사 최헌걸 사장의 부탁이 들어왔다. 그는 나하고는 막역한 사이인지라 나를 잘 아는데, 내가 이 일에 적임자라는 것이다. "글쎄……" 하며 읽기 시작했는데, 나는 이 책을 그 날로 끝까지 다 읽어 버렸다. 그 후로 이 책이 한국 독자를 위하여 세상에 나오는 데 참여하게 되었다. 그것도 아주 적극적으로. 이 책을 번역하면서 보낸 시간은 정말 재미있고도 보람있는 시간이었다.

　나는 두 아이의 아버지다. 큰애 조은이는 이미 성인이 되었다. 이 아이는 미국에서 초등학교와 고등학교 시절을 보내고, 프랑스와 영국에서 대학을 마쳤다. 이 애를 교육시킬 때 나와 아내가 갖고 있던 교육 철학은 어린 시절을 한국에서 보낸 우리네의 교육 방식을 의식적 또는 무의식적으로 따르는 것이었다. 어떤 때는 부모에게 효도하라는 유교 사상에 근거를 두었는가 하면, 사랑으로 대하라는 기독교에 의존할 때도 있었다. 그런가 하면 미국적 실용주의를 따르기도 했다가, 그도 저도 아닐 때는 서로 목소리 높여 가며 자신의 주장을 밀고 나가기도 했다. 말하자면 구체적인 지침서 같은 것이 없었다. 그랬기 때문에 그런 것이 필요하다고 늘 생각하고 있었다.

둘째 세은이는 첫애와 띠 동갑이어서 열두 살 아래다. 첫애 키울 때는 우리가 공부하고 일하느라 바빠서 원하는 만큼 교육을 못 시킨 것 같아서 둘째에게는 더 잘 해보고 싶은 욕심이 있었다.

결국 부모 노릇 하는 것의 즐거움이란 교육의 즐거움일 것이다. 교육의 즐거움이란 우리가 원하는 방향으로 아이들이 자라주는 것을 바라보는 즐거움이다. 어떤 때는 아이들을 통하여 자신의 삶을 한 번 더 사는 즐거움이다.

『스마트 러브』란 자녀 보육의 기본 원리를 말한다. 또한 그 원리를 주장하기만 하는 것이 아니라 그에 입각한 실제적인 방법을 자녀의 나이에 따라 제시하고 있다. 이 창조적인 사랑법은 사랑의 규제라는 효율적인 기준을 강조한다.

이 책의 저자인 피퍼 부부는 재미있는 경력을 가지고 있다. 부인인 마사 피퍼는 시카고 출신으로 명문 여자 대학인 래드클리프에서 영문학과 미국문학 두 개의 전공을 최우수 성적으로 졸업했고, 결혼 후 두 딸을 낳고도 학업을 계속하여 석사·박사를 마치고는 대학에서 교편을 잡았다. 그러다가 법과대학을 가고 싶었지만 어린 두 딸 때문에 풀타임으로 공부하기가 어려웠다. 이런 악조건에도 마사는 백방으로 알아본 결과, 명문 노스웨스턴 법과대학에서 파트타임으로 공부해도 좋다는 허락을 받아낸다. 게다가 이 일이 첫 선례가 되어 그 후 노스웨스턴 법과대학은 만학을 하려는, 자녀를 가진 어머니들에게 파트타임으로 공부할 수 있는 기회를 주게 되었다. 그러나 마사는 이에 만족하지 않고 시카고대학교 사회복지대학에 입학하여 여러 임상 연구와 정신병리학적 이론과의 결합을 꾀하는 등 많은 일을 하게 된다. 이를 통해 마사는 다른 석사와 박사 학위를 얻게 된다.

고등학교 때 미식축구 선수였던 남편 윌리엄 피퍼는 일리노이 의과대학을 졸업한 정신과 전문의다. 이들 두 사람은 각자의 일을 해오면서 의견이 분분한 심리학설에 불만을 느껴 오다가, 소아 발달과 정신 질환에 관하여 충분한 임상 경험에 근거를 둔 새로운 학설을 공동으로 주장하게 된다. 즉, 정신 내면 세계의 휴머니즘(Intrapsychic Humanism)이라는 포괄적인 학설을 개발하여 자녀 교육에 문제 있는 부모들을 상담해 왔다.

『스마트 러브』는 이러한 생각과 경험을 토대로 만들어진, 의학계에 있는 사람이 아닌 보통 사람들을 위한 지침서다. 또한 여기서 다룬 원리들은 자녀 교육뿐만 아니라 학교 생활, 암 치료 센터, 아동복지기관, 개인 정신과 의원 등 여러 분야에도 훌륭히 응용되고 있다. 이들 부부는 또한 자녀를 다섯 명이나 두었으니 자녀 교육에 꽤나 재미를 붙인 모양이다.

우리가 이 책에서 배우게 될 교육 원리는 공간을 넘어서 미국·프랑스·영국에 두루 적용될 수 있을 것이다. 물론 한국 또한 예외가 아닐 것이다. 이런 방식으로 나는 나의 늦둥이 둘째가 자신의 힘으로 그의 잠재력을 키워 나갈 수 있고, 또한 인생을 즐기며 남을 도울 수 있는 어른으로 자랄 수 있게 도와줄 것이다. 뿐만 아니라 그런 일들을 통하여 나 또한 새로운 인생을 한 번 더 사는 즐거움을 맛볼 것이다.

여러분도 함께 이 책을 공부하시기 바란다. 출처는 잘 기억나지 않는데 내가 아직도 기억하고 있는 옛 말이 생각난다.

"남을 교육하면서 어찌 자신을 교육하지 않는가?"

번역의 기회를 준 최헌걸 사장에게 감사하며, 공동 번역에 참여해 완성도를 높여준 이덕남 선생에게 고마움을 전한다. 그리고 옆에서 도와준 아내 천혜, 타이프를 쳐준 두현정·백하영 씨에게도 감사한다.

이 책 번역하기 참 잘했다. 즐거웠다.

최 원 식

초판 1쇄 펴낸날 : 2002년 3월 20일
개정판 1쇄 펴낸날 : 2008년 8월 28일
개정판 3쇄 펴낸날 : 2015년 8월 28일

지은이 마사 하이네만 피퍼 · 윌리엄 J. 피퍼
옮긴이 최원식 · 이덕남
펴낸이 최윤정
펴낸곳 도서출판 나무와숲

등 록 2001-000095
주 소 서울특별시 송파구 올림픽로 336, 1704호(방이동 대우유토피아)
전 화 02)3474-1114
팩 스 02)3474-1113
e-mail : namuwasup@namuwasup.com

값 12,000원
ISBN 978-89-88138-97-7 03590

• 잘못 만들어진 책은 구입하신 서점에서 바꿔 드립니다.